MITCH WINEHOUSE

AMY, MINHA FILHA

TRADUÇÃO DE
WALDÉA BARCELLOS

1ª edição

EDITORA RECORD
RIO DE JANEIRO • SÃO PAULO
2012

CIP-BRASIL. CATALOGAÇÃO NA FONTE
SINDICATO NACIONAL DOS EDITORES DE LIVROS, RJ

W731a   Winehouse, Mitch
        Amy / de Mitch Winehouse; tradução de Waldéa Barcellos. – Rio de Janeiro: Record, 2012.

        Tradução de: Amy, my daughter
        ISBN 978-85-01-40032-1

        1. Winehouse, Amy. 2. Cantoras – Grã-Bretanha – Biografia. I. Título.

                            CDD: 927.8242
12-4188   CDU: 929:78.067.36

Título original em inglês:
AMY, MY DAUGHTER

Copyright © Bird & Butterfly, 2012

Texto revisado segundo o novo Acordo Ortográfico da Língua Portuguesa.

Todos os direitos reservados. Proibida a reprodução, armazenamento ou transmissão de partes deste livro através de quaisquer meios, sem prévia autorização por escrito. Proibida a venda desta edição em Portugal e resto da Europa.

Direitos exclusivos de publicação em língua portuguesa para o Brasil adquiridos pela
EDITORA RECORD LTDA.
Rua Argentina 171 – 20921-380 – Rio de Janeiro, RJ – Tel.: 2585-2000
que se reserva a propriedade literária desta tradução

Impresso no Brasil

ISBN 978-85-01-40032-1

Seja um leitor preferencial Record.
Cadastre-se e receba informações sobre nossos lançamentos e nossas promoções.

EDITORA AFILIADA

Atendimento e venda direta ao leitor:
mdireto@record.com.br ou (21) 2585-2002.

Dedico este livro a meu pai Alec, a minha mãe Cynthia e a minha filha Amy. Eles me mostraram que o amor é a força mais poderosa do universo. O amor transcende até mesmo a morte.
Eles viverão no meu coração para sempre.

Sumário

Antes de começarmos — 9
Agradecimentos e uma nota — 11
Prólogo — 13

1. E lá veio Amy — 19
2. Aprendizado de palco — 31
3. Quando ela se apaixonou — 47
4. *Frank* — importando-se, sim — 55
5. Dissabor na Espanha — 71
6. Fusão com as trevas — 83
7. "União de Ronnie Spector com a Noiva de Frankenstein" — 99
8. Um ataque e os paparazzi — 107
9. Dependência profunda — 127
10. Um disco quebrado — 139
11. Birmingham 2007 — 149
12. "Mais uma vez, ela está bem. Obrigado por perguntar" — 163
13. Imprensa, mentiras e um videoteipe — 177
14. Drogas — o difícil caminho para a recuperação — 195
15. Quem não está com nada ainda usa droga pesada — 217
16. "Não tem graça nenhuma" — 241

17. Encalhados	253
18. *I'll cry if I want to*	271
19. *Body and Soul*	293
20. "Me dá um colo, papai"	317
21. Adeus, Camden Town	323
Epílogo	331
Nota sobre a Amy Winehouse Foundation	341
Créditos	347

Antes de começarmos

VOCÊS VÃO ENTENDER se eu disser que este não é o livro que queria escrever. Com meu amigo Paul Sassienie e seu parceiro de escrita Howard Ricklow, vinha trabalhando em outro, sobre a história da minha família, que deveria ser publicado em 2012.

Em vez disso, precisei escrever este. Eu tinha de contar a vocês a verdadeira história da vida de Amy. Sou uma pessoa direta e vou dizer como foi. A vida bastante curta de Amy foi um passeio numa montanha-russa. Vou lhes contar tudo a respeito dela.

Além de pai, também era seu amigo, confidente e conselheiro — não que ela sempre seguisse meus conselhos, mas sempre me ouvia até o fim. Para Amy, eu era o porto na tempestade; para mim, ela — com seu irmão, Alex — era a luz da minha vida.

Espero que, ao ler este livro, vocês consigam ter uma compreensão melhor e uma nova perspectiva da minha querida filha, Amy.

Agradecimentos e uma nota

UM ENORME MUITO OBRIGADO a minha mulher, Jane, por ser minha rocha durante o período mais difícil da minha vida e por seu apoio e sua dedicação constantes; a Alex, meu filho, por seu amor e sua compreensão; a Janis, por ser uma mãe fantástica para nossos filhos; a minha irmã, Melody, e a todos os meus maravilhosos parentes e amigos, por eu sempre poder contar com eles; a meu empresário, Trenton; a minha relações-públicas, Megan; a Raye e todos na Metropolis; a meus agentes, Maggie Hanbury e Robin Straus, e às pessoas adoráveis na HarperCollins dos dois lados do Atlântico. Meu agradecimento especial a Paul Sassienie, Howard Ricklow e Humphrey Price por me ajudarem a escrever este livro.

Os direitos autorais recebidos com a venda deste livro serão doados à Amy Winehouse Foundation, que nós, a família de Amy, criamos para ajudar crianças e jovens adultos que enfrentam dificuldade e adversidade na vida. Pretendo passar o resto da minha vida levantando recursos para a Fundação. Creio que, através da sua música, do trabalho da Fundação e deste livro, Amy estará conosco para sempre.

Prólogo

Eu gostaria de dizer que a primeira vez em que aninhei nos braços minha filhinha recém-nascida, no dia 14 de setembro de 1983, foi um momento que permanecerá para sempre comigo, mas que não chegou a ser tão simples assim.

Há dias em que o tempo se arrasta; e outros, em que as horas passam voando. Aquele foi um desses em que tudo parece acontecer ao mesmo tempo. Diferentemente de nosso filho, Alex, que tinha nascido três anos e meio antes, nossa filha veio a este mundo rapidamente, espocando com um tipo de pressão, como uma rolha de uma garrafa. Ela chegou em típico estilo Amy: chutando e gritando. Juro que seus gritos eram mais altos do que os de qualquer bebê que jamais ouvi. Gostaria de dizer a vocês que era melodioso, mas não — era só alto. Amy estava quatro dias atrasada; e isso nunca mudou. Por toda a sua vida, sempre chegou atrasada.

Amy nasceu no Chase Farm Hospital em Enfield, norte de Londres, não longe de onde morávamos em Southgate. E, como o momento em si terminou depressa, a família — avós, tias-avós, tios e primos — logo compareceu em massa, exatamente como se apresentavam para quase todos os acontecimentos em nossa família, bons ou ruins, preenchendo os espaços em torno da cama de Janis para dar as boas-vindas à recém-chegada.

Sou um cara muito emotivo, especialmente quando se trata da minha família; e, segurando Amy no colo, pensei: "Sou o homem mais feliz do mundo." Eu estava encantado por ter uma filha. Depois que Alex nasceu, tínhamos esperança de que a gravidez seguinte trouxesse uma menina, para ele poder ter uma irmã. Janis e eu já tínhamos decidido que nome lhe daríamos. Seguindo uma tradição judaica, demos a nossos filhos nomes que começavam com a mesma inicial de algum parente falecido, de modo que Alex foi nomeado em função de meu pai, Alec, que morreu quando eu tinha 16 anos. Se tivéssemos outro garoto, tinha pensado em Ames. Um nome esfuziante. "Amy", disse eu, achando que este não me soava assim tão esfuziante. Como estava enganado! E assim ela se tornou Amy Jade Winehouse — Jade em homenagem a Jack, pai de meu padrasto, Larry.

Amy era linda e era a cara do irmão mais velho. Olhando fotos dos dois naquela idade, acho difícil dizer quem é quem. No dia seguinte ao seu nascimento, levei Alex para conhecer a nova irmãzinha, e tiramos umas fotos encantadoras deles dois, com Alex aninhando Amy nos braços.

Eu não via aquelas fotos havia quase 28 anos, até que um dia, em julho de 2011, à véspera de uma viagem minha para Nova York, recebi um telefonema de Amy. De imediato, percebi que ela estava muito empolgada.

— Papai, papai, você precisa vir aqui — disse.

— Não posso, querida — respondi. — Você sabe que vou me apresentar hoje à noite e meu avião sai cedo amanhã de manhã.

— Papai, encontrei as fotos — insistiu ela. — Você precisa vir aqui.

— De repente eu soube por que estava tão empolgada. Em algum ponto durante suas inúmeras mudanças, uma caixa de fotografias da família tinha sido perdida, e estava claro que ela havia topado com a tal caixa naquela manhã. — Você tem de vir aqui.

Acabei pegando meu táxi e indo até Camden Square, onde estacionei em frente à sua casa.

— Só vou fazer uma visitinha — disse eu, sabendo muito bem como era difícil dizer não a ela. — Você sabe que estou ocupado hoje.

— Ora, você sempre vai embora rápido demais — respondeu. — Fique um pouco, papai.

Entrei atrás dela. As fotos que tinha encontrado estavam espalhadas numa mesa. Olhei para elas. Eu tinha fotos melhores, mas aquelas obviamente significavam muito para minha filha. Havia uma de Alex segurando a recém-nascida Amy, e havia Amy adolescente — mas todo o resto era da família e de amigos.

Ela pegou uma foto de minha mãe.

— Vovó não era linda? — perguntou. E depois exibiu uma de Alex e dela mesma. — Ai, olha só para ele — acrescentou, com uma mescla de orgulho e rivalidade entre irmãos na voz.

Ela repassou a coleção inteira, pegando uma foto depois da outra, falando comigo sobre cada uma; e eu pensei: "Essa garota, famosa no mundo inteiro, alguém que levou alegria a milhões de pessoas — ela é só uma garota normal que ama sua família. Sinto muito orgulho dela. É uma menina fantástica, minha filha."

Foi fácil estar com ela naquele dia: estava muito divertida. Com o tempo, depois de mais ou menos uma hora, precisei ir, e nós nos abraçamos. Quando a toquei, pude sentir que voltava a ser o que era: fortalecia-se. Vinha trabalhando com pesos na academia que montara dentro de casa.

— Quando você voltar, vamos entrar no estúdio para fazer aquele dueto — disse ela, enquanto íamos até a porta. Nós tínhamos duas canções prediletas: *Fly Me To The Moon* e *Autumn Leaves*, e Amy queria que nós dois gravássemos juntos uma delas. — Mas vamos ensaiar direito — acrescentou.

— Vou acreditar quando estiver acontecendo — disse eu, com uma risada. Já tínhamos tido essa conversa muitas vezes ao longo dos anos. Era bom ouvi-la falando daquele jeito de novo. Com o braço para fora do táxi, dei um aceno de despedida.

Nunca mais vi minha filha querida com vida.

* * *

Cheguei a Nova York na sexta e passei uma noite tranquila, sozinho. No dia seguinte, fui visitar meu primo Michael e sua mulher Alison em seu apartamento na 59ᵗʰ Street — Michael tinha imigrado para os EUA alguns anos antes, quando se casara com Alison. Eles agora tinham gêmeos de 3 meses de idade, Henry e Lucy, e eu estava louco para conhecê-los. As crianças eram uma graça, e Henry tinha acabado de sentar no meu colo quando Michael recebeu um telefonema do pai, meu tio Percy, que mora em Londres. Michael passou o telefone para mim. Foi a conversa de costume.

— Alô, Mitch, como vai? E como está a Amy? — Eu lhe disse que tinha estado com Amy pouco antes de meu voo partir, e ela estava muito bem.

Meu celular tocou. O identificador de chamadas dizia "Andrew — Segurança". Amy costumava me ligar usando o telefone de Andrew, por isso disse ao meu tio:

— Acho que agora é Amy — e passei o telefone fixo de volta para Michael. Eu ainda tinha Henry no colo quando atendi meu celular.

— Alô, querida — disse. Mas não era Amy. Era Andrew. Eu mal conseguia decifrar o que ele dizia.

Tudo o que consegui entender foi o seguinte:
— Você precisa voltar para cá. Precisa voltar para cá.
— O quê? Do que é que você está falando?
— Você precisa voltar para casa — repetiu.
Meu mundo foi se esvaindo.
— Ela morreu? — perguntei.
E ele respondeu que sim.

1
E lá veio Amy

Desde o início, fiquei embasbacado com minha filha, e fora ela quase nada me importava. Nos dias que antecederam sua chegada, tinha sido despedido do emprego, supostamente por ter pedido uma licença de quatro dias para o nascimento da minha filha. Mas com Amy nascida, essas preocupações pareceram sumir. Apesar de estar desempregado, saí e comprei uma câmera de videocassete, que custou quase mil libras. Janis não gostou muito, mas não me importei. Gravei horas de vídeo de Amy e Alex, que tenho até hoje.

Alex montava guarda junto do berço por horas a fio. Entrei no quarto dela tarde uma noite, e encontrei Amy bem acordada e Alex em sono profundo no chão. Que grande guarda ele era! Eu era um pai ansioso e muitas vezes ia olhar o berço para ver se ela estava bem. Quando ela era muito pequena, eu a encontrava ofegante e gritava que não estava respirando direito. Janis precisou explicar que todos os bebês faziam esse tipo de som. Mesmo assim não ficava tranquilo e pegava Amy no colo — e depois não conseguíamos fazer com que dormisse de novo. Mas ela foi um bebê tranquilo, e em pouco tempo já dormia a noite inteira, com um sono tão pesado que às vezes Janis precisava acordá-la para que mamasse.

Com 1 ano de idade Amy aprendeu a andar, e daí em diante começou a dar um pouco de trabalho. Era muito curiosa e, se não estivesse sendo vigiada o tempo todo, costumava sair para explorar o ambiente. Pelo menos tínhamos alguma ajuda: minha mãe e meu padrasto, bem como meus outros parentes, pareciam estar lá todos os dias. Às vezes eu chegava tarde do trabalho, e Janis me dizia que tinham comido meu jantar.

Janis era uma mãe fantástica, e ainda é. Graças a ela, Alex e Amy sabiam ler e escrever antes de entrar para a escola. Quando chegava a nossa casa, eu os ouvia lá em cima, subia sem fazer barulho e parava do lado de fora da porta do quarto para ficar olhando. Enquanto Janis lia para elas, as crianças estavam abrigadas por baixo das cobertas, de cada lado dela, de olhos arregalados, querendo saber o que viria depois. Esse era o momento deles juntos, e sentia vontade de participar.

Nas noites em que só chegava por volta das 22h ou 23h, às vezes os acordava para dar boa noite. Entrava no quarto, dava um chute no berço ou na cama, dizia "Ah, eles estão acordados" e os pegava no colo para uns carinhos. Janis ficava furiosa com isso, e com toda a razão.

Eu era um pai participativo. Porém, mais ligado à bagunça do que à leitura de histórias. Alex e eu jogávamos futebol e críquete no jardim, e Amy queria participar: "Papai, papai! Joga para *mim*." Quando eu a lançava na sua direção, ela apanhava a bola e a atirava por cima da cerca.

Amy adorava dançar; e, como a maioria dos pais com filhas pequenas, eu a segurava pelas mãos e equilibrava seus pés nos meus. Íamos balançando desse jeito em volta da sala, mas Amy preferia quando a fazia girar sem parar, curtindo a sensação de desorientação que a brincadeira lhe proporcionava. Ela se tornou fisicamente destemida, subindo mais alto do que me agradava ou rolando por cima das barras do trepa-trepa no parque. Ela também gostava de brincar em casa: adorava suas bonecas "repolhinho", e para agradá-la precisávamos despachar as "certidões de adoção" que acompanhavam as bonecas. Se Alex queria atormentá-la, amarrava as bonecas.

Quando voltava cedo para casa, lia para as crianças, sempre livros da série do Noddy, de Enid Blyton. Amy e Alex eram grandes conhecedores do Noddy. Amy adorava o jogo de perguntas e respostas do personagem.

— Papai, o que o Noddy usava no dia em que conheceu o Orelhudo? — Eu fingia pensar um instante.

— Ele estava com a camisa vermelha?

— Não — respondia Amy. Eu lhe dizia que essa pergunta era muito difícil e que precisava pensar.

— Ele usava o gorro azul com um guizo na ponta? — Mais um não. E então eu estalava os dedos.

— Já sei. Ele estava com o short azul e o cachecol amarelo de bolas vermelhas.

— Não, papai, não estava.

A essa altura, desistia e pedia a Amy que me dissesse o que ele usava. Antes de conseguir falar, ela já estava reprimindo risinhos.

— Ele não estava usando nada. Ele estava... pelado!

E então tampava a boca com a mão para abafar as risadas histéricas. Não importava quantas vezes nós repetíssemos essa brincadeira, ela nunca mudava.

Nós não éramos dessas famílias que deixam a televisão ligada à toa. Sempre havia música tocando, e eu andava cantando pela casa. Costumávamos fazer as crianças apresentarem pequenos *shows* para nós. Eu as introduzia ao público, Janis batia palmas e eles começavam a cantar. Bem, cantar é modo de dizer. Alex não sabia cantar, mas fazia um esforço. E o único objetivo de Amy era cantar mais alto que o irmão. Estava claro que adorava o palco. Se Alex se cansasse e fosse fazer alguma outra coisa, Amy continuaria a cantar... mesmo depois que lhe pedíssemos que parasse.

Ela adorava uma brincadeirinha que fazia muito, no carro. Eu começava um verso de uma música, e ela cantava a última palavra:

— Fly me to the...

— ... Moon...

— ... And let me play among the...

— ... Stars.

Isso nos divertia horas a fio.

Certa vez deram de presente a Amy uma vitrolinha que tocava músicas infantis. Era só o que se ouvia do seu quarto. Depois teve um xilofone e aprendeu sozinha — penosa e lentamente — a tocar *Home On The Range*. O som se espalhava pela casa inteira, *plink, plink, plink*, e eu torcia para acertar as notas na hora — era uma tortura ter de ouvir aquilo.

Apesar de todo o seu charme, "Fique quieta, Amy!" foi provavelmente a frase mais ouvida em nossa casa durante seus primeiros anos. Ela simplesmente não sabia quando parar. Uma vez que começasse a cantar, era o fim para qualquer outra atividade. E se não fosse o centro das atenções, descobriria um jeito de se tornar — geralmente em detrimento de Alex. Na festa de 6 anos dele, Amy, aos 3, apresentou de improviso um show de canto e dança. Naturalmente, Alex não gostou muito e, antes que pudéssemos impedir, derramou um refrigerante em cima dela. Amy explodiu em lágrimas e saiu correndo da sala, chorando. Eu gritei tão alto com Alex que ele saiu correndo e chorando também. Depois da festa, Amy ficou sentada no chão da cozinha, de cara amarrada; e Alex não quis sair do seu quarto.

Apesar de cenas desse tipo, Alex e Amy eram extremamente unidos e continuaram assim, mesmo quando cresceram e fizeram seus próprios círculos de amigos.

Amy fazia qualquer coisa para chamar atenção. Era sapeca, corajosa e audaciosa. Pouco tempo depois da festa de aniversário de Alex, Janis levou Amy a Broomfield Park, perto de nossa casa, e a perdeu. Em pânico, Janis ligou para meu trabalho e me disse que Amy tinha desaparecido, e eu corri para o parque, fora de mim de tanta ansiedade. Quando cheguei, a polícia já estava lá, e eu me preparava para o pior: na minha cabeça, ela não estava perdida, mas tinha sido sequestrada. Minha mãe e minha tia Lorna também estavam lá — todos procurando por Amy. Ficou claro que não se encontrava mais no parque, e a polícia nos disse para voltar para casa, o que fizemos. Cinco horas depois, Janis e eu chorávamos em desespero quando o telefone tocou. Era Ros, uma amiga de minha irmã Melody. Amy estava com ela. Graças a Deus.

O que tinha acontecido era simplesmente típico de Amy. Ros estava no parque com seus filhos quando Amy a viu e correu até onde se encontrava.

Naturalmente, Ros perguntou pela mamãe dela, e Amy, travessa, disse que Janis tinha ido embora. Por isso, Ros levou Amy para sua própria casa; mas, em vez de nos telefonar, ligou para Melody, que era professora. Ela não chegou a falar com Melody, mas deixou um recado na escola dizendo que Amy estava com ela. Quando Melody soube que Ros cuidava de Amy, não deu muita atenção ao fato porque não fazia ideia de que Amy estivesse perdida. Quando chegou a sua casa e soube do que tinha acontecido, juntou os fatos. Quinze minutos depois, Melody chegou trazendo Amy, e eu desatei a chorar.

— Não chora, papai, já estou em casa — lembro-me de ela ter dito.

Infelizmente, parece que Amy não aprendeu com essa experiência. Alguns meses mais tarde, levei as crianças ao shopping center de Brent Cross, na região noroeste de Londres. Estávamos na loja de departamentos John Lewis, e de repente Amy sumiu. Num segundo ela estava lá, e no seguinte tinha desaparecido. Alex e eu procuramos pelas áreas mais próximas. Até onde poderia ter ido? Mas não havia sinal dela. Cá estamos nós mais uma vez, pensei. E dessa vez era evidente que a tinham sequestrado.

Fomos ampliando nossa busca. Quando íamos passando por uma arara de casacos compridos, ela saiu dali de um salto.

— Buuuu! — Fiquei furioso; mas quanto mais a repreendia, mais ela ria. Algumas semanas depois, tentou novamente. Dessa vez fui direto à seção dos casacos compridos. Ela não estava lá. Procurei por todas as araras. Nada de Amy. Já começava a ficar realmente preocupado quando veio um aviso pelo alto-falante: "Estamos aqui com uma menininha chamada Amy. Se você a perdeu, queira procurar o Atendimento a Clientes." Amy tinha se escondido em algum outro lugar e ficado realmente perdida, até alguém levá-la a um funcionário da loja. Eu lhe disse que não poderia mais se esconder nem fugir quando estivéssemos na rua. Ela prometeu que não faria mais aquilo, e não fez; mas as peças seguintes que pregou foram para um público maior.

Quando era pequeno, me engasguei com um pedaço de maçã, e meu pai entrou em pânico. Do mesmo modo, quando Alex engasgou na hora do jantar, também entrei em pânico, forçando meus dedos pela sua garganta para remover o que a estivesse obstruindo. Não demorou muito para Amy começar a brincar de engasgar. Numa tarde de sábado, fazíamos compras na Selfridges, em Oxford Street, em Londres. A loja estava lotada. De repente Amy jogou-se no chão, tossindo e segurando o pescoço. Eu sabia que não engasgava de verdade, mas o escândalo que fez foi tamanho que a peguei no colo, e saímos de lá às pressas. Depois disso, "engasgava" por toda parte, em casas de amigos, no ônibus, no cinema. Com o tempo, nós simplesmente não tomamos conhecimento, e os engasgos pararam.

* * *

Apesar de ter nascido na zona norte de Londres, sempre me considerei proveniente do East End. Passei grande parte da minha infância com meus avós, Ben e Fanny Winehouse, no apartamento sobre sua própria barbearia, a Barbearia do Ben, em Commercial Street, ou com minha outra avó, Celie Gordon, em sua casa em Albert Gardens, as duas moradias no coração do East End. Até mesmo frequentei a escola ali. Meu pai era barbeiro, e minha mãe cabeleireira, ambos trabalhando na loja de meu avô; e, quando iam para o trabalho, me deixavam na escola de Deal Street.

Amy e Alex eram fascinados pelo East End e eu os levava lá com frequência. Eles adoravam que lhes contasse histórias sobre nossa família, e ver onde as pessoas tinham morado conferia vida aos relatos. Amy gostava de ouvir memórias de meus fins de semana no East End, quando menino. Todas as sextas-feiras, ia com meu pai e minha mãe a Albert Gardens, onde permanecíamos até a noite de domingo. A casa ficava transbordando de gente. Havia a vovó Celie, a bisavó Sarah, o tio-avô Alec, o tio Wally, o tio Nat e a tia Lorna, gêmea da minha mãe. Como não bastasse, uma sobrevivente do Holocausto chamada Izzi Hammer morava no andar de cima. Ela só faleceria em janeiro de 2012.

Os fins de semana em Albert Gardens começavam com o tradicional jantar judaico das noites de sexta-feira: canja e depois frango assado, com batatas, ervilhas e cenouras no forno. A sobremesa era pudim *lokshen*, feito no forno com aletria e passas. Onde toda aquela gente dormia, não consigo me lembrar; mas nós todos nos divertíamos a valer ali, cantando, dançando, jogando cartas, com muita comida e bebida. E com a eventual discussão ruidosa associada aos risos e à alegria de uma família judia numerosa e feliz. Nós continuamos a tradição da noite de sexta-feira durante a maior parte da vida de Amy. Era sempre uma ocasião especial para nós; e, nos anos mais recentes, um teste interessante das amizades dela — quem era íntimo o suficiente para ser convidado a uma noite de sexta-feira.

* * *

Nos fins de semana, passava muito tempo com as crianças. Em fevereiro de 1982, quando Alex estava com quase 3 anos, comecei a levá-lo para assistir a jogos de futebol. Naquela época, podíamos levar crianças pequenas e sentá-las no nosso colo: Spurs x West Bromwich Albion. O frio era enregelante. Tanto que eu não queria ir, mas Janis vestiu Alex em seu traje de andar na neve, todo acolchoado, numa única peça. Ele mal conseguia se mexer. Quando chegamos, perguntei-lhe se tudo estava bem. Disse que sim. Cerca de cinco minutos após o chute inicial, ele quis ir ao banheiro. Tirá-lo do macacão acolchoado foi uma operação complexa; e depois levei mais dez minutos para vesti-lo de novo. Quando voltamos para nosso lugar, precisava ir outra vez ao banheiro, de modo que repetimos toda a ação. No intervalo, ele disse: "Papai, quero ir embora. Estou com saudade de casa."

Quando Amy estava mais ou menos com 7 anos, eu a levei a uma partida. De volta em casa, Janis perguntou-lhe se tinha gostado. Ela disse que detestara. Quando Janis perguntou por que não pedira para ir embora, respondeu: "Papai estava gostando, e eu não quis atrapalhar." Isso era típico de Amy quando pequena, sempre pensando nos outros.

Aos 5 anos, Amy começou a frequentar a escola primária Osidge, onde Alex já estudava. Lá conheceu Juliette Ashby, que se tornou rapidamente sua melhor amiga. As duas eram inseparáveis e continuaram amigas pela maior parte da vida de Amy. Sua outra grande amiga em Osidge foi Lauren Gilbert. Elas já se conheciam porque o tio Harold, irmão do meu pai, era padrasto do pai de Lauren.

Amy tinha de usar uma camisa azul-clara e gravata, com suéter e uma saia cinza. Ficou feliz de se unir ao irmão mais velho na escola, mas logo se meteu em encrencas. Todos os dias que passou lá poderiam facilmente ter sido o último. Ela nada fazia de terrível, mas perturbava muito e procurava sempre chamar atenção, o que resultava em queixas constantes sobre seu comportamento. Ela não se calava nas aulas, desenhava nos livros e pregava peças. Uma vez, se escondeu debaixo da mesa do professor. Quando ele perguntou à turma onde Amy estava, ela ria tanto que bateu com a cabeça e precisou ser levada para casa.

Deixou uma impressão duradoura em sua professora do segundo ano, a srta. Cutter (hoje Jane Worthington), que me escreveu pouco depois da morte de Amy:

> Amy foi uma criança cheia de vida que cresceu e se transformou numa mulher linda e talentosa. Minha lembrança permanente de Amy é a de uma criança que não escondia seus sentimentos. Quando ela estava feliz, o mundo sabia disso; quando estava contrariada ou infeliz, também se sabia. Estava claro que Amy vinha de uma família amorosa e incentivadora.

Amy era uma menina inteligente e, se tivesse se interessado, teria se saído muito bem na escola. De algum modo, porém, nunca se interessou tanto assim. Era boa em matemática, por exemplo, mas não no sentido de mostrar bom desempenho na escola. Janis era realmente boa em matemática e costumava ensinar às crianças. Amy adorava cálculo e equações de segundo grau quando ainda estava na escola primária. Nenhuma surpresa em achar as aulas de matemática chatas.

No entanto, sempre se interessou por música. Eu sempre tinha música tocando em casa e no carro, e Amy cantava junto, sem se importar com gênero. Apesar de gostar de canções de jazz e de grandes bandas, também adorava de rhythm & blues e hip-hop, especialmente as bandas TLC e Salt-n-Pepa. Ela e Juliette costumavam se fantasiar como Pepsi & Shirlie, as cantoras que faziam *backing vocals* para Wham!, e cantavam suas músicas. Quando Amy estava com uns 10 anos, ela e Juliette formaram um dueto de *rap* de curta duração, Sweet 'n' Sour [agridoce] — Juliette era Sweet [doce] e Amy, Sour [acre]. Houve muitos ensaios, mas lamentavelmente nenhuma apresentação ao público.

Eu era dedicado à família; mas, à medida que Amy e Alex cresciam, fui mudando. Em 1993, Janis e eu nos separamos. Alguns anos antes, um grande amigo meu, casado, contou-me em confiança que estava saindo com outra pessoa. Não pude entender como conseguia fazer aquilo. Lembro-me de lhe ter dito que tinha uma linda mulher e um filho fantástico. Por que cargas-d'água correria o risco de perder tudo por uma aventura?

— Não é uma aventura — respondeu. — Quando você encontra aquela pessoa especial, simplesmente sabe que é a pessoa. Se um dia acontecer com você, vai entender.

Era incrível que me encontrasse numa situação semelhante. Nos idos de 1984, indicara uma nova gerente de marketing, Jane, e nos demos muito bem desde o início. Nada havia de romântico. Jane tinha um namorado; e eu, um casamento feliz. Mas sem dúvida havia uma faísca entre nós. Nada aconteceu por séculos. E então acabou acontecendo. Jane frequentava minha casa desde que Amy estava com um 1 e meio de idade, e se encontrara com Janis e as crianças montes de vezes. Era irredutível em não querer se intrometer entre mim e minha família.

Eu estava apaixonado por Jane, mas ainda casado com Janis. Essa é uma situação que simplesmente não pode funcionar para sempre. Foi um dilema terrível. Queria estar com Janis e as crianças, mas também com Jane. Nunca fui infeliz com Janis, e nós tínhamos um bom casamento. Alguns homens infiéis odeiam a esposa, mas eu amava a minha. Era impossível ter uma discussão com ela, mesmo que tentasse. É uma pessoa muito doce e de índole amável. Eu não sabia o que fazer. No fundo, não queria ferir ninguém. Afinal, só desejava ficar mais com Jane.

Por fim, em 1992, tomei a decisão de deixar Janis. Esperaria pelo Bar Mitzvah de Alex no ano seguinte e iria embora pouco depois. O mais difícil foi contar a Alex e Amy. Expliquei que nós dois os amávamos e que a separação não se devia a nada que tivessem ou não tivessem feito. Alex recebeu muito mal a notícia — quem pode culpá-lo? —, mas Amy pareceu aceitar bem.

Eu me sentia péssimo quando fui embora, de carro, para morar com Melody em Barnet. Fiquei com ela seis meses antes de me mudar para a casa de Jane. Olhando em retrospecto agora, foi covardia permitir que a situação se prolongasse tanto, mas queria manter todos felizes.

Por estranho que pareça, depois que saí de casa, comecei a ver as crianças mais do que antes. Meus amigos achavam que Amy não parecia muito afetada pelo divórcio; e, quando lhe perguntei se queria falar sobre o assunto, disse: "Você ainda é meu pai, e mamãe ainda é minha mãe. Falar sobre o quê?"

Talvez, por culpa, exagerasse em mimá-los. Eu lhes comprava presentes sem motivo, levava-os a lugares caros e lhes dava dinheiro. Às vezes, quando começava um novo empreendimento e as coisas estavam meio difíceis, íamos comer no Chelsea Kitchen, em King's Road, onde podia pagar não mais que duas libras por refeição. Anos mais tarde, as crianças me disseram que gostavam de ir lá mais do que aos restaurantes caros, principalmente porque sabiam que não me custaria muito.

Duas coisas nunca mudaram: meu amor por eles e o deles por mim.

2
Aprendizado de palco

ONDE QUER QUE morasse, Amy e Alex sempre tinham um quarto. Amy muitas vezes passava o fim de semana comigo, e eu procurava fazer com que fosse especial. Ela adorava histórias de assombração: quando morava em Hatfield Heath, em Essex, a casa ficava um pouco afastada e bem próxima a um cemitério. Se estivéssemos voltando para casa numa noite escura de inverno, costumava estacionar perto do cemitério, apagar os faróis do carro e deixá-la aterrorizada com umas duas histórias bem macabras. Não demorou muito para começar a inventar suas próprias tramas de terror, e eu precisava fingir que ficava apavorado.

Em certa ocasião, Amy teve de fazer uma redação sobre a vida de alguém importante para ela. Decidiu escrever sobre mim e pediu que a ajudasse. Decidi que seria algo bem emocionante; e então inventei algumas histórias a meu respeito, e Amy acreditou em todas. Disse que fora a pessoa mais jovem a escalar o Monte Everest, e que, quando tinha 10 anos, joguei para o Spurs e marquei o gol da vitória na final do Campeonato de 1961 contra o Leicester City. Disse ainda que fizera o primeiro transplante de coração do mundo com meu assistente, o dr. Christiaan Barnard. Eu poderia ter lhe dito também que fora piloto de corrida automobilística e jóquei.

Amy anotou tudo, fez a redação e entregou. Eu esperava alguns elogios à sua imaginação e ao seu senso de humor, mas o professor, em lugar disso, me mandou um bilhete: "Sua filha tem delírios e precisa de ajuda." Não muito tempo antes de falecer, ela me lembrou daquele dever de casa e do problema que causara — e se lembrou de outra das minhas histórias, da qual me esquecera: contara a ela e a Alex que, aos 7 anos, brincava perto da ponte da Torre de Londres quando caí no Tâmisa e quase me afoguei. Cheguei a lhes mostrar o lugar onde aquilo supostamente acontecera, e disse que costumava haver uma placa ali para assinalar o ocorrido, mas que a tinham tirado para uma limpeza.

Nas férias escolares, precisávamos inventar coisas para Amy fazer. Se estivesse numa reunião, Jane a levava para almoçar, e ela sempre pedia a mesma coisa: salada de camarão. Da primeira vez em que Jane a levou para comer, quando ainda era pequena, perguntou se Amy queria um chocolate de sobremesa.

— Não, tenho intolerância a derivados de leite — respondeu, toda orgulhosa. E então devorou montes de balas e gomas de mascar: sempre foi uma formiguinha.

Jane costumava trabalhar como voluntária na rádio do Hospital Whipps Cross e tinha seu próprio programa. Amy a ajudava. Como era pequena demais para andar pelas enfermarias enquanto Jane entrevistava os pacientes, escolhia os discos a serem tocados. Certa vez Jane entrevistou Amy, e ainda tenho as fitas daquela conversa em algum lugar. Na edição, Jane retirou as perguntas para que parecesse que Amy falava direto com os ouvintes — sua primeira transmissão via rádio.

Uma ligação que nunca perdi com Amy, mesmo quando me separei de sua mãe, foi aquela relativa à música. Ela aprendeu a amar as músicas que eu aprendera a amar com minha mãe quando mais novo. Mamãe sempre adorou jazz, e antes de conhecer meu pai namorara o grande músico Ronnie Scott. Num show em 1943, Ronnie apresentou-a ao lendário maestro Glenn Miller, que tentou roubá-la. E enquanto minha mãe se apaixonava pela música de Glenn Miller, Ronnie se apaixonou por ela. Ficou arrasado quando ela terminou o relacionamento. Implorou para que não o deixasse e chegou a lhe propor casamento. Ela disse que não, mas continuaram bons amigos até ele morrer, em 1996. Aliás, menciona mamãe em sua autobiografia.

Quando era menininha, Amy adorava ouvir minha mãe contar e recontar as histórias sobre Ronnie, sobre o mundo do jazz e todas as coisas que faziam. Quando cresceu, começou a se interessar profundamente pelo assunto; Ella Fitzgerald e Sarah Vaughan foram suas favoritas desde o início.

Amy adorava em particular uma história que lhe contei sobre Sarah Vaughan e Ronnie Scott. Sempre que Ronnie recebia alguém famoso em sua boate, convidava mamãe, minha tia Lorna, minha irmã, eu e quem mais quiséssemos levar. Nós vimos alguns artistas fantásticos lá — Ella Fitzgerald, Tony Bennett e muitos outros — mas, para mim, a mais inesquecível foi Sarah Vaughan. Era simplesmente maravilhosa. Depois do show fomos aos bastidores, e havia uma fila de pessoas para lhe serem apresentadas.

— Sarah, esta é Cynthia — disse Ronnie, quando chegou a vez de mamãe. — Ela foi meu primeiro amor, e continuamos muito amigos.

Então, chegou minha vez.

— Este é Mitch, filho de Cynthia — apresentou-me Ronnie.

— O que você faz? — perguntou Sarah.

Eu lhe contei sobre meu emprego num cassino, e conversamos por uns dois minutos sobre uma coisa e outra.

— Sarah, este é Matt Monro — falou Ronnie, então.

E Sarah perguntou:

— O que você faz, Matt?

Ela realmente não fazia a menor ideia de quem era. Cantores americanos são em geral muito fechados em seu mundo. Muitos deles não sabem o que acontece fora de Nova York ou Los Angeles, muito menos no Reino Unido. Senti um pouco de pena de Matt, porque era, na minha opinião, o maior cantor britânico de todos os tempos — e ele também não ficou assim tão satisfeito. Saiu da boate e nunca mais falou com Ronnie Scott.

Amy começou, também, a assistir a musicais na TV — filmes com Fred Astaire e Gene Kelly. Preferia Astaire, que considerava mais artístico do que o atlético Kelly. Ela gostava muito de *Melodia da Broadway de 1940*, quando Astaire dança com Eleanor Powell. "Olha isso, papai", dizia. "Como conseguem fazer isso?" Aquela sequência inspirou-lhe um amor pelo sapateado.

Amy costumava cantar para minha mãe, cujo rosto se iluminava nessas ocasiões. Como fã número um de Amy, que sempre achou que seria uma estrela, mamãe apresentou a ideia de mandá-la, aos 9 anos, para a Escola de Teatro Susi Earnshaw, em Barnet, no norte de Londres, que não era longe de onde morávamos. A escola oferecia cursos avulsos de artes do espetáculo para alunos entre 5 e 16 anos. Amy costumava ir aos sábados, e foi lá que ela aprendeu a cantar e a sapatear.

Amy esperava ansiosa pelas aulas e, ao contrário do que acontecia em Osidge, nunca recebemos uma reclamação. Susi Earnshaw contou-nos como Amy era sempre muito esforçada. Ela aprendeu a desenvolver a voz, algo que desejava à medida que descobria cada vez mais sobre os cantores que escutava em casa e com minha mãe. Amy era fascinada pelo modo como Sarah Vaughan usava a voz, como se fosse um instrumento, e queria saber de que forma poderia fazer aquilo também.

Assim que começou na escola de Susi Earnshaw, passou a fazer testes. Quando tinha 10 anos, fez um para o musical *Annie*; Susi mandou muitas meninas para esse teste. Ela me disse que Amy não conseguiria o papel, mas seria bom para ganhar experiência — e se acostumar à rejeição.

Expliquei tudo isso a Amy, mas, mesmo assim, estava feliz por ir e tentar. O grande erro que cometi foi tocar nesse assunto com minha mãe. Por alguma razão, nem Janis nem eu pudemos levá-la, e minha mãe ficou felicíssima de entrar no circuito. Sendo a maior fã de Amy, achou que aquela era a hora certa, que o teste era uma formalidade — que sua neta seria a nova Annie. Acho que até comprou um vestido novo para a noite de abertura, de tanta certeza.

Quando vi Amy naquela noite, ela foi logo falando.

— Papai, *nunca mais na vida* mande a vovó me acompanhar a um teste.

Tinha começado no trem, com minha mãe pondo pressão sem parar — como cantar a música, como falar com o diretor, "não faça isso, não faça aquilo, olhe o diretor nos olhos...". Amy aprendera tudo aquilo na escola de Susi Earnshaw, mas é claro que mamãe sabia mais. Finalmente chegaram ao teatro, onde, de acordo com Amy, havia cerca de mil mães, pais e avós, cada um deles, como minha mãe, pensando que seu pequeno prodígio seria a nova Annie.

Por fim, chegou a vez de Amy se apresentar, e ela deu ao pianista a música que cantaria. Ele se recusou a tocar — a música não estava no tom certo para o show. Amy cantou com muito esforço num tom que lhe era alto demais. Depois de apenas alguns compassos, pediram que parasse. O diretor foi muito gentil e lhe agradeceu, mas disse que sua voz não era adequada para o papel. Minha mãe ficou uma fera. Avançou contra o diretor, com passos decididos, gritando que não sabia do que estava falando. Houve uma discussão terrível.

No trem, de volta para casa, foi a vez de Amy escutar; a mesma coisa de sempre: "Você não ouve o que eu digo. Acha que sabe mais..." Amy não deu a mínima por não ter conseguido o papel, mas minha mãe ficou tão irritada que foi para a cama e de lá não saiu o dia inteiro. Quando Amy me contou a história, achei tudo simplesmente histérico. Eram muito parecidas; devem ter vindo para casa gritando uma com a outra no trem o tempo todo.

Uma cena e tanto.

A relação entre Amy e minha mãe era turbulenta, mas ambas realmente se amavam, e às vezes mamãe deixava os dois netos aprontarem o que quisessem. Quando a visitávamos, Amy costumava fazer escova no cabelo de minha mãe, enquanto Alex se sentava no chão para cuidar das unhas dos pés. Depois, com os cabelos totalmente desarrumados, vinha nos mostrar o que Amy produzira, e dávamos boas gargalhadas.

* * *

Na primavera de 1994, quando Amy tinha 10 anos, fui com ela a uma entrevista para sua nova escola, Ashmole, em Southgate. Eu estudara lá uns 25 anos antes, e Alex estudava lá, de modo que era uma escolha natural para Amy. Era incrível, mas o antigo professor encarregado da minha turma, o sr. Edwards, ainda tinha vigor para trabalhar, e seria o encarregado de esportes da turma de Amy. Ele nos entrevistou quando a levei para conhecer a escola. Entramos em sua sala, e me reconheceu de imediato. Com seu bonito sotaque galês, disse: "Meu Deus, outro Winehouse, não! Aposto que essa aí não joga futebol." Tivera alguma reputação jogando no time da escola, e Alex seguia meus passos.

Amy começou na Ashmole em setembro de 1994. Desde o início foi indisciplinada. Sua amiga Juliette também fora transferida para a escola. Sozinhas, as duas já não eram boa coisa; juntas, então, a situação ficava dez vezes pior. Não demorou muito para que fossem separadas e colocadas em turmas diferentes.

Alex tinha um violão que aprendera a tocar sozinho e, quando Amy decidiu experimentar, ele lhe ensinou também. Era muito paciente, embora brigassem muito. Os dois sabiam ler música, o que me surpreendeu. "Quando vocês aprenderam a fazer isso?", perguntei. Ficaram me olhando como se falasse numa língua estrangeira. Amy não demorou a escrever suas próprias canções, algumas boas, outras horríveis. Uma das boas chamava-se *I Need More Time*. Ela a tocou para mim alguns meses antes de ter falecido. Acreditem: era tão boa que poderia ter entrado em um de seus álbuns, e é uma pena que Amy nunca a tenha gravado.

Muitas vezes era eu quem ia pegar as crianças na escola. Naquela época tinha um conversível, e Amy vivia insistindo para que baixasse a capota. Enquanto seguíamos o caminho, Alex sentado no banco do carona, ela cantava o mais alto que conseguia. Quando parávamos nos sinais, se levantava e dava seu show. "Senta, Amy!", dizíamos nós, mas as pessoas na rua riam.

Uma vez ela estava no carro com um amigo meu chamado Phil e cantou *The Deadwood Stage*, do filme *Ardida como pimenta*, com Doris Day.

— Sabe — disse-me Phil quando voltaram, ele com os tímpanos provavelmente ainda estourando —, sua filha tem uma voz realmente *poderosa*.

O lado irrefreável de Amy ia muito além dos passeios de carro. Chegou um momento em que começou a andar na moto de Alex, para meu desespero: não tinha o menor cuidado quando o fazia. Não tinha nenhuma noção de como evitar o perigo e corria o máximo que podia. Amy adorava velocidade e chegou a cair algumas vezes. Era a mesma história quando a levava para patinar — não importava se era no gelo ou com patins de rodas, adorava as duas modalidades. Era realmente rápida no rinque, e nunca abandonou essa paixão. Depois que foi lançado seu primeiro álbum, ela me disse que sua ambição era abrir uma rede de lanchonetes para vender hambúrgueres com garçonetes servindo sobre patins.

Ela era rebelde, mas eu fazia suas vontades. Não conseguia agir de maneira diferente. Sei que mimei meus filhos por causa do divórcio, mas estavam crescendo e precisavam de coisas. Levei Amy para comprar algumas roupas, já que estava quase na adolescência e ia para uma escola nova.

— Olha, papai — disse, toda animada, quando saiu do provador vestida com uma calça jeans estampada de leopardo. — Esta é fantástica! Acha que fica bem em mim?

Toda vez que ficava comigo e Jane, Amy levava um caderno para escrever versos para músicas. No meio de uma conversa, ela falava de repente "Ah, espera um minutinho" e desaparecia para anotar alguma coisa que acabara de lhe ocorrer. Os versos pareciam saídos de um poema, e mais tarde os usava numa canção, com outros, escritos em ocasiões totalmente diferentes.

Amy continuava boa em matemática por causa das aulas que a mãe lhe dera. Janis passava-lhe alguns problemas bem complicados, e ela gostava muito de resolvê-los. Podia ficar solucionando questões de matemática durante horas só para se distrair. Era brilhante nos níveis mais complexos do Sudoku e conseguia terminar um jogo com muita rapidez.

Era uma pena que não se aplicasse na escola. Nós vivíamos recebendo bilhetes, com queixas sobre seu comportamento ou sua falta de interesse. Era claro que Amy estava entediada — simplesmente não se adaptava ao ensino formal. (Eu também era assim. Sempre matava aulas, mas, ao contrário dos meus amigos, que perambulavam pelas ruas, eu ficava lendo numa biblioteca local.) Amy tinha uma fome incrível de conhecimento, mas detestava a escola. Como não queria ir, não saía da cama de manhã. Ou, se ia, vinha para casa na hora do almoço e não voltava.

Embora, quando bebê e criança pequena, dormisse muito, por volta dos 11 anos passou a querer ficar acordada: a noite inteira lia, jogava quebra-cabeças, via televisão, escutava música, qualquer coisa para não dormir. Então, é claro, toda manhã era uma luta para que acordasse.

Janis perdia a paciência e me telefonava: "Não há jeito de sua filha se levantar." E eu tinha de dirigir desde Chingford, onde morava com Jane, para arrastar Amy da cama.

Com o tempo, ela piorou na sala de aula. Por causa de seu comportamento, Janis e eu fomos chamados para reuniões inúmeras vezes. Espero que o professor encarregado da sua série não tenha me visto fazendo força para não rir enquanto o ouvia.

— Sr. e sra. Winehouse, já mandaram Amy vir falar comigo uma vez hoje e, como sempre, sabia que era ela antes de entrar na minha sala... — Sabia que, se olhasse para Janis, cairia na gargalhada. — Como eu sabia? — continuou o professor. — Ela estava cantando *Fly Me To The Moon* tão alto que a escola inteira podia ouvir.

Sabia que não devia rir, mas aquilo era tão típico de Amy... Ela me disse depois que cantava aquela música para se acalmar sempre que se supunha em apuros.

As únicas coisas de que parecia gostar na escola eram as apresentações. Contudo, houve um ano em que Amy não cantou muito bem no show. Não sei o que aconteceu de errado — talvez um novo problema com o tom —, mas fiquei decepcionado. No ano seguinte, porém, as coisas foram diferentes.

— Papai, vocês dois podem vir me ver na Ashmole? — pediu. — Vou cantar de novo. — Para ser sincero, senti um aperto no coração ao me lembrar da apresentação anterior, mas é claro que fomos. Ela interpretou a canção *Ironic*, de Alanis Morissette, e foi magnífica, como sabia que podia ser. O que eu não esperava foi a reação de todos ali: a classe inteira se empertigou nos assentos. Uau! De onde é que vem essa voz?

Àquela altura, Amy estava com 12 anos e queria ir para um curso de interpretação em tempo integral. Janis e eu não concordamos, mas ela se inscreveu, sem nos contar, na Escola de Teatro Sylvia Young, no centro de Londres. Nunca soubemos como chegou a saber dessa escola, já que Sylvia Young só colocava anúncios na *Stage*. Por fim, Amy nos veio com a notícia quando foi convidada para um teste. Decidiu cantar *The Sunny Side Of The Street*, que treinei com ela, orientando-a no controle de respiração, e ganhou meia bolsa de estudos, não só pelo canto, mas pela interpretação e pela dança. Seu sucesso foi publicado na *Stage*, com uma foto no início da matéria.

Quando fez sua inscrição, pediram que escrevesse alguma coisa sobre si mesma. Eis o que registrou:

A vida inteira fui barulhenta, a ponto de me mandarem calar a boca. O único motivo que eu tinha para ser tão barulhenta é que na minha família você tem de gritar se quiser ser ouvido.

Minha família? Sim, é isso mesmo. A família da minha mãe é tranquila; a família do meu pai é o espetáculo musical, totalmente biruta, em que todos cantam e dançam.

Dizem que fui abençoada com uma voz bonita, e acho que meu pai é o culpado disso. Mas, ao contrário do meu pai, da sua formação e dos seus antepassados, eu quero fazer alguma coisa com os talentos com os quais fui "abençoada". Meu pai está satisfeito em cantar alto no seu escritório e em vender janelas.

Já minha mãe é química. Ela é calma, reservada.

Eu diria que meu histórico escolar e meus boletins estão cheios de "pode fazer melhor" e "não usa todo o seu potencial".

Quero ir para um lugar onde eu seja forçada a atingir meus limites e talvez até a superá-los.

Cantar nas aulas sem que me mandem calar a boca (desde que sejam aulas de canto).

Mas acima de tudo tenho o sonho de ser muito famosa. Trabalhar no palco. É uma ambição que tive a vida inteira.

Quero que as pessoas escutem minha voz e simplesmente se esqueçam de seus problemas por cinco minutos.

Quero ser lembrada como atriz, cantora, por shows com ingressos esgotados e apresentações no West End e na Broadway com casa lotada.

Acredito que tenha sido um alívio para a Ashmole quando Amy deixou a escola. Ela começou na Escola de Teatro Sylvia Young quando tinha uns 12 anos e meio, e ficou lá por três anos — mas que três anos! Não deixava de ser uma escola, o que significa que era sempre repreendida, mas acho que a toleravam por identificarem um talento especial. A própria Sylvia Young disse que Amy era dona de um "espírito impetuoso e de uma inteligência impressionante". Mas sempre ocorriam "incidentes" — por exemplo, o piercing no nariz. Não era permitido o uso de bijuterias, regra que simplesmente ignorava. Mandavam-na tirá-lo, coisa que fazia, e dez minutos depois lá estava o piercing de novo no lugar.

A escola aceitava o fato de Amy ser dona do próprio nariz e lhe dava certa liberdade. Volta e meia fingiam não ver suas desobediências. Só que às vezes ia longe demais, em especial quando se tratava de bijuterias. Um dia foi mandada para casa por usar brincos, pulseiras e piercings no nariz e no umbigo. Para mim, porém, Amy não estava sendo rebelde, o que com certeza ela bem poderia ser — aquela era a forma como se expressava.

E a pontualidade era um problema. Amy estava quase sempre atrasada. Pegava o ônibus para a escola, adormecia, passava quase 5 quilômetros do ponto onde deveria saltar, e então precisava de outro para retornar. Assim, embora aquele fosse o lugar onde queria estar, não se tratou de um mar de rosas para ninguém.

O principal problema de Amy na Sylvia Young foi que, além de ter aulas de técnicas de teatro, que incluíam balé, sapateado, outros tipos de dança, interpretação e canto, precisava aturar o lado acadêmico ou, nas suas palavras, "todas aquelas coisas chatas". Cerca de metade do tempo era destinado a matérias "normais", pelas quais não se interessava. Ela dormia nas aulas, fazia rabiscos, conversava e, em geral, agia de modo inconveniente.

Amy gostava mesmo de sapateado. Já era muito boa quando entrou na escola, mas então aprendia técnicas mais avançadas. Quando estávamos no apartamento de minha mãe para o jantar das sextas-feiras, adorava sapatear na cozinha, porque o chão era perfeito para o estalido da dança. Os sons que o chão da cozinha produzia eram fantásticos. Disse-lhe a Amy que era tão boa quanto Ginger Rogers, mas minha mãe não concordava: afirmava que Amy era melhor.

— Vovó, posso sapatear? — perguntava, depois de calçar seus sapatos especiais.

— Vá lá embaixo e pergunte à sra. Cohen se não há problema — respondia minha mãe —, porque você sabe como ela é. Só reclama do barulho comigo.

Então, Amy descia e perguntava se não havia problema.

— Claro que não, querida. Vá e dance o quanto quiser — falara a sra. Cohen. E, no dia seguinte, vinha reclamar do barulho com minha mãe.

Depois do jantar das sextas-feiras, nós nos divertíamos com jogos. *Trivial Pursuit* e *Pictionary* eram dois dos nossos prediletos. Amy e eu jogávamos juntos, minha mãe e Melody faziam a segunda equipe, e Jane e Alex eram a terceira. Eles eram os "tranquilos", pensativos e concentrados; minha mãe e Melody representavam a parceria "barulhenta", com muitos berros e gritos; já nós encarnávamos os "trapaceiros". Tentávamos vencer de qualquer jeito.

Quando não estava entretida com esses jogos ou sapateando, Amy pegava cachecóis e blusas de minha mãe emprestados. Tinha um jeito de fazer com que não parecessem da vovó, mas sim roupas cheias de estilo, amarrando camisas no meio, esse tipo de coisa. Começou também a passar um pouco de maquiagem — nunca exagerada, apenas o suficiente para realçar. Como tinha uma pele bonita, não precisava de base, mas eu percebia que estava de delineador e batom.

— Estou, sim, papai, mas não vá contar para mamãe.

Contudo, apesar de deixá-la fazer suas experiências com maquiagem e roupas, minha mãe odiava os piercings. Mais tarde, quando Amy se pôs a fazer tatuagens, brigou com ela. A tatuagem "Cynthia" veio depois de minha mãe ter falecido — ela a detestaria.

* * *

Juntamente com outros alunos da Sylvia Young, Amy começou a fazer trabalhos remunerados quando entrou na adolescência. Apareceu num esquete na série *The Fast Show*, da BBC2; ficou meia hora em pé, em equilíbrio precário numa escada, em *Don Quixote*, no Coliseum, no St Martin's Lane (recebia 11 libras por apresentação, mas eu guardava o dinheiro, porque ela sempre queria gastar tudo com doces); e participou também de uma peça realmente maçante sobre os mórmons no Hampstead Theatre, na qual contribuiu com um monólogo de dez minutos no final. Amy adorava fazer os pequenos trabalhos que a escola oferecia, mas era incapaz de aceitar sua condição de colegial e, portanto, a necessidade de estudar.

Por fim, Janis e eu fomos chamados a falar com o diretor acadêmico da escola, que se disse muito decepcionado com a atitude de Amy para com suas obrigações. Contou-nos que vivia tendo de pressioná-la a se empenhar mais e a fazer seus deveres. Admitiu que ela se sentia entediada. A escola chegou a colocá-la numa turma mais adiantada para que se visse desafiada, mas ficou ainda mais distraída.

O verdadeiro golpe veio quando o diretor acadêmico ligou para Janis, sem o conhecimento de Sylvia Young, e disse que se Amy continuasse na escola provavelmente seria reprovada nos exames do GCSE.* Quando soube disso, Sylvia ficou muito contrariada, e o diretor deixou a escola pouco tempo depois.

Ao contrário do que disseram algumas pessoas, até mesmo Amy, ela não foi expulsa da escola de Sylvia Young. Na realidade, Janis e eu decidimos tirá-la de lá por acreditar que ela teria mais chance nos exames numa escola "normal". Se lhe dizem que sua filha não vai passar nas provas do GCSE, você tem de transferi-la para outro lugar. Amy não queria deixar a escola de Sylvia Young e chorou quando dissemos que a tiraríamos de lá. Sylvia também ficou aborrecida e tentou nos persuadir a mudar de ideia, mas acreditávamos estar agindo da maneira certa. Elas mantiveram contato depois, o que surpreendeu Amy, após todas as discussões que as duas tinham tido por causa das regras da escola. (Nossa relação com Sylvia e sua escola continua até hoje. A partir de setembro de 2012, a Foundation de Amy vai conceder uma Bolsa de Estudos Amy Winehouse, um curso de cinco anos naquela escola a um aluno previamente selecionado.)

De qualquer forma, Amy precisava terminar seus estudos para o GCSE, e a escola que a prepararia seria a Mount School, uma instituição só para meninas em Mill Hill, no noroeste de Londres. A Mount era um lugar muito bom e "bem comportado", onde as alunas usavam um belo uniforme marrom — uma grande mudança em comparação com polainas e piercings no nariz. O ensino de música lá era forte e, nas palavras de Amy, fazia com que ela seguisse em frente.

---

*O General Certificate of Secondary Education (GCSE) é um exame aplicado a todos os alunos do ensino médio a partir dos 16 anos. [N. da T.]

O professor de música se interessou em particular pelo talento de Amy e a ajudou a se adaptar à escola. Emprego esse verbo no sentido lato. Amy ainda usava suas bijuterias, continuava a chegar atrasada e vivia discutindo com os professores sobre seus piercings, que ela se deliciava em mostrar para todo mundo. Quando me lembro dos lugares onde Amy usava aqueles piercings, não me surpreendo com a fúria dos professores. Mas, de uma forma ou de outra, Amy conseguiu passar em cinco dos exames do GCSE, antes de sair da Mount, deixando para trás mais um punhado de professores exaustos.

Não houve meio de conseguir que permanecesse ali para tentar os exames do nível avançado. Ela já não aguentava a educação formal e nos pediu que a mandássemos para outra escola de artes dramáticas. Uma vez que tomasse uma decisão, não mudava de ideia: não havia chance de persuadi-la a fazer outra coisa.

Aos 16 anos, Amy foi para a BRIT School, em Croydon, sul de Londres, para estudar teatro musical. Era uma viagem terrível para chegar lá — do norte de Londres direto até o sul, levando no mínimo três horas todos os dias —, mas ela se manteve firme. Fez muitos amigos e impressionou os professores com seu talento e sua personalidade. Melhorou também na parte acadêmica: um professor lhe disse que ela era "uma escritora naturalmente expressiva". Na BRIT School, Amy pôde se expressar. Frequentou a escola durante um período curto menos de um ano, mas bem empregado, e a escola teve um grande impacto sobre ela, assim como também Amy causou impacto na escola e em seus alunos. Em 2008, apesar dos problemas pessoais por que passava, voltou para fazer um show pela escola como forma de agradecimento.

3
Quando ela se apaixonou

ACABOU SENDO BOM que Sylvia Young mantivesse contato com Amy depois que ela saiu da escola, porque foi Sylvia quem inadvertidamente impulsionou a carreira de Amy numa direção totalmente nova.

Mais para fins de 1999, quando Amy estava com 16 anos, Sylvia ligou para Bill Ashton, o fundador, diretor musical e presidente vitalício da National Youth Jazz Orchestra, para tentar marcar um teste para Amy. Bill disse a Sylvia que eles não faziam testes.

— Basta mandar que ela venha — disse ele. — Ela poderá se juntar a nós se quiser.

Amy foi e, numa manhã de domingo, mais ou menos um mês depois, pediram que cantasse quatro músicas com a orquestra naquela noite porque uma das cantoras não ia poder se apresentar. Ela não conhecia as músicas muito bem, mas isso não a desconcertou. Para Amy foi moleza. Um ensaio rápido, e já tinha aprendido todas elas.

Cantou com a NYJO por uns tempos e fez uma de suas primeiras gravações de verdade com eles. Organizaram um CD e Amy cantou nele. Quando Jane e eu ouvimos, quase caí duro — não podia acreditar como sua voz estava fantástica. Minha música preferida nesse CD sempre foi *The Nearness Of You*. Já a ouvi cantada por Sinatra,

Ella Fitzgerald, Sarah Vaughan, Billie Holiday, Dinah Washington e Tony Bennett. Mas nunca a ouvi cantada como Amy a cantou. Foi e continua a ser belíssima.

Não havia dúvida de que a NYJO e as próprias apresentações de Amy exercitaram ainda mais sua voz, mas foi um amigo dela, Tyler James, quem realmente deu o pontapé inicial. Os dois tinham se conhecido na escola de Sylvia Young e continuaram grandes amigos até o fim da vida de Amy. Na escola de Sylvia Young, Amy estava um ano abaixo de Tyler, de modo que eram de turmas diferentes. Já nos dias de canto e dança, frequentavam as mesmas aulas, pois tinham permitido que Amy pulasse um ano. Assim, ensaiavam e faziam testes juntos. Conheceram-se quando seu professor de canto, Ray Lamb, pediu que quatro alunos cantassem *Parabéns para você* numa fita que estava fazendo para o aniversário da sua avó. Tyler ficou abismado quando ouviu aquela menininha cantando, nas palavras dele, "como uma rainha do jazz". A voz dele ainda não tinha mudado, e ele estava cantando como um Michael Jackson ainda jovem. Tyler diz que reconheceu o tipo de pessoa que Amy era assim que avistou seu *piercing* no nariz e soube que ela o fizera sozinha, usando um pedaço de gelo para abrandar a dor.

Depois que Amy saiu da escola de Sylvia Young, a amizade dos dois se fortaleceu, pois passaram a se encontrar com Juliette e outras amigas. Tyler e Amy falavam muito sobre as depressões que a maioria dos adolescentes tem. Todas as noites de sexta-feira, falavam-se ao telefone, e todas as conversas terminavam com um cantando para o outro. A amizade dos dois era incrível. Não eram namorados; eram mais como irmãos. Tyler foi um dos poucos rapazes que Amy chegou a levar aos jantares de sexta-feira de minha mãe.

Após sair da escola de Sylvia Young, tornou-se cantor de soul; e, enquanto Amy estava cantando com a NYJO, Tyler se apresentava em pubs, boates e bares. Tinha começado a trabalhar com um cara chamado Nick Shymansky, funcionário de uma agência de relações públicas chamada Brilliant! Era o primeiro artista de Nick e logo procurou Amy para que ela lhe desse uma fita com uma gravação sua para ele mostrar a Nick. Amy acabou lhe dando uma fita de lugares-comuns do jazz que tinha cantado com a NYJO. Tyler adorou o trabalho e a incentivou a gravar mais umas faixas antes de enviar a fita para Nick.

Tyler vinha falando de Amy com Nick havia meses, mas Nick, que era só uns dois anos mais velho que Tyler e estava acostumado a ouvir papo exagerado a respeito de cantores, não esperava nenhuma experiência radical. Mas é claro que foi isso o que chegou a ele.

Amy enviou a fita num saquinho coberto de decalques de corações e estrelas. De início, Nick achou que Amy tinha simplesmente gravado algum disco antigo de outra cantora, porque a voz não parecia ser a de uma garota de 16 anos. No entanto, como a produção era muito fraca, ele logo se deu conta de que ela não poderia ter feito nada semelhante. (Na realidade, ela gravara a fita com sua professora de música na escola de Sylvia Young.) Nick pegou o número do telefone de Amy com Tyler; mas, quando ligou, ela não ficou nem um pouco impressionada. Ele continuou a ligar para ela e por fim ela concordou em se encontrar com ele num dia em que ia ensaiar num pub, bem perto de Hanger Lane, na zona oeste de Londres.

Eram 9h da manhã de domingo — Amy conseguia acordar cedo quando queria (nessa época, ela estava trabalhando nos fins de semana, vendendo trajes fetichistas numa banca na feira de Camden, zona norte de Londres). Quando Nick foi se aproximando do pub, ouviu o som de uma *"big band"* — que não é o que você espera de um pub àquela hora da manhã de um domingo. Ele entrou e ficou atônito diante do que viu: uma banda de velhos entre os 60 e os 70 anos de idade, e uma garota de 16 a 17 anos, com uma voz extraordinária. De cara, Nick e Amy descobriram uma grande afinidade. Ela estava fumando Marlboro Reds, quando a maior parte dos adolescentes da sua idade fumava Lights, o que, para ele, significou que Amy sempre precisava estar um passo à frente de todos os outros.

Quando Nick estava conversando com ela no estacionamento do pub, um carro deu marcha a ré e Amy gritou por ele ter passado por cima do seu pé. Nick demonstrou preocupação e solidariedade, verificando se estava tudo bem com ela. Na realidade, o carro não tinha passado por cima do seu pé, e tudo aquilo tinha sido uma encenação para ela descobrir como ele reagiria. Era a brincadeira do engasgo de novo — ela nunca se livrou desse tipo de infantilidade. Não faço ideia do que, na mente de Amy, esse teste pretendia averiguar, mas dali em diante Amy e Nick realmente se deram muito bem um com o outro, e ele continuou a ser um bom amigo para o resto de sua vida.

Nick apresentou Amy a seu chefe na Brilliant!, Nick Godwyn, que lhe disse que eles queriam assinar um contrato com ela. Ele convidou Janis, Amy e eu para jantar fora; Amy, usando um gorro com pompom e calças cargo, com o cabelo em duas tranças. Ela parecia encarar tudo com naturalidade, mas eu mal conseguia ficar sentado.

Nick disse-nos como considerava Amy talentosa como compositora, tanto quanto como cantora. Eu sabia que ela era uma cantora muito boa, mas foi sensacional ouvir um profissional do ramo dizer isso. Eu sabia que ela estava compondo música, mas não fazia ideia se era boa ou não porque nunca tinha ouvido nada escrito por ela. Depois, no caminho de volta à casa de Janis para deixar Amy e a mãe, tentei ser realista quanto ao acordo. Muitas vezes, essas coisas não dão em nada.

— Eu gostaria de ouvir algumas das suas músicas, querida — disse eu, sem nem mesmo ter certeza se ela estava me escutando.

— Ok, papai.

Não ouvi nenhuma delas — pelo menos não naquela época.

Como tinha só 17 anos, Amy não podia assinar um contrato formal. Por isso, Janis e eu concordamos em assinar. Com Amy, nós abrimos uma empresa para representá-la. Amy era dona de 100% da empresa, mas era como se fosse sua segunda natureza nos pedir que nos envolvêssemos em sua carreira. Como família, nós sempre fomos unidos. Quando eu tinha minha vidraçaria, meu padrasto trabalhava comigo, dirigindo por Londres inteira para recolher os formulários de resposta dos clientes que precisávamos ver todos os dias no escritório central. Quando ele morreu, minha mãe assumiu a função.

Àquela altura, Amy tinha um emprego diurno. Estava aprendendo a escrever roteiros para show business na WENN (World Entertainment News Network — Rede Mundial de Notícias de Entretenimento), uma agência de mídia e notícias online. Juliette tinha conseguido o emprego para ela. Seu pai, Jonathan Ashby, era o fundador da empresa e um de seus proprietários. Foi na WENN que Amy conheceu Chris Taylor, um jornalista que trabalhava lá. Eles começaram a sair e logo se tornaram inseparáveis. Percebi uma mudança nela assim que eles se uniram: seu jeito de andar estava mais animado e ela estava nitidamente feliz. Mas era óbvio quem mandava no relacionamento: Amy. É provável que tenha sido por isso que não deu certo. Amy gostava de homens fortes, e Chris, apesar de ser um bom sujeito, não se encaixava nessa categoria.

O relacionamento durou cerca de nove meses. Foi seu primeiro relacionamento sério; e, quando terminou, Amy ficou arrasada. Mas, embora o rompimento tivesse sido doloroso, sua relação com Chris a motivara em termos criativos; e no fundo foi a base para as letras de seu primeiro álbum, *Frank*.

* * *

Por mais empolgada que Amy estivesse com seu contrato de representação artística, a realidade da indústria da música logo se apresentou: poucos meses depois a Brilliant! encerrou suas atividades. Embora isso costume ser um mau sinal para um artista, Amy não se perdeu na confusão. Simon Fuller, fundador da 19 Management, que era o empresário das Spice Girls entre outros grupos, adquiriu parte da Brilliant!, aí incluídos Nick Shymansky e Nick Godwyn.

Como antes, com Amy tendo ainda menos de 18 anos, Janis e eu assinamos o contrato de representação artística com a 19 em nome de Amy. Para minha surpresa, a 19 ia pagar a ela 250 libras por semana. Naturalmente, esse valor seria descontado de ganhos futuros, mas permitia que ela se concentrasse na sua música, sem ter de se preocupar com dinheiro. Era um contrato de representação artística bastante normal, segundo o qual a 19 teria direito a 20% dos rendimentos de Amy. Bem, pensei eu. Parece que ela vai lançar um álbum — o que era maravilhoso. Mas eu me perguntava afinal de contas quem iria comprá-lo. Eu ainda não sabia como era o som da sua própria música. Eu tinha insistido, mas ela ainda não tinha tocado para mim nenhuma canção composta por ela. Eu começava a compreender que ela relutava em permitir que eu ouvisse qualquer coisa que ainda não estivesse pronta. Por isso, deixei para lá. Parecia que Amy estava gostando do que fazia, e para mim isso já era bom o bastante.

Junto com o contrato de representação artística, Amy tornou-se cantora regular no Cobden Club na zona oeste de Londres, cantando músicas conhecidas de jazz. Logo se espalhou a notícia sobre sua voz; e em pouco tempo pessoas do setor iam vê-la. Sempre fazia um calor sufocante no Cobden Club; e, numa noite mais quente do que o normal em agosto de 2002, eu já tinha decidido que não conseguia suportar nem mais um instante e estava prestes a ir embora, quando vi Annie Lennox entrar para ouvir Amy cantar. Começamos a conversar, e ela disse:

— Sua filha vai ser famosa, uma grande estrela.

Foi emocionante ouvir essas palavras de alguém com o talento de Annie Lennox; e, quando Amy desceu do palco, eu a chamei com um aceno e apresentei as duas. Amy deu-se muito bem com Annie, e eu vi pela primeira vez como Amy se comportava com naturalidade diante de uma grande estrela. É como se ela já estivesse se ambientando, pensei.

Não era só o público no Cobden Club que estava impressionado com Amy. Depois que ela assinou com a 19, Nick Godwyn disse a Janis e a mim que havia muito interesse por Amy por parte de administradoras de direitos autorais, que queriam trabalhar com suas composições e de companhias fonográficas que queriam se encarregar da sua carreira de cantora. Essa era uma prática normal no setor, e Nick recomendava que os contratos fossem feitos com empresas diferentes para que nenhuma tivesse um monopólio sobre Amy.

Amy assinou o contrato de administração dos direitos autorais com a EMI, pelo qual Guy Moot, o experiente encarregado da divisão de artistas e repertório, assumia responsabilidade por ela. Ele a designou para trabalhar com os produtores Commissioner Gordon e Salaam Remi.

No dia em que Amy assinou seu contrato de administração de direitos autorais, foi marcada uma reunião com Guy Moot e todo mundo na EMI. Ela já tinha faltado a uma reunião — provavelmente por ter dormido demais — e eles tinham remarcado. Nick Shymansky ligou para Amy, que admitiu que devia estar na reunião, mas estava com um humor de cão. Ele foi apanhá-la em casa e ficou uma fera porque, como de costume, ela não estava pronta, o que significava que eles se atrasariam.

— Para mim, chega — disse-lhe ele, e os dois acabaram tendo uma briga aos berros.

Com o tempo, ele conseguiu pô-la no carro e levá-la até o West End de Londres. Ele estacionou, e os dois saíram. Estavam seguindo pela Charing Cross Road, na direção da sede da EMI, quando Amy parou.

— Não vou à porra de reunião nenhuma — disse ela.

— Você já perdeu uma, e tem muita coisa em jogo para você perder outra — disse ele.

— Não gosto de estar numa sala cheia de homens de terno — retrucou Amy. O aspecto empresarial das coisas nunca a interessou.

— Vou pôr você dentro daquela caçamba de lixo até você dizer que vai à reunião — disse-lhe.

Amy começou a rir porque achou que Nick não faria isso, mas ele a apanhou no colo, enfiou-a na caçamba e fechou a tampa.

— Você só sai daí quando disser que vai à reunião.

Ela batia na lateral da caçamba e gritava a plenos pulmões. Mas foi só depois que ela concordou em ir à reunião que Nick a libertou.

— SEQUESTRO! ESTUPRO! — gritou ela na hora.

Eles ainda estavam discutindo quando entraram na sala de reuniões.

— Desculpem nosso atraso — disse Nick.

— É — interrompeu Amy. — Foi só porque Nick tentou me estuprar.

4
Frank — importando-se, sim

No outono de 2002, a EMI despachou Amy para Miami Beach para começar a trabalhar com o produtor Salaam Remi. Por coincidência ou talvez intencionalmente, Tyler James também estava em Miami, trabalhando em outro projeto; Nick Shymansky completava o trio. Eles ficaram no fantástico Raleigh Hotel em estilo *art déco*, onde se divertiram muito por cerca de seis semanas. O Raleigh aparecia no filme *A gaiola das loucas*, estrelado por Robin Williams, que Amy adorava. Embora ela e Tyler ficassem o dia inteiro no estúdio, eles também passavam muito tempo sentados na praia, com Amy fazendo palavras cruzadas, e dançavam a noite toda em boates de hip-hop.

Como Amy tinha ido aos EUA para gravar o álbum, eu não estava assim tão envolvido nos ensaios e no trabalho de estúdio, mas sei que ela adorava Salaam Remi, que coproduziu *Frank* com o igualmente talentoso Commissioner Gordon. Salaam já era renomado, tendo produzido uma série de faixas para os Fugees, e Amy gostava muito do que ele fazia. Suas influências do hip-hop e do reggae podem ser ouvidas com clareza no álbum. Eles logo se tornaram bons amigos e compuseram juntos uma série de canções.

Em Miami, Amy conheceu Ryan Toby, que tinha trabalhado em *Mudança de hábito 2* quando ainda era menino e agora estava no City High, um trio de rhythm & blues/hip-hop. Ele tinha uma bela casa na cidade, onde Amy e Tyler se tornaram convidados frequentes. Além de trabalhar em suas próprias músicas, Amy estava colaborando com Tyler. Uma noite no jardim de Ryan, eles compuseram a fabulosa *Best For Me*. A faixa aparece no primeiro álbum de Tyler, *The Unlikely Lad*, no qual se podem ouvir as vozes dele e de Amy juntas. Amy também compôs *Long Day* e *Procrastination* para ele e permitiu que ele as alterasse para sua gravação.

Quando Amy voltou de Miami, *Frank* já estava quase pronto, mas, por mais estranho que pareça, apesar de ter assinado o contrato de administração de direitos autorais com a EMI havia quase um ano, ela ainda não tinha assinado nenhum contrato com um selo de distribuição. Eu não parava de dizer para quem quisesse escutar que eu queria ouvir as músicas de Amy, e por fim a 19 me deu um CD promocional com seis faixas de *Frank*.

Pus o CD para tocar, sem saber o que esperar. Ia ser jazz? Rap? Ou hip-hop? A percussão começou e então veio a voz de Amy: como se estivesse ali na sala comigo. Para ser franco, as primeiras vezes que toquei aquele CD, eu não poderia ter dito a vocês nada sobre a música. Tudo o que eu ouvia era a voz da minha filha, forte, clara e poderosa.

— Está realmente bom — disse eu, voltando-me para Jane. — Mas será que não é adulto demais? Os jovens não vão comprar isso.

Jane discordou.

Liguei para Amy e lhe disse o quanto tínhamos adorado o CD promocional.

— Sua voz simplesmente me deslumbrou — disse eu.

— Ah, obrigada, papai — respondeu Amy.

Fora o CD promocional, porém, eu ainda não tinha ouvido as músicas que estavam na pré-seleção para *Frank*, e Amy parecia um pouco reticente em me deixar escutá-las. Pode ser que ela achasse que letras como por exemplo "a única vez que seguro sua mão é para acertar o ângulo" poderiam me chocar ou que eu poderia lhe causar algum constrangimento. Quando finalmente ouvi a música, peguei no seu pé.

— Quero lhe fazer uma pergunta — disse eu. — Naquela música *In My Bed* [Na minha cama], quando você diz...

— Papai! Não quero falar sobre isso!

Amy veio à nossa casa, minha e de Jane, quando estava selecionando as faixas para *Frank*. Ela trouxe um monte de gravações em CDs, e eu estava passando os olhos por eles, quando ela arrancou um das minhas mãos.

— Esse aí você não vai querer ouvir, papai — disse ela. — É sobre você.

Era esperado que ela soubesse. Aquilo foi como uma bandeira vermelha diante de um touro, e eu insisti com ela para tocar *What Is It About Men* [Qual é a dos homens]. Quando a ouvi cantando a música, entendi imediatamente por que ela achava que eu não iria gostar da letra:

> *Understand, once he was a family man*
> *So surely I would never, ever go through it first hand*
> *Emulate all the shit my mother hates*
> *I can't help but demonstrate my Freudian fate.**

Não fiquei contrariado, mas aquilo sem dúvida me fez pensar que talvez o fato de eu ter deixado Janis tivesse tido um efeito mais profundo em Amy do que eu tinha pensado anteriormente

---

*Entendam, ele um dia foi um homem de família/ E é claro que eu nunca, nunca ia querer passar por isso / Imitar toda essa droga que minha mãe odeia / Não consigo deixar de demonstrar meu destino freudiano. [*N. da T.*]

ou do que a própria Amy tinha demonstrado. Eu não precisava lhe perguntar agora como se sentia porque ela tinha se exposto totalmente naquela música. Todas aquelas vezes que eu tinha visto Amy escrevendo em seus cadernos, ela estava escrevendo esse tipo de coisa. As letras tinham observações muito boas, eram pertinentes e, francamente, precisas. Amy foi uma das grandes observadoras da vida. Ela armazenava suas experiências e recorria a elas quando necessário para uma letra. Os versos iniciais de *Take The Box*,

> *Your neighbours were screaming,*
> *I don't have a key for downstairs*
> *So I punched all the buzzers...*,*

referem-se a algo que aconteceu quando ela era bem pequena. Estávamos tentando entrar no prédio de minha mãe, mas eu tinha me esquecido de trazer a chave. Em um dos outros apartamentos estava acontecendo uma discussão terrível, que nós podíamos ouvir da rua. Minha mãe não estava atendendo a campainha — acabamos descobrindo que ela não estava em casa — e eu apertei todas as campainhas, na esperança de que alguém abrisse a porta.

É evidente que a música não tinha nada a ver comigo apertando campainhas: tratava do rompimento entre Amy e Chris. Mas fiquei surpreso com ela conseguir transformar um acontecimento tão pequeno, de quando era menina, numa letra sensacional. Até onde sei, essa anotação tinha sido feita quando o fato aconteceu; e, oito ou dez anos depois, ela a colheu do seu caderno. Amy era um gênio em fundir ideias que não apresentavam uma ligação óbvia.

---

*Seus vizinhos estão berrando / Não tenho chave para a porta de entrada / E apertei todos os botões... [*N. da T.*]

As músicas do disco eram boas — todos sabiam disso — mas, mesmo com seus direitos autorais garantidos pelo contrato de administração, Amy ainda não tinha assinado com ninguém. Em 2003, com o disco praticamente feito, montes de selos estavam loucos para contratá-la. De todas as empresas, Nick Godwyn achou que a Island/Universal era a certa para Amy, porque tinha uma reputação de incentivar seus artistas sem pressioná-los excessivamente para que produzissem novos álbuns. Darcus Beese, da divisão de Artistas e Repertório na Island, estava empolgado com Amy havia algum tempo; e, quando ele falou dela a Nick Gatfield, o chefe da Island, ele também quis contratá-la. Eles tinham ouvido algumas faixas, sabiam no que iam se meter e estavam dispostos a fazer de Amy uma estrela.

Uma vez que o contrato do disco estava firmado com a Island/Universal, de repente a ficha foi caindo. Sentei-me diante de Amy, olhando para minha filha e tentando compreender o fato de que essa garota que vinha cantando em todas as oportunidades desde que tinha 2 anos, agora ia lançar sua própria música.

— Amy, você vai de fato lançar um álbum — disse eu. — Isso é maravilhoso.

Pelo menos dessa vez, ela pareceu genuinamente empolgada.

— Eu sei, papai! É o máximo, não é? Até sexta, não conte nada para a vovó. Quero lhe fazer uma surpresa.

Prometi que não contaria, mas não podia guardar esse segredo de minha mãe, e liguei para ela no instante em que Amy saiu.

Quando penso nisso agora, percebo que não dei a devida importância ao talento de Amy. Na época, cheguei a pensar: "Ótimo, parece que ela vai fazer uns trocados com essa história."

O adiantamento que a gravadora deu a Amy por *Frank* foi de 250 mil libras, o que parecia muito dinheiro. Mas, naquela época, alguns artistas recebiam adiantamentos de um milhão de libras e eram abandonados pelo selo antes mesmo de conseguirem produzir um disco. Por isso, apesar de para nós ser uma fortuna, era um adiantamento relativamente pequeno. Ela também tinha recebido um adiantamento de 250 mil libras da EMI pelo contrato de administração de direitos autorais. Amy precisava viver com esse dinheiro até que os adiantamentos fossem compensados pelos direitos por álbuns vendidos. Quando, e se, isso acontecesse, ela então teria direito a mais royalties. Isso parecia estar muito distante: quantos discos precisaria vender para restituir 500 mil libras? Muitos, pensei. Eu queria ter certeza de cuidar do dinheiro dela para ele não acabar depressa demais.

Quando recebeu o primeiro adiantamento, Amy estava morando em Whetstone, norte de Londres, com Janis, o namorado de Janis, os dois filhos dele e Alex. Mas assim que os adiantamentos entraram, Amy se mudou para um apartamento alugado em East Finchley, norte de Londres, com sua amiga, Juliette.

Amy entendeu muito rápido que, se sua mãe e eu não exercêssemos algum tipo de controle financeiro, ela acabaria com o dinheiro como se não houvesse amanhã. Para mim não era nenhum problema ela ser generosa com os amigos — por exemplo, ela não deixava Juliette pagar aluguel — mas ela e eu sabíamos que eu precisava impedir que torrasse o dinheiro. Amy era inteligente o bastante para compreender que precisava de ajuda.

Amy e Juliette instalaram-se no apartamento e gostavam de se sentir adultas. Eu costumava passar por lá. Tinha deixado meu trabalho de instalação de vidraças duplas e já estava dirigindo um táxi preto de Londres havia uns dois anos. No caminho do trabalho para casa, eu passava pela esquina da rua delas e dava uma parada só para ver como estavam, mas Amy sempre insistia comigo para eu ficar um pouco, oferecendo-se para preparar alguma coisa para mim.

— Torradas com ovos, papai? — perguntava ela.

Eu sempre dizia que sim, mas ela fazia uns ovos terríveis.

E nós cantávamos juntos, com Juliette às vezes se unindo a nós.

Foi por volta dessa época que eu comecei a suspeitar que Amy estava fumando maconha. Eu costumava dar uma volta no apartamento e ver os restos de baseados no cinzeiro. Confrontei-a com isso, e ela admitiu. Tivemos uma forte discussão, e ela ficou muito contrariada.

— Para com isso, papai — disse ela, e no final precisei parar, mas eu sempre tinha me oposto ao uso de drogas e fiquei arrasado ao saber que Amy estava fumando baseados.

* * *

Com o passar do tempo, todos na 19, na EMI e na Universal estavam tão entusiasmados com *Frank* que comecei a acreditar que ele ia vender e que talvez, só talvez, Amy se tornasse uma grande estrela. Em algumas noites, quando ela se apresentava, eu ficava do lado de fora do lugar onde ela estava tocando, como Bush Hall em Uxbridge Road, zona oeste de Londres. Sua reputação parecia crescer a cada minuto. Eu escutava o que as pessoas diziam quando entravam, e elas pareciam empolgadas por vê-la.

Depois, Amy e eu saíamos para jantar. Íamos a lugares como Joe Allen's em Covent Garden, e ela se mostrava esfuziante, conversando com outros clientes, rindo com os garçons. Naquela época, ela gostava de se apresentar ao vivo — como era praticamente desconhecida, ela não sentia nenhuma pressão e simplesmente curtia o que estava fazendo. Sempre estava feliz depois de uma apresentação, e eu adorava vê-la daquele jeito.

Sua voz sempre deslumbrava as plateias, mas ela precisava trabalhar sua presença de palco. Às vezes ela dava as costas para a plateia — como se não quisesse olhar para o público. Mas, quando eu lhe perguntava se gostava de se apresentar, ela dizia que adorava, e eu parei de perguntar.

Nos meses anteriores ao lançamento de *Frank*, Amy fez muitas apresentações. Tocar ao vivo significava ensaiar com uma banda para acompanhá-la, e a 19 a apresentou ao baixista Dale Davis, que acabou se tornando seu diretor musical. Dale já tinha visto Amy cantando no 10 Room em Soho e se lembra de seus olhos cintilantes — "Eles brilhavam tanto" —, mas ele não sabia quem ela era até fazer o teste. Por mais estranho que pareça, ele não ficou com a vaga naquela ocasião; mas, quando o baixista de Amy quis ganhar mais, Dale assumiu.

Amy e sua banda tocaram no Carnaval de Notting Hill em 2003. Essa é sempre uma apresentação muito difícil — a multidão é exigente —, mas quando falei com Dale mais tarde ele disse que Amy tinha levado tudo sozinha.

Ela não precisava de banda. Amy o deixou abismado com seu impacto, só cantando e tocando guitarra. Em termos técnicos, ela podia não ser a melhor guitarrista, "mas ninguém mais tocava como Amy, combinando a voz e o instrumento". Seu estilo era solto, mas seu ritmo era bom; e as canções eram tão fortes que tudo se encaixava perfeitamente. Como Dale diz, Mick Jagger e Keith Richards não são guitarristas fantásticos: tudo é emoção e convicção. "Você simplesmente toca, e ao longo dos anos acaba chegando lá."

Ainda assim, as apresentações de Amy ao vivo não deixavam de ter seus problemas. Lembro-me de uma em particular, em Cambridge, na qual ela faria o show de abertura para o pianista Jamie Cullum. Amy e Jamie se deram muito bem e se tornaram amigos; mas quando se é jovem e no início da carreira, fazer o show de abertura para alguém é uma tarefa nada invejável. Naquela noite, as pessoas tinham ido ver Jamie, não Amy. Pouquíssimas pessoas na plateia de Cambridge tinham chegado a ouvir falar de Amy — e a princípio elas foram um pouco indiferentes.

No entanto, quando eles a ouviram cantar, começaram a entrar no clima. Um dos aspectos mais difíceis de fazer o show de abertura é saber quando parar. E, como aquela noite demonstrou, Amy não sabia. Não a culpo, porque ela era inexperiente. Talvez seu empresário devesse ter lhe dado umas dicas.

Amy acabou tocando umas 15 músicas, o que talvez tenham sido oito além do adequado. No final, as pessoas já estavam ficando inquietas. Eu as ouvia dizer: "Será que ela ainda vai tocar muito mais?" e "A que horas Jamie Cullum começa?" Até mesmo as pessoas que eu tinha ouvido dizer que ela era boa estavam fartas, querendo ver o artista pelo qual tinham pago o ingresso: Jamie Cullum. Naturalmente, sendo quem eu sou, comecei a gritar com as pessoas para calarem a boca e quase entrei numa briga com alguém.

Para grande alívio da plateia, Amy encerrou sua parte, mas, em vez de ir para os bastidores, ela desceu e veio ficar ali conosco. Todos nós assistimos a Jamie e apreciamos sua apresentação — Amy aplaudia e assobiava o tempo todo. Sempre foi muito generosa com outros artistas.

Com mais apresentações e eventos promocionais relacionados ao lançamento iminente de *Frank*, Amy quis começar a fazer planos. Como o contrato de aluguel do seu apartamento em East Finchley estava prestes a expirar, Janis e eu nos sentamos com ela e lhe perguntamos o que ela queria fazer. Ela disse que queria comprar em vez de continuar a alugar, e eu concordei com ela. Um apartamento seria um enorme investimento, especialmente se sua carreira de cantora não desse certo. Lembram-se daqueles tempos antes da recessão? Podia-se comprar um apartamento por 250 mil libras num dia e vendê-lo no dia seguinte por 275 mil libras. Estou exagerando um pouco, mas o mercado de imóveis estava em expansão acelerada.

Amy adorava Camden Town, e logo encontramos um apartamento do seu agrado em Jeffrey's Place. Ele era pequeno e precisava de algumas reformas, mas isso não importava porque era fácil ela ir a pé a todos os seus lugares preferidos. Era ali que ela queria estar, e o apartamento tinha um bom astral. Para entrar, você tinha de passar por um portão trancado, aberto por meio de interfone, o que tranquilizou a Janis e a mim: Amy estaria em perfeita segurança ali. O apartamento custou 260 mil libras. Nós demos 100 mil libras de entrada e fizemos uma hipoteca de 160 mil libras, o que nos deixou com uma boa parte do dinheiro dos adiantamentos. Sentei-me com Amy e calculei um orçamento com ela. Todas as contas do apartamento e a hipoteca seriam pagas com o dinheiro do seu capital, e ela teria 250 libras por semana para gastar, valor com o qual ela estava perfeitamente satisfeita. Se ela precisasse de alguma coisa específica, sempre poderia comprá-la, mas isso não acontecia com muita frequência.

Naquele tempo, Amy era bastante sensata com o dinheiro. Ela sabia que tinha um valor razoável para viver e que estávamos cuidando dos seus interesses. Ela também sabia que, se desenvolvesse hábitos de esbanjadora, seus recursos logo se esgotariam. Apesar de Amy ser uma assinatura autorizada em sua conta bancária, ela quis que fosse estabelecida uma salvaguarda para garantir que não desperdiçasse seu dinheiro. Por isso, concordamos que qualquer cheque teria de ser assinado por duas assinaturas autorizadas daquela conta. Essas assinaturas eram as de Amy, Janis, a de nosso contador e a minha. Seria um freio eficaz, esperávamos, porque Amy era generosa ao extremo.

Na primavera de 2003, quando chegou a vez de organizar os créditos para *Frank* — quem tinha feito o quê nessa música, quem tinha escrito o quê naquela outra, mais uma vez sua generosidade ficou evidente. Nick Godwyn, Nick Shymansky, Amy e eu nos reunimos em torno da mesa da cozinha para resolver a questão — tinha havido um vazamento no banheiro na noite anterior e o teto da sala de estar tinha afundado. É o que dá a vida de glamour. (Prestem atenção: depois de um ano, o lugar dava a impressão de ter sido atingido por uma bomba.)

Nick Shymansky deu a partida.

— Muito bem. Como você quer dividir os créditos para *Stronger Than Me*?

— Vinte por cento para... — começava Amy, e dizia um nome, e Nick lhe perguntava por que cargas d'água ela ia querer dar 20% àquela pessoa, quando toda a sua contribuição tinha sido ir ao estúdio, ficar lá uma hora e sugerir a mudança de uma única palavra. Embora sem dúvida fosse importante dar crédito às pessoas pelo que tinham feito, e garantir que recebessem de modo condizente, ela estava distribuindo porcentagens aos outros por quase nada. Amy era muito boa em matemática, mas juro que, se tivéssemos permitido, ela teria distribuído mais do que 100% dos royalties de cada uma de várias de suas músicas.

* * *

No dia 6 de outubro de 2003, três semanas antes do lançamento do álbum *Frank*, o compacto com a faixa *Stronger Than Me* chegou às lojas e, de modo decepcionante, atingiu o 71º lugar nas paradas de sucesso no Reino Unido. Esse revelou ser o compacto simples de vendas mais baixas na carreira de Amy. Quando o álbum saiu, no dia 20 de outubro de 2003, ele vendeu bem, acabando por chegar ao 13º lugar nas paradas do Reino Unido em janeiro de 2004. Ele também foi elogiado pelos críticos, e as vendas receberam um impulso mais adiante nesse ano, quando foi um dos selecionados para o Mercury Music Prize, e Amy foi indicada para o BRIT Awards nas categorias de "Melhor Cantora Britânica" e "Melhor Performance Urbana Britânica".

Devorei todas as resenhas e não me lembro de nada negativo, embora a mistura de hip-hop com jazz confundisse alguns de início. O *Guardian* escreveu: "Ao ouvido parece afro-americana: é judia britânica. De aparência sexy: não faz uso desse recurso. É jovem: tem voz de velha. Canta com sofisticação: fala grosso. Suave na melodia: agressiva nas letras."

Achei *Frank*, ainda meu álbum preferido de Amy, fantástico. Um dos motivos pelos quais eu o adoro é por ele tratar do amor jovem e da inocência; e por ser engraçado, cômico e ter letras com observações brilhantes. Ele não foi escrito das profundezas do desespero. Ainda gosto de ouvir *Frank* e o ponho para tocar com frequência. Senti tanto orgulho da minha menininha...

Infelizmente, Amy não ouvia as coisas da mesma forma que eu. Tinha sentimentos conflitantes quanto à gravação final e se queixava de que a gravadora tinha incluído algumas mixagens que ela já tinha lhes dito que não eram do seu agrado. Em parte, a culpa era dela: Amy, fiel a seu estilo, tinha faltado a algumas sessões de edição.

Estávamos na cozinha do seu apartamento em Jeffrey's Place, tomando chá, com a janela aberta. Os pedreiros que trabalhavam ao lado aumentaram o volume do rádio, e estava tocando uma das músicas de *Frank*.

— Feche a janela, papai. Não quero ouvir isso — disse Amy.

Fazia um tempo que eu tinha uma pergunta a fazer para ela.

— Você estava pensando em alguém em particular quando escreveu *Fuck Me Pumps*?* — Ela fez que não. — Tem um verso... Qual é mesmo? Peraí... Vou dar uma olhada no CD. Onde ele está?

— Nem sei se tenho um, papai.

— Quê? Você não tem uma cópia do seu próprio álbum?

---

* *Fuck me pumps* é uma gíria para sapatos de salto alto, tipicamente usados como atrativo sexual. [N. da T.]

— Não, para mim isso é assunto encerrado. Ele era todo sobre o Chris, e isso ficou no passado. Já me esqueci, papai. Estou compondo outras coisas agora.

Isso foi novidade para mim. Eu nunca tinha visto esse lado de Amy, esse jeito de deixar para trás alguma coisa tão profundamente importante e pessoal, como se não fizesse mais diferença. Mesmo assim, ela continuou a promover *Frank* e, mais tarde naquele ano, se apresentou em alguns eventos de muito prestígio: o Festival de Glastonbury, o V Festival e o Festival Internacional de Jazz de Montreal. De qualquer modo, sua música e sua família vinham em primeiro lugar. Mas suas outras prioridades naquela época eram como as de muitas outras garotas da sua idade: roupas, rapazes, sair com amigos, sua imagem, seu estilo. Afinal de contas, estava com 20 e poucos anos.

Ela pode ter sido desdenhosa com *Frank*, mas aconteceram coisas com o álbum que fizeram com que percebesse que ele era especial; como, por exemplo, quando *Stronger Than Me*, que ela havia composto com Salaam Remi, ganhou o prêmio Ivor Novello para Melhor Canção Contemporânea em Música e Letra. Os Novellos eram importantes para Amy: seus pares, outros compositores e autores votavam para eleger os vencedores. Amy foi à cerimônia e me ligou para contar que tinha ganhado o prêmio. Eu estava no meio de Fulham Road, levando alguém a Putney no meu táxi, quando ela ligou.

— Papai! Papai! Ganhei um Ivor Novello!

Fiquei muito emocionado, mas ainda precisava levar o camarada ao destino e terminar meu turno. Àquela altura, já era tarde, e eu não tinha ninguém para perturbar. Por isso, acordei minha mãe.

— Amy ganhou um Ivor Novello!

Ela ficou tão feliz quanto eu.

Uma decepção que todos tivemos foi o fato de *Frank* não ser inicialmente lançado nos Estados Unidos. A 19 achava que Amy não estava pronta para os EUA. Eles disseram que só se tem uma chance de chegar e fazer sucesso por lá, e que aquela não era a hora adequada, principalmente porque, na opinião deles, seu desempenho no palco precisava melhorar.

Embora fosse frustrante, era provável que eles estivessem com a razão. Àquela altura, Amy ainda tocava guitarra no palco e a 19 queria tirar a guitarra das suas mãos: ela estava sempre olhando para baixo, para o instrumento, em vez de se comunicar com a plateia. Às vezes era como se não houvesse ninguém ali e ela estivesse cantando e tocando para seu próprio prazer. Sua voz era sensacional, mas ela não estava se apresentando corretamente: precisava de treinamento para aprender a dar o melhor à plateia. Era necessário que sua presença de palco se aprimorasse antes que ela encarasse os Estados Unidos.

Eles disseram a Amy que ela precisava se comunicar com a plateia, e a melhor forma de fazer isso era demonstrando que estava gostando de estar ali. Mas era exatamente com isso que ela lutava. Amy adorava cantar e tocar para a família e amigos, mas, à medida que as apresentações foram ficando maiores, também a pressão cresceu, ressaltando o fato de que ela não era uma artista de palco nata. Como Amy manifestava tanta segurança, ninguém imaginava que dentro de si ela abrigasse o medo de estar no palco; e que, embora ela se apresentasse diante de multidões cada vez maiores, o medo não tinha desaparecido. Com o tempo, ele se agravou. Mas ela conseguia escondê-lo tão bem que nem mesmo eu me dei conta do quanto tudo aquilo era difícil para ela. Com bastante frequência, durante uma música, ela ainda cometia o pecado capital de dar as costas ao público. Eu estava assistindo e tinha vontade de gritar para ela: "Fala com o público. Eles te amam. É só dizer: 'Oi, como vão? Vocês todos estão se divertindo?'"

Amy nunca descobriu uma forma de lidar com o pavor do palco. Embora não se sentisse fisicamente mal, como alguns artistas se sentem, ela às vezes precisava tomar um drinque antes de se apresentar.

Pode até ser que ela precisasse fumar um pouco de maconha, não sei ao certo, pois ela nunca teria feito isso na minha frente. O que eu sem dúvida não sabia, e em retrospecto talvez devesse ter visto os sinais de alerta, era que ela estava começando a beber muito mais do que era bom para ela, mesmo naquela época.

Como adolescente, Amy tinha passado por alguns problemas de autoestima — que adolescente não passa? —, mas realmente não acredito que isso tivesse originado seu pavor do palco. Na época em que ela estava se apresentando com regularidade, seus problemas de autoestima da adolescência já tinham desaparecido. Mas a 19 estava certa: ela não estava pronta para encarar os Estados Unidos. Antes disso, Amy precisava trabalhar muito na sua atuação, e isso levaria tempo. Conversar com o público e demonstrar que estava gostando de estar ali vinha depois; e, mesmo quando veio, creio que nunca foi com naturalidade. Para mim, ela sempre parecia constrangida quando cumpria esse requisito.

Não era fácil falar com ela sobre um espetáculo. Depois de uns dois dias, eu podia tecer comentários sobre o que ela estava ou não fazendo, mas com cuidado. Amy não tinha apenas uma vontade de ferro, mas de concreto. E fazia as coisas do seu modo.

Enquanto continuavam as apresentações promocionais, seu empresário começou a falar num segundo álbum. Ainda havia algumas boas canções que não tinham sido incluídas em *Frank*. Uma em especial era *Do Me Good*.

Eu disse a Amy que ela deveria entrar no segundo álbum porque era fantástica, mas ela não concordou comigo e me relembrou algo que já tinha me dito em outra ocasião:

— Isso era naquela época, papai. Não é o que me interessa agora. Essa música era sobre o Chris, e já superei essa fase.

Todas as músicas de Amy eram sempre a respeito de suas experiências, e àquela altura Chris já estava enterrado no passado. Como ele não tinha mais nada a ver com a vida dela, as canções sobre ele eram ele ainda mais descabidas.

Amy tinha começado a compor muito material novo, e poderia facilmente ter havido um álbum entre *Frank* e *Back to Black* — sem a menor dúvida havia um número suficiente de canções. Mas Amy não queria lançar um álbum se as músicas não tivessem um significado pessoal para ela; e as que compôs depois de *Frank* e antes de *Back to Black* não eram do seu agrado. Ela resistiu à pressão da 19, que queria vê-la de volta no estúdio.

Amy e eu costumávamos conversar sobre sua atividade de compor canções. Perguntei-lhe se ela poderia escrever músicas como Cole Porter ou Irving Berlin escreviam. Aqueles caras eram "pistoleiros de aluguel", quando se tratava de produzir grandes canções. Irving Berlin podia se levantar de manhã, olhar pela janela, e dez minutos depois escrever *Isn't It A Lovely Day?*

— Você poderia fazer isso? — perguntei a Amy.

— É claro que poderia, papai. Mas não quero. Todas as minhas músicas são autobiográficas. Elas precisam significar alguma coisa para *mim*.

Era exatamente porque suas canções eram arrancadas do fundo da alma que elas eram tão poderosas e apaixonadas. As que foram incluídas em *Back to Black* tratavam das emoções mais profundas. E ela passou pelo inferno para fazer esse disco.

5

Dissabor na Espanha

DURANTE O VERÃO de 2004, no meio da primeira prova de seu sucesso, a regularidade do hábito de beber de Amy começou a me preocupar — eram frequentes demais as histórias que giravam em torno de algo acontecido enquanto ela bebia. A quantidade exata, eu nunca soube. Houve uma ocasião em que ela bebeu tanto que caiu, bateu com a cabeça e precisou ir a um hospital. Sua amiga Lauren trouxe-a do hospital para minha casa em Kent, e elas ficaram conosco três ou quatro dias. Depois que chegaram, Amy foi direto dormir no seu quarto, e eu chamei Nick Godwyn e Nick Shymansky, que vieram imediatamente, para conversarmos sobre o que eles diziam ser o "problema de bebida de Amy".

Tínhamos a impressão de que Amy usava o álcool para relaxar a tensão antes das apresentações, mas os outros achavam que a bebida estava tendo um papel mais frequente na sua vida. Foi aventado o assunto de uma clínica de reabilitação — a primeira vez que alguém o mencionava. Fui contra. Achava que ela só tinha tomado um copo a mais do que devia dessa vez, e que uma internação parecia um exagero.

— Acho que ela está bem — eu disse, frase que ela mais tarde transformou num verso de *Rehab*.

À medida que continuávamos a conversa, porém, pude ver o outro lado — que se ela lidasse com o problema de imediato, ele desapareceria. Lauren e os dois Nicks viram-na bebendo; e eles, com Jane, eram favoráveis à tentativa de uma reabilitação. Por isso, me calei.

Daí a um tempo, Amy desceu, e nós lhe dissemos o assunto da conversa. Como esperado, ela disse que não ia. E todos nos revezamos para tentar fazê-la mudar de ideia. Primeiro, os dois Nicks, depois Lauren, Jane e eu. Por fim, Jane levou Amy para a cozinha e lhe deu uma bronca. Não sei exatamente o que disse, mas Amy saiu de lá e declarou:

— Tudo bem. Vou tentar.

No dia seguinte, arrumou uma mala e os Nicks a levaram a uma clínica de reabilitação em Surrey, nos arredores de Londres. Imaginávamos que ela fosse ficar uma semana, mas três horas depois já estava de volta.

— O que houve? — perguntei.

— Papai, tudo o que o conselheiro queria era falar de si mesmo — disse ela. — Não tenho tempo para ficar ali sentada, ouvindo aquela bobajada. Vou lidar com isso do meu jeito.

Os dois Nicks, que a tinham trazido de volta para casa, ainda tentaram convencê-la a voltar para a clínica, mas ela não queria ouvir falar nisso. Tinha tomado sua decisão e ponto final.

De início, concordei com ela, já que, para começar, não me sentira plenamente convencido da necessidade de ela ir. Posteriormente, soube que a clínica tinha dito a Amy que ela precisava ficar lá no mínimo dois meses — acho que foi isso o que a fez ir embora. Ela talvez pudesse ter cumprido uma semana de estada, mas dois meses? Nem pensar. Para Amy, estar no controle era vital, e ela não permitia que mais ninguém assumisse o comando. Era assim desde muito nova. Afinal de contas, tinha sido Amy quem fizera a inscrição para entrar para a escola de Sylvia Young, quem conseguira a oportunidade para cantar com a National Youth Jazz Orchestra e o emprego na WENN. Tinha tido ajuda, sim, mas ela fizera tudo isso — não Janis, nem eu.

Amy foi para a cozinha.

— Quem está com sede? — gritou ela para trás. — Vou fazer chá.

* * *

Frank vendeu mais de 300 mil cópias no Reino Unido quando foi lançado, chegando ao disco de platina em questão de semanas. Com base nas vendas, seria possível pensar que a carreira de Amy estava em ascensão, mas não era o caso.

Já em fins de 2004, não entrava muito trabalho, e eu começava a pensar que tudo ia terminar com a mesma rapidez com que tinha começado, embora Amy não se preocupasse e continuasse a andar por aí e a se divertir. As pessoas ao seu redor pareciam não se dar conta de que não estava acontecendo nada com sua carreira e continuavam a tratá-la como uma grande estrela. Acho que, se uma quantidade suficiente de pessoas lhe diz que você é uma grande estrela, você acaba acreditando.

Só minha mãe podia fazer Amy voltar a pôr os pés no chão. Ela não costumava repreendê-la; mas, quando o fazia, era implacável. Uma noite de sexta-feira estávamos no seu apartamento, quando deu ordens a Amy.

— Vá lá dentro. Se tiverem terminado, pegue os pratos de todos, traga-os para a cozinha e lave a louça. — Amy não gostou nem um pouco; mas, quando todos foram embora, minha mãe chamou Amy novamente. — Venha cá. Quero falar com você.

— Não, vovó, não. — Amy sabia o que estava por vir. Mais cedo, tinha dito alguma coisa que minha mãe considerou uma falta de respeito.

— Nunca mais quero ouvir você dizer uma coisa dessas. Quem você pensa que é?

Funcionou. Minha mãe tinha uma influência estabilizadora sobre Amy e se certificava de que ela mantivesse os pés firmes na terra. Portanto, não foi surpresa Amy ter recebido um forte golpe quando sua avó adoeceu no inverno de 2004. Fui até a casa de Amy, temendo o momento em que teria de dizer: "Sua avó está com câncer de pulmão." Quando ela abriu a porta da frente do apartamento, as palavras saíram de qualquer jeito antes que nós nos abraçássemos, aos soluços.

Alex mudou-se para o apartamento de minha mãe em Barnet por uns dois meses para lhe fazer companhia; e, quando ele saiu, Jane e eu o substituímos. Queríamos ter certeza de que ela nunca ficaria sozinha, porque tinha havido uma confusão com um dos medicamentos prescritos: inadvertidamente ela vinha tomando dez vezes a dose correta de uma medicação específica. Ficou tão fora de si que achamos que o câncer devia ter se espalhado para o cérebro. Quando o erro foi descoberto e corrigido, em dois dias ela estava de volta ao normal.

Tudo o que se costuma associar ao câncer de pulmão não se aplicou ao caso da minha mãe. Ela ficava um pouco sem fôlego e para isso tinha um balão de oxigênio, mas fora isso não sentia muito desconforto. Durante seus três últimos meses de vida, chegou a apresentar melhora — pelo menos aparentemente. E então, numa noite de maio de 2006, quando entrei em casa, encontrei-a no chão. Tinha caído. Não parecia estar tão mal assim, mas chamei a ambulância de emergência, só por segurança. Eles a levaram ao Hospital Geral de Barnet; e, enquanto a examinavam, ela olhou para mim e disse:

— Pronto. Para mim, chega.

Perguntei o que ela queria dizer com isso.

- Para mim, chega — disse ela.

Eu lhe disse para deixar de bobagem; que, depois de uma boa noite de sono, ela se sentiria melhor; e eu a levaria para casa no dia seguinte.

— Para mim, chega — repetiu ela. E essas foram as últimas palavras dela para mim. Naquela noite, entrou em coma, e um dia e meio depois morreu em paz.

Senti-me péssimo porque minha mãe tinha pedido que eu permanecesse com ela; e, quando ela adormeceu, fui para casa descansar por umas duas horas.

— Não seja bobo, papai — disse Amy. — Ela estava em coma.

Foi enorme o impacto da morte de minha mãe sobre Amy e Alex. Alex entrou num estado de depressão e se retraiu totalmente; e Amy ficou num silêncio fora do comum. No entanto, a profundidade da dor de Amy não me surpreendeu. Ela se manifestou cinco dias depois da morte de minha mãe: Hilary, irmã de meu amigo Phil, ia se casar pela primeira vez, aos 60 anos de idade, com um cara simpático chamado Claudio. Apesar de estarmos de luto, achamos que deveríamos ir ao casamento. Jane, Amy e eu fomos, mas Alex não conseguiu encarar uma festa. Semanas antes do casamento, Amy e eu tínhamos sido chamados para cantar na recepção. Meu presente de casamento para eles foi um pianista. Eu tinha trabalhado com ele antes, de modo que não precisava ensaiar. Naquela noite, eu me levantei e cantei. Fazia apenas alguns dias que minha mãe tinha falecido, e foi difícil, mas consegui.

Então Amy levantou-se para cantar e simplesmente não conseguiu. Estava abalada demais para cantar diante dos convidados. Em vez disso, ela levou o microfone para outra sala, onde os convidados não a vissem, e cantou algumas músicas de lá. Embora sua voz estivesse fantástica, eu podia ouvir sua dor.

— Papai, não sei como você conseguiu se levantar diante de toda aquela gente e cantar — disse-me ela, depois. — Você é muito macho.

Sempre fui capaz de deixar minhas emoções de lado, mas Amy não era. Ela adorava cantar, mas nunca achei que ela realmente gostasse de se apresentar.

* * *

Depois do lançamento de *Frank*, Amy costumava começar suas apresentações entrando no palco batendo palmas e repetindo um slogan: "Droga pesada não está com nada. Droga pesada não está com nada…"

Ela fazia com que a plateia inteira aderisse até que todos estivessem batendo palmas e entoando o refrão enquanto ela iniciava sua primeira música. Embora Amy fumasse maconha, ela sempre tinha sido totalmente contrária ao uso de drogas pesadas. Simplesmente não as aceitava. Blake Fielder-Civil mudou isso.

Amy conheceu-o no início de 2005 no pub Good Mixer em Camden. Nenhum dos amigos de Amy com quem falei ao longo dos anos consegue se lembrar exatamente do que levou a esse encontro. Mas a partir daquele dia ela falava muito sobre ele.

— Quando vou conhecê-lo, querida? — perguntei.

Amy procurava se esquivar, provavelmente porque Blake estava num relacionamento, como vim a saber mais tarde. Amy sabia disso. Portanto, no início seria possível dizer que Amy era "a outra". E, apesar de saber que ele estava com outra pessoa, apenas um mês depois que se conheceram, ela mandou tatuar o nome dele sobre o seio esquerdo. Estava claro que ela o amava — que os dois se amavam —, mas também estava claro que Blake tinha seus problemas. Foi um relacionamento tempestuoso desde o início.

Algumas semanas depois que se conheceram, Blake disse a Amy que tinha terminado com a outra garota; e Amy, que sempre ia fundo em tudo o que fazia, agora estava totalmente obcecada por ele.

Uns dois meses depois, embora não chegasse a ser apresentado a ele na ocasião, vi Blake no Queen's Arms, em Primrose Hill, zona noroeste de Londres, onde tínhamos combinado de nos encontrar num domingo na hora do almoço. Entrei no pub movimentado e a vi sentada no colo de um homem. Os dois se beijavam apaixonadamente. O pub estava lotado, e pensei: isso está errado. Segurei-a, levei-a para fora e lhe passei um sermão: ela não deveria fazer aquilo num lugar público. Tivemos uma espécie de discussão, e Amy me contou que estava beijando o namorado, Blake. Disse que não me importava quem ele fosse e estava prestes a ir embora quando parei e girei:

— E mais uma coisa. Que história é essa de cabelão e maquiagem? Quem você está querendo ser?

— Não gostou, papai? É meu novo *look*.

Pensei que sua aparência era muito melhor quando ela era um pouco mais esperta, embora tivesse de admitir que o *look* caía bem nela, o que não disse na ocasião.

— Vamos, papai, venha tomar um drinque com a gente — disse ela.

Eu ainda estava espumando de raiva, e dei alguma desculpa. Não era da minha conta onde e quem minha filha de 21 anos beijava, mas sempre fui um pouco esquentado, principalmente no que diz respeito a meus filhos.

Tyler James, velho amigo de Amy, diz que percebeu uma mudança acentuada em Amy quando ela conheceu Blake. Para Tyler, no dia em que o conheceu, Amy apaixonou-se por Blake, e daí em diante não desgrudaram mais. Ele se tornou o centro do mundo de Amy, em torno do qual tudo girava. Tyler contou-me que, da primeira vez em que Blake visitou o apartamento de Amy em Jeffrey's Place, ele ofereceu uma carreira de cocaína a Tyler enquanto eles viam televisão. Não era algo que Tyler ou Amy normalmente teriam topado. Como eu disse, Amy era totalmente contrária a drogas pesadas ou "químicas", como ela as chamava. E enquanto Blake usava cocaína, Amy continuava a fumar cânabis (que levou a um verso seu em *Back to Black*, "você gosta do pó, eu gosto do fumo"). E ela continuava a beber.

Mais tarde, descobri que Blake andava mexendo com heroína, quando Amy o conheceu. Tyler, que estava hospedado no apartamento de Jeffrey's Place na época, acordava de manhã e vomitava por causa da ingestão passiva de heroína; mas ele só soube que Blake era usuário quando Amy lhe contou.

Tyler não foi o único que viu uma mudança em Amy. Nick Shymansky lembra-se de um momento crucial por volta dessa época, em que ligou para Amy de uma viagem que tinha feito para esquiar. Ela pareceu "realmente diferente".

— Acabei de conhecer um cara — disse ela a Nick. — Você vai gostar dele. Chama-se Blake, e estamos numa paixão louca.

Nick voltou da viagem e viu de imediato que Amy devia ter perdido uns dez quilos enquanto ele esteve fora.

Ela começou a lhe telefonar altas horas da madrugada, quando estava bêbada. Uma noite, ligou dizendo que tinha brigado com Blake e estava num pub em Camden; e queria que Nick fosse apanhá-la. Nick sempre teve uma atitude protetora para com Amy e, naturalmente, foi buscá-la. Essa era a primeira vez que Amy se apaixonava desde Chris; e, segundo Nick, foram duas ou três semanas terríveis. Todos estavam preocupados com ela e todos sabiam que alguma coisa estava acontecendo.

O relacionamento turbulento entre Amy e Blake foi piorando. Como se o uso de drogas não fosse ruim por si só, Amy logo descobriu que Blake a estava traindo com sua ex-namorada, uma descoberta que culminou no primeiro de seus numerosos rompimentos. Segundo Tyler, Amy terminou o relacionamento por causa da heroína e da outra mulher. Até então, Amy e Blake tinham estado juntos todos os dias, e a partir dali eles simplesmente não estavam mais juntos.

O rompimento foi um duro golpe para ela. Não muito tempo depois, Amy e eu estávamos caminhando em Primrose Hill — ela adorava nossos passeios por lá e, naquela época, poucas pessoas a reconheciam, de tal modo que não éramos importunados por fãs. Naquela tarde, dava para eu sentir que ela estava desconsolada.

— Sabe, papai? A verdade é que eu quero estar com ele, mas não posso — disse-me. — Não enquanto ele estiver vendo sua ex.

Não sabia se devia procurar encorajá-la ou ser realista. Afinal de contas, eu não sabia nada sobre Blake àquela altura.

— Você sabe o que é melhor, querida. Apoio qualquer decisão que você tomar.

— O problema sou eu, não é, papai? — disse ela, apertando minha mão. — Eu sempre escolho os caras errados, não é?

— Ouça o que vou lhe dizer — disse eu, querendo fazer alguma coisa, qualquer coisa, para que ela se sentisse melhor. — Você sabe que Jane e eu vamos à Espanha de férias. Por que não vem conosco? — Nem por um instante achei que ela fosse aceitar, mas fiquei feliz quando ela disse que sim.

Nós três ficamos na casa de Ted, pai de Jane, em Alicante. É uma linda casa rural antiga, isolada, com uma piscina. Tínhamos estado lá antes e tinha sido sensacional. Nessa viagem fomos a um café ali perto onde se tocava jazz, e Amy se levantou e cantou com a banda. Tive a sensação de que essas férias lhe dariam uma oportunidade de esquecer Blake e compor mais músicas sem um excesso de interrupções.

O único problema era que ela tinha se esquecido de trazer seu violão. Fomos a um povoado próximo, Gata de Gorgos, e compramos um em uma fábrica fantástica dirigida pelos irmãos Paco e Luis Broseta — ficamos lá dentro horas a fio. Amy deve ter experimentado uns cem antes de se decidir por um pequeno, realmente primoroso, perfeito para alguém do tamanho dela.

Quando voltamos, Amy foi para seu quarto e começou a compor. Eu podia ouvi-la roçando as cordas e então fazendo uma pausa para registrar a música. Ela nunca trazia o violão para fora do quarto para nos mostrar qualquer uma das suas músicas. Tudo acontecia em total privacidade. Isso continuou por um bom tempo e depois houve um silêncio. Após cerca de uma hora, fui até seu quarto, e ela estava ao telefone com Blake. Quando terminou a chamada, ela saiu e me disse, toda feliz, que ele queria voltar para ela. Daí em diante, eles ficavam ao telefone horas seguidas — e não estou exagerando.

Amy estava perdendo as melhores partes das férias, trancada no quarto ao telefone. Nem mesmo o jantar tinha o menor significado para ela.

— Quer fazer o favor de largar esse maldito telefone? — disse-lhe eu. — Você está nos enlouquecendo.

Com isso, ela saía do quarto e começava a andar no jardim, de um lado para o outro, mas sempre ao telefone o tempo todo. E assim continuou, todos os dias daquelas férias.

Quando voltamos para a Inglaterra, Amy e Blake ficaram juntos por algumas semanas até um novo rompimento. Foi assim que começou.

Por volta dessa época Amy conheceu um rapaz chamado Alex Clare, e eles ficaram juntos, de modo intermitente, mais ou menos por um ano. Alex era um cara realmente legal, e eu me dava muito bem com ele. Nós dois adorávamos a comida judia e costumávamos frequentar o restaurante *kosher* Reubens, em Baker Street, no West End, em Londres, com Amy e Jane.

Pouco depois que Amy conheceu Alex, ele foi morar com ela; e no início foram muito felizes. A certa altura, até falaram em se casar. Amy adorava gatos e cachorros; e não muito tempo depois que Alex foi morar com ela, Amy comprou um amor de cachorro chamado Freddie, mas Freddie era doido de pedra. Um dia, Amy e Alex estavam passeando com ele, e Freddie se perdeu.

— Vai ver que ele já estava farto de mim, e fugiu — disse Amy.
— Eu não o culpo! — Ele nunca foi encontrado.

6
Fusão com as trevas

QUANDO OLHO PARA trás, para o período entre o fim da promoção de *Frank* e o lançamento de *Back to Black*, percebo que não tinha a menor ideia do que estava para acontecer com Amy, fosse em sua vida artística, fosse em sua vida pessoal. Seu hábito de escrever canções com alto teor autobiográfico significava que, quando estava feliz, ela não pegava muito no violão. Não havia tantas apresentações, mas ela não parecia se incomodar com isso. Comecei a me perguntar se haveria um segundo álbum. Eu sentia que ela estava sem rumo.

A 19 também se perguntava sobre o álbum seguinte. Eles estavam prontos, esperando que ela fizesse alguma coisa, desde 2004, mas como Amy estava com a atenção voltada para outras coisas, pouco foi feito. No final de 2005, o contrato de Amy com a gravadora chegaria ao final, e minha impressão era que ela e a 19 estavam cansadas uma da outra. A 19 tinha marcado reuniões em restaurantes com Nick Gatfield, diretor da Island Records, e Guy Moot, diretor da EMI Publishing, e Amy não apareceu. Tratava-se de gente importante, muito mais importante do que Amy, de modo que o fato de ela não comparecer era constrangedor para a 19, e eles começaram a perder a confiança nela.

Por sua vez, Amy estava decepcionada com eles por não a terem lançado no mercado americano. E, é claro, ela não tinha ficado satisfeita com a edição final de *Frank*. Quando chegou a hora de pensar sobre o desenrolar das coisas, essas questões voltaram a surgir. Independentemente dos problemas que cada lado tinha com relação ao outro, a realidade era que não estava entrando dinheiro algum, e eu estava começando a me preocupar com as finanças de Amy. Jane e eu fomos assistir à apresentação de Amy num pub no leste de Londres, onde o ambiente estava completamente enfumaçado por causa dos cigarros (isso foi antes da proibição de se fumar em locais públicos), e ela só recebeu 250 libras (eu não sabia que ela estava se apresentando como um favor a um amigo).

No dia seguinte, eu disse a Amy que talvez devêssemos pensar em vender o apartamento, a menos que começasse a entrar dinheiro.

— Papai, você não pode — disse ela. — Não se preocupe, vou fazer outro álbum.

Eu sabia que ela estava falando sério, mas essas palavras tinham sido ditas tantas vezes que eu já estava começando a duvidar delas. Tudo o que eu sabia era que ela tinha escrito algumas canções quando estava na Espanha, provavelmente não o suficiente para um álbum. Eu não sabia quantas músicas ela tinha composto antes de ir ou depois que voltou de lá.

— Quantas músicas você tem? — perguntei.

— Estou trabalhando nisso, papai — respondeu Amy. — Estou trabalhando nisso, então não se preocupe.

E isso foi tudo o que se dispôs a me dizer. Ela nunca se sentia à vontade quando falava do seu trabalho de criação, em especial quando não estava fazendo nenhum.

Eu não estava vendo Amy com a regularidade de antes, embora falasse com ela ao telefone todos os dias. Atribuí isso à sua aparente obsessão por Blake, e observei que ela mencionava Alex Clare cada vez menos. Mas, como já era adulta e aquilo não era da minha conta, fiquei calado.

Quando chegou o momento da renovação do contrato de representação artística de Amy com a 19, ela disse a Nick Shymansky que não tinha certeza se continuaria com eles. Ele não soube o que dizer, porque teve a impressão de que ela queria continuar trabalhando com ele, mas não com a 19. Amy tinha problemas com Nick Godwyn todos os dias; mas como Nick Shymansky, conforme ele mesmo admitiu, não tinha experiência ou conhecimento suficiente para cuidar sozinho da carreira de Amy, ele tentou fazer com que Amy acertasse os ponteiros com a 19.

Por essa época, Nick levou Amy para conhecer o produtor de discos e compositor Paul O'Duffy. Ele tinha trabalhado com o Swing Out Sister e produzido a trilha sonora composta por John Barry para o filme de James Bond, *Marcado para Morrer*. A música que ele e Amy compuseram juntos foi *Wake Up Alone*, para o *Back to Black*. Eu estava contente porque ela estava se dedicando a algum trabalho, mas é claro que ela não quis cantar a música para mim.

No carro, voltando da casa de Paul, Amy disse que, se Nick não deixasse a 19 para ser seu empresário, Blake e seus amigos assumiriam. Naturalmente não existia chance de Nick permitir que isso acontecesse — em algumas ocasiões ele teve de arrastar Amy para fora do pub onde ela estava com Blake e sua turma para levá-la a reuniões. Quando Nick soube daquela decisão ficou furioso, e os dois começaram uma discussão terrível que terminou com ele dizendo a Amy que, não importava o que acontecesse, Blake e seus amigos não seriam empresários dela.

Foi então que Nick levantou a possibilidade de Raye Cosbert ser seu empresário. Raye já estava promovendo algumas das apresentações de Amy e tinha desenvolvido um ótimo relacionamento com ela. Todo mundo na Island também conhecia Raye e gostava dele. Amy conhecia Raye desde 2003, e sabia que ela gostava e confiava nele. E o que era importante, ele e Amy tinham gostos musicais semelhantes.

A primeira vez em que ouvi falar de Raye foi em meados de 2005, quando fui ao camarim de Amy depois de um show e encontrei uma garrafa de champanhe, presente dele. Perguntei a Amy quem era, e ela me disse que era Raye Cosbert, da Metropolis Music, e que ele estava fazendo a promoção de muitas apresentações dela. Eu tinha visto um negão de cabelo rastafári muitas vezes circulando durante as apresentações, e agora deduzia que devia ter sido Raye.

Uma noite eu me apresentei a ele e ficamos conversando. Ele me disse que, tirando o fato de que tinha me visto em algumas das apresentações de Amy, eu lhe era vagamente familiar.

— Você vai a jogos de futebol? — perguntou.

— Tenho assinatura no White Hart Lane para a temporada — respondi.

Ele também tinha. E então me pediu para virar de costas para ele — pensei que fosse maluco, mas mesmo assim fiz o que me pediu.

— É isso! — disse ele. — Estou reconhecendo sua cabeça!

Descobrimos que meu lugar era na quarta fileira à frente de onde ele ficava, só que mais à esquerda. Como éramos torcedores roxos do Spurs, sentimos uma simpatia imediata um pelo outro. Depois disso, nós nos tornamos grandes amigos e sempre nos encontrávamos no intervalo dos jogos para colocar os assuntos em dia.

Depois que Nick sugeriu Raye como possível empresário, Amy Raye e eu saímos para jantar no Lock Tavern, um pub gastronômico em Camden Town, para conversarmos sobre a representação artística de Amy e analisar a experiência de Raye. Eu estava preocupado porque o conhecia como promotor de eventos, mas Amy me garantiu que era a pessoa certa para ela. Chovia naquela noite, e Amy chegou atrasada, como sempre. Estava com um casaco emprestado, e eu sugeri que comprasse um igual àquele, porque lhe caía muito bem.

Estava usando vestido, o cabelo comprido e solto, e estava linda, alerta e cheia de estilo.

— Oi, querida. Você está um amor esta noite — disse-lhe eu.

— Aaah, papai, obrigada. — E me deu um sorriso radiante.

Como parecia um pouquinho bêbada, fiz questão de não encher seu copo assim que ela o esvaziasse.

Durante o jantar, Raye descreveu seus planos para Amy. Ele nos impressionou com suas ideias avançadas, dizendo que ela precisava deslanchar. Sugeriu que era tempo de lançá-la nos Estados Unidos e levá-la ao primeiro lugar lá, assim como no Reino Unido. Deu também a sugestão de um novo álbum e mais apresentações. Se fizéssemos tudo direito, nós decididamente íamos arrasar. Eu não sabia, naquela época, mas Amy tinha tocado para ele algumas de suas novas canções, e ele achava que elas eram fantásticas.

Raye imaginou que a 19 provavelmente acreditava que talvez fosse difícil fazer um segundo álbum com Amy, tendo em vista que ela não ficou feliz com o resultado final de *Frank*. A 19 não queria que Amy saísse, mas Raye acreditava que eles não a atrapalhariam, se Amy decidisse ir embora.

Depois de tudo que Amy e eu ouvimos de Raye, decidimos que ela deveria assinar um contrato de representação artística com a Metropolis. Tínhamos feito amigos maravilhosos na 19, alguns dos quais continuaram a amizade com Amy, mas era hora de mudar. (Amy sempre acumulou amigos, em lugar de perdê-los.) A 19 tinha feito coisas incríveis para ela: sem eles, é provável que Amy não tivesse conseguido contratos de gravação e de administração de direitos autorais, mas creio que o pessoal de lá com certeza achava que tinha levado Amy até onde podia. Quando chegou o momento, eu me lembrei das escolas pelas quais Amy tinha passado: as pessoas ficaram bem contentes ao vê-la partir.

Deixar a 19 foi uma decisão difícil, mas acabou se revelando a decisão certa. No final, o relacionamento de Amy com Raye Cosbert e a Metropolis tornou-se, a meu ver, uma das mais bem-sucedidas parcerias artista/empresário na indústria musical.

Sem perder tempo, Raye agendou reuniões com Lucian Grainge, da Universal, e Guy Moot, da EMI. A energia de Raye era exatamente o que a carreira de Amy precisava — foi como um pontapé. Havia algum tempo, Guy Moot desejava que Amy se unisse a Mark Ronson, um produtor/arranjador/compositor/DJ jovem e talentoso. Em março de 2006, alguns meses depois de ela ter fechado com a Metropolis, Raye a encorajou a se encontrar com Mark em Nova York, para que os dois pudessem "se entrosar". Ela sabia muito pouco dele antes de entrar em seu estúdio na Mercer Street em Greenwich Village, e logo que o viu disse: "Ah, o técnico já chegou." Mais tarde, ela lhe disse que tinha pensado que ele fosse um judeu mais velho com uma barba enorme.

Aquele encontro foi parecido com um primeiro encontro cheio de constrangimento. Amy interpretou para ele algumas faixas das Shangri-Las, que tinham o verdadeiro som retrô de que ela gostava, e ela lhe disse que aquele era o tipo de música que gostaria de fazer para o novo álbum. Mark conhecia algumas das faixas mencionadas por Amy, mas fora isso ela deu a Mark um curso intensivo de música pop de jukebox de conjuntos femininos dos anos 1960. Amy tinha feito o mesmo comigo quando tropecei numa pilha de velhos discos de vinil — as Ronettes, as Chiffons, as Crystals — que ela havia comprado numa banca da Feira de Camden. Foi ali que desenvolveu seu amor pela maquiagem dos anos 1960 e pelo penteado tipo "ninho".

Os dois encontraram-se de novo no dia seguinte, quando Mark apareceu com uma frase musical para piano que se transformou nos acordes de *Back to Black*. Como fundo para o piano, ele pôs um bumbo, um pandeiro e "toneladas de reverberação". Amy adorou aquilo, e foi a primeira canção que ela gravou para o novo álbum.

Amy deveria pegar um avião para casa alguns dias depois, mas estava tão entusiasmada com Mark que me ligou dizendo que ficaria em Nova York para continuar trabalhando com ele. A estada dela durou mais duas semanas e se mostrou muito proveitosa, com Amy e Mark produzindo cinco ou seis músicas. Amy mostrava uma música a Mark no seu violão, anotava os acordes para ele e o deixava encarregado dos arranjos.

Muitas de suas canções tinham a ver com Blake, o que não passou despercebido a Mark. Ela disse a Mark que escrever músicas sobre ele era uma catarse e que *Back to Black* resumia o que tinha acontecido quando o relacionamento entre eles terminou: Blake voltara para sua ex; e Amy voltou às "trevas", ou para a bebida e tempos difíceis. Eram algumas de suas músicas mais inspiradas porque, apesar dos pesares, Amy tinha vivido aquilo.

Mark e Amy inspiravam um ao outro em termos musicais, cada um deles trazendo novas ideias para o outro. Certo dia, eles decidiram dar um passeio rápido pela vizinhança, porque Amy queria comprar um presente para Alex Clare. No caminho de volta, Amy começou a contar a Mark como era viver com Blake, e depois não viver com Blake, e sim com Alex. Ela lhe falou sobre o tempo que passou em minha casa depois que tinha estado num hospital quando todo mundo ficou em cima dela para que parasse de beber.

— Sabe, eles tentaram me fazer ir para um centro de reabilitação, e eu disse a eles "não, não, não".

— Isso aí é bem marcante — respondeu Mark. — Prende a atenção. Você devia voltar ao estúdio, e nós devíamos transformar isso numa música.

É claro que Amy tinha escrito aquela frase em algum de seus cadernos tempos atrás. E já tinha me dito que estava planejando escrever uma música sobre o que tinha acontecido naquele dia, mas foi aquele o momento em que *Rehab* nasceu.

Amy também vinha trabalhando numa melodia para o refrão; mas, quando tocou para Mark mais tarde naquele dia, a canção começou como um blues lento e arrastado — era como uma progressão de blues de doze compassos. Mark sugeriu que ela pensasse em fazer um tipo de som dos conjuntos femininos dos anos 1960, já que gostava tanto deles. Ele também achou que seria legal usar os acordes em mi menor e lá menor ao estilo dos Beatles, que provocaria alguma dissonância. Amy não estava acostumada àquele estilo — em sua maioria, as músicas que ela estava compondo tinham como base os acordes do jazz —, mas funcionou; e, naquele dia, ela compôs *Rehab* em apenas três horas.

Se você fizesse Amy se sentar com papel e caneta todos os dias, ela não teria escrito uma única música. De vez em quando, porém, alguma coisa ou alguém acendia uma luz na sua cabeça, e ela compunha coisas brilhantes. Durante todo esse tempo, isso aconteceu muitas vezes.

As sessões no estúdio tornaram-se muito intensas e cansativas, especialmente para Mark, que às vezes virava a noite trabalhando e depois caía no sono. Ele acordava com a cabeça no colo de Amy, e ela lhe fazia cafuné como se ele tivesse 4 anos de idade. Mark era alguns anos mais velho que Amy, mas ele me disse que a considerava muito maternal e carinhosa.

Esse foi um período bem produtivo para Amy. Ela já havia escrito *Wake Up Alone*, *Love Is A Losing Game* e *You Know I'm No Good*, quando estávamos em férias na Espanha, de modo que o novo álbum estava tomando forma. Antes de ter conhecido Mark, Amy tinha estado em Miami, trabalhando com Salaam Remi em algumas faixas. Sua inesperada explosão de criatividade em Nova York levou-a a telefonar para ele. Ela lhe disse como estava animada com o trabalho que estava fazendo com Mark, e Salaam a encorajou bastante.

— Então, é melhor você entrar em cena — disse-lhe ela, brincando. Tempos depois, ela voltou a Miami para trabalhar um pouco mais com Salaam, que fez um trabalho fantástico nas faixas que produziu para o álbum.

Quando retornou a Londres, Amy me falou, entusiasmada, das mulheres hispânicas que tinha visto em Miami, e como queria mesclar aquele visual — sobrancelhas grossas, camada pesada de delineador, batom vermelho vivo — com sua paixão pelo penteado "ninho" dos anos 1960.

Àquela altura, Mark tinha tudo de que precisava para fazer a edição das faixas musicais com a banda, a Dap-Kings, na Daptone Recording Studios, no Brooklyn.

Logo depois disso, minha mãe faleceu; e Amy, como o resto da família, ficou arrasada. Foi apenas depois de algumas semanas, em junho de 2006, que Amy deu os últimos toques em *Back to Black*, gravando a parte vocal na Power House Studios, na zona oeste de Londres.

Naquele dia, fui junto com ela para vê-la trabalhar — era a primeira vez que eu estava com Amy enquanto ela gravava. Como eu não tinha ouvido nada do que ela estava fazendo para o novo álbum, foi impressionante escutar aquilo pela primeira vez. O som era tão claro e tão básico: eles tiraram todo o fundo para produzir algo bem parecido com os discos do início da década de 1960. Amy fez o vocal para *Back to Black* por cima do som da banda, que já estava gravado, e eu fiquei na cabine com Raye, Salaam e mais uma pessoa ou duas enquanto ela cantava.

Foi fascinante ver aquilo: ela estava firme no controle e era perfeccionista, refazendo frases e até mesmo palavras inúmeras vezes. Quando queria escutar o que tinha cantado, pedia que eles colocassem aquilo num CD, e então colocava para tocar no meu táxi lá fora, porque queria saber como a maioria das pessoas iria ouvir sua música, que não seria através de sistemas de estúdios profissionais. No final das contas, *Back to Black* foi feito em apenas cinco meses.

O álbum me deixou boquiaberto. Eu sabia que minha filha era boa, mas aquilo parecia algo em outro nível. Raye vivia nos falando que o álbum seria um tremendo sucesso no mundo inteiro, e eu estava ficando muito animado. Era difícil saber o que Amy pensava: eu não sabia dizer se ela esperava que ele fosse um triunfo, como Raye pensava, mas ela ficou muito mais feliz com a edição final do que tinha ficado com *Frank*. Esse tinha sido um processo que a envolveu muito mais.

Back to Black foi lançado no Reino Unido no dia 27 de outubro de 2006, e durante as duas primeiras semanas vendeu mais de 70 mil cópias. Chegou ao primeiro lugar nas paradas de álbuns do Reino Unido na semana que terminou em 20 de janeiro de 2007. No dia 14 de dezembro de 2007, *Back to Black* recebeu a certificação de seis vezes platina no Reino Unido por ter vendido mais de 1,8 milhão de cópias. Em dezembro de 2011, só no Reino Unido, *Back to Black* já tinha vendido pelo menos 3,5 milhões de cópias.

Muito mais do que orgulhoso, eu estava fora de mim de tanta felicidade. Mas lá no fundo, eu queria que Amy nunca fizesse outro álbum como aquele. As músicas eram incríveis, mas ela comeu o pão que o diabo amassou para compô-las. Eu não gosto de *Back to Black* tanto quanto gosto de *Frank*; jamais gostei, de verdade. E por uma única razão: todas as músicas de *Back to Black*, com exceção de *Rehab*, têm a ver com Blake. Recentemente me ocorreu que o álbum do Reino Unido com maior vendagem no século XXI até o momento fala do canalha mais desprezível a quem Deus concedeu a vida. Uma perfeita ironia, não? Veja bem, você não encontra álbuns com músicas que falem de pessoas boas, como Gandhi ou Nelson Mandela, encontra? O lugar das pessoas boas pode estar garantido no Paraíso, mas nunca existirá um álbum cheio de músicas sobre as boas ações de alguém liderando as paradas de sucesso.

Embora o sucesso do álbum modificasse a carreira de Amy de todas as formas imagináveis, ele cobrou um preço muito caro por isso. A natureza das canções tornava difícil que ela se entusiasmasse tanto quanto se poderia esperar com a receptividade e o sucesso que o álbum teve. Enquanto as pessoas talvez caminhem cantarolando *Love Is A Losing Game*, para Amy essa música era como uma faca no coração, uma lembrança do pior de todos os momentos pelos quais passou.

Eu sabia o que significavam as canções porque Amy sempre escreveu sobre sua vida, e eu não queria falar sobre elas, pois sabia como era doloroso para Amy escutá-las.

Embora Amy estivesse com Alex Clare, Blake não estava longe. Algumas vezes com Amy, outras não, mas de qualquer forma uma pessoa importante demais para ela. O fato era que, apesar de amar Alex, Amy não era apaixonada por ele. Ela era apaixonada por Blake.

Alex não era bobo, e logo descobriu que Amy estava vendo Blake. Ele me disse que achava que Amy estava fumando heroína com Blake. Disse que podia sentir o cheiro nela. Eu ri e lhe contei a história do "Droga pesada não está com nada". Naquela época, Amy ainda era contra drogas pesadas, e Alex estava enganado: Amy não estava usando heroína, mas Blake fumava na sua presença, razão pela qual as roupas dela cheiravam à droga.

Alex quis ter uma conversa séria com Blake, e eu disse que iria com ele. Eu não queria que ele se visse sozinho numa situação que não pudesse controlar. Blake costumava beber num pub chamado Eagle, na Leonard Street, leste de Londres; mas toda vez que íamos para confrontá-lo, ele não estava lá. Tenho certeza de que Amy telefonava para ele para avisar que estávamos a caminho.

Por fim, perto do início de 2007, Alex e Amy se separaram. E aí, Amy voltou a ficar com Blake o tempo inteiro, e eu acabei por conhecê-lo no apartamento da Jeffrey's Place. Apesar de tudo o que eu tinha ouvido de Tyler e Alex, decidi, pelo que Amy sentia com relação a Blake, que queria fazer meu próprio juízo a respeito dele.

 Minha primeira impressão foi de que ele parecia um cara razoável e respeitoso, se bem que com uma aparência desleixada e suja. Amy falava a respeito dele de vez em quando durante o período em que viveu com Alex Clare, mas eu não sabia muita coisa sobre Blake. Fiquei tentando adivinhar sua idade, porque ele já apresentava um início de calvície e aparentava estar necessitado de uma boa refeição. Conversamos um pouco, e ele me disse que tinha nascido em Lincolnshire e vindo para Londres quando tinha 16 anos. Disse que estava trabalhando como assistente de produção de vídeos e que queria entrar para o ramo de videoclipes. Naquela ocasião, Amy e Blake pareciam muito felizes juntos, e, como ele não me passou a impressão de ser usuário de drogas, pensei que talvez Alex estivesse enganado a seu respeito. Eu não poderia estar mais equivocado. Com o conhecimento do que aconteceu tempos depois, tenho certeza de que ela já tinha começado a fumar heroína e crack naquela época, embora eu não fizesse a menor ideia.

* * *

A última vez em que Amy esteve em Nova York com Mark Ronson foi em dezembro de 2006. Eles estavam trocando ideias sobre canções de Natal da Motown e sobre como todos os grandes cantores de soul dos anos 1960 e 1970 tinham lançado um disco de Natal.

 — Por que será que não existem grandes discos para as festas religiosas judaicas? — perguntou-se Amy.

 Mais tarde naquela semana ela foi com Mark ao estúdio em que ele fazia seu programa regular de rádio, e eles apresentaram juntos o programa como "Dois Judeus e uma Árvore de Natal". Decidiram que aquele poderia ser um bom título para uma música de festas religiosas judaicas. Contudo, no dia seguinte Amy apareceu com mais uma quantidade de títulos incríveis, como "Coração de Carvão" e "Sozinha debaixo do visco".* Para Mark, tudo que Amy sugeria era um clássico instantâneo, mesmo que não passasse de um verso improvisado.

Fazer a promoção de *Back to Black* fez com que Amy voltasse a ser vista pelo público, e ela aparecia com frequência nas páginas dos jornais. Eles estavam todos apaixonados por seu novo *look*, mas muito pouco gentis com seu hábito de beber: ela era sempre fotografada entrando e saindo de bares.

— Amy, querida, você tem de fazer alguma coisa com relação à bebida — disse-lhe eu. — Você não está fazendo nenhum bem a si mesma.

E recebi de Amy seu habitual dar de ombros.

— Tá bem, tá bem, papai.

Havia também alusões a drogas, mas eu não acreditei nelas nem por um minuto.

Em março de 2004, como parte da promoção permanente para *Frank*, Amy tinha aparecido no irreverente programa semanal de perguntas e respostas da BBC2, *Never Mind the Buzzcocks*.** Tinha sido um programa muito bom — Amy estava muito divertida e conseguiu umas boas risadas. E então, em novembro de 2006, quando estava promovendo *Back to Black*, ela foi convidada a voltar. Ainda bem que sua aparência estava tão extraordinária que os câmeras adoraram, e — ao contrário do tempo de *Frank* — sua imagem com o penteado "ninho" estava agora em toda parte.

---

*Alusão ao costume de usar ramos de visco como decoração natalina e de os casais se beijarem embaixo desses ramos. [N. da T.]
**Não se importe com os Buzzcocks, em tradução literal. Os criadores do programa pediram à banda punk The Buzzcocks para usar seu nome. Hoje o termo "Buzzcocks" é mais conhecido pelo programa que pela própria banda. [N. da T.]

Pois bem, dessa vez a demora foi enorme entre a chegada de Amy ao estúdio e o começo das gravações. Ela ficou entediada e bebeu muito. Quando a gravação teve início, ela já estava bêbada; e, embora estivesse muito divertida no programa, olhando em retrospectiva, fica claro para mim que foi ali que a reputação de que ela tinha perdido o controle começou a ganhar corpo.

Amy estava na equipe do comediante Bill Bailey. Ela gostou de cara do apresentador, Simon Amstell, quando ele a apresentou:

— A primeira convidada de Bill é Amy Winehouse, a "judia do jazz", vencedora do Prêmio Ivor Novello. As preferências de Amy incluem Kelly Osbourne e cheiro de gasolina. Eu gosto muito de fósforos. Uma boa combinação.

Amy arrancou a primeira grande risada do público quando a apresentadora da GMTV Penny Smith, que estava na outra equipe, perguntou-lhe se o cabelo do penteado "ninho" era dela mesma.

— É, sim — respondeu Amy. — Sim, é tudo meu. Porque eu comprei, sabe?

Logo depois disso, Amy perguntou a Simon se ela podia tomar outro drinque, e Simon recusou, o que levou a algumas brincadeiras amistosas. Amy disse que ia ver Pete Doherty mais tarde naquela noite para conversarem sobre fazer uma música juntos.

— Ele quer lhe vender drogas — gritou Simon. — Não chegue perto dele! Faça alguma coisa com Katie Melua. É isso o que você tem de fazer.

— Muito obrigada, mas prefiro ter AIDS felina — respondeu Amy.

Quando chegou a hora de "Que música começa assim?", quando um participante canta a introdução de uma música para que o outro participante diga qual é o nome dela, Amy levantou-se, fazendo *"Psiu"*.

— Que história é essa de "psiu"? — perguntou Simon Amstell.

— Sei lá. É minha nova mania — respondeu Amy.

— É? — retrucou Amstell, rápido como um raio. — Pensei que fosse o crack.

Amy não se ofendeu, apenas indicou a si mesma.

— Eu me pareço com o Russel Brand? — Então, fez uma careta de horror e, quando o público riu, escondeu o rosto com as mãos.

— Parece, sim! — disparou Amstell de volta.

Quando tornou a se sentar, Amy tomou um gole de água, e então se virou e cuspiu para trás.

— Isso aqui não é um jogo de futebol — disse-lhe Simon. — Você vem aqui cheia de... crack... cuspindo em cima de tudo...

— Para com isso, por favor. Para... — implorou Amy, de brincadeira.

— Você é que devia parar com a dependência — respondeu Simon. — Isso já nem é mais um programa de perguntas e respostas. Isso aqui é uma intervenção, Amy.

Amy riu e me disse depois que considerou aquela a melhor frase do programa. Acho que Amy gostava de Simon Amstell. Ela deixava que ele fizesse comentários que não teria aceitado de alguém de quem não gostasse.

No dia seguinte, fui vê-la.

— Sabe? Você realmente não deveria beber quando está trabalhando — disse eu, como um sermão. — Todo mundo viu que você estava bêbada, e isso é constrangedor.

Tivemos uma pequena discussão.

— Você não sabe do que está falando, papai — disse Amy. — Todo mundo riu.

— As pessoas estavam rindo *de* você, não *com* você.

— Assista de novo, papai, e vai ver o que quero dizer — insistiu.

— Mas eu estou com a razão. Pare com essa droga de bebida. — E fui embora, furioso.

FUSÃO COM AS TREVAS • 97

7
"União de Ronnie Spector com a Noiva de Frankenstein"

No início de 2007, *Back to Black* já estava em primeiro lugar nas paradas de sucessos do Reino Unido e nós fizemos uma festa para comemorar. Amy bebeu mais do que devia, mas todo mundo estava tão feliz com o desempenho do álbum que não comentei nada.

— Parabéns, querida — disse eu.

— Está orgulhoso de mim, papai?

Eu não podia acreditar que minha filha tão talentosa precisasse me perguntar isso.

— Sempre, querida. Não importa o que você faça, estou sempre orgulhoso de você.

Back to Black estava programado para ser lançado nos Estados Unidos em março, e assim na terça-feira, 16 de janeiro, Amy fez duas apresentações no Joe's Pub, uma casa de shows em Manhattan, Nova York. Não era a melhor noite da semana para uma estreia americana, mas as duas apresentações tiveram lotação esgotada. Amy cantou cinquenta minutos em cada uma para plateias entusiasmadas. No dia seguinte as críticas foram muito boas. Minha favorita, no entanto, que nos fez rir, foi de um blog online. Ele descrevia a aparência de Amy como "a união de Ronnie Spector com a noiva de Frankenstein".

Em fevereiro, Amy estava de volta ao Reino Unido, gravando o vídeo para *Back to Black* quando recebeu uma notícia empolgante. Fazia um frio de rachar, e Amy tinha se esquecido de levar o casaco, de modo que nos intervalos da filmagem ela ficava congelando no seu trailer. Lá pelo meio-dia ela telefonou para Jane pedindo que lhe trouxesse um casaco. Como eu estava na rua com o táxi, levei-o para ela.

— Papai! Estou em primeiro lugar na Noruega! — berrou ela, quando cheguei.

— Que ótimo — disse eu, apesar de me perguntar por que ela estava tão entusiasmada por fazer sucesso no mercado norueguês. Ela teve de me explicar que ser a número um *fora* dos mercados mais óbvios, mesmo que maiores, dos EUA e do Reino Unido significava que ela realmente estava a caminho do estrelato internacional.

Pouco antes do lançamento do álbum nos EUA, eu estava nos banhos turcos em Porchester Hall, Notting Hill. Costumava ir lá na maioria das tardes de quarta-feira e normalmente havia um grupo de colegas meus lá, comendo alguma coisa ou jogando cartas. Acima do ambiente dos banhos, havia um saguão sensacional usado para eventos musicais, jantares de empresas e casamentos. Estava previsto que Amy faria um concerto lá para *The BBC Sessions* na quinta-feira, e eu não sabia que ela estava ensaiando naquela tarde. Mas ela estava e, cara, que som! Havia o tum, tum, tum constante e abafado do baixo e a incrível voz de Amy sobressaindo.

— Diga para sua filha ficar quieta — brincou um dos meus colegas. — Não consigo ouvir nem meus pensamentos.

Como eles todos estavam zombando de mim, subi e fui ver Amy. Ela ficou tão surpresa e encantada em me ver quanto eu em vê-la. Ela veio direto na minha direção e me deu um grande abraço. Blake estava com ela e também se aproximou. Ele foi muito simpático, mas parecia agitado e impaciente. Disse que estava bem quando eu perguntei, mas então desapareceu. Quando voltou, era uma pessoa diferente — cheio de vida e energia. Vocês podem tirar suas próprias conclusões do porquê disso. Pensei de novo no que Tyler me contara. Mas naquela época eu acreditava que Amy lhe daria uma bronca quando descobrisse que ele ainda estava fazendo aquilo.

Mais tarde naquele mês, Amy estava de volta aos Estados Unidos numa turnê para promover *Back to Black*. Ela começou em Austin, Texas, no SXSW Festival, e então foi para West Hollywood, Califórnia, onde ela cantou no Roxy Theatre. Havia um monte de nomes famosos naquela apresentação e eles queriam ir ao camarim de Amy para cumprimentá-la. Primeiro Raye disse a Amy que Courtney Love estava lá fora e queria conhecê-la.

— Meu Deus! — respondeu Amy. — O que será que *ela* quer?

A seguir foi Bruce Willis. Era seu aniversário e, como disse Amy, ele estava um pouquinho tocado.

— Oi, sou o Bruce Willis — disse Bruce a Amy. — Gostaria de ir comigo a Las Vegas para celebrar meu aniversário?

— Só se eu puder levar meu pai! — respondeu Amy, de pronto. Bruce ficou surpreso e Amy continuou com a brincadeira. — Posso chamá-lo e ver se ele quer ir? — Parece que Bruce bateu em retirada, rapidinho.

A seguir, Ron Jeremy, o famoso astro pornô, entrou no camarim. Estava acompanhado por duas mulheres com seios pneumáticos — se você espetasse um alfinete neles, disse Amy, eles poderiam explodir. Ron estava vestindo calças de agasalho folgadas.

— Andou trabalhando hoje, Ron? — perguntou Amy, olhando para elas.

— Por estranho que pareça, sim — disse Ron, acompanhando o tom de brincadeira. Os dois ficaram ali sentados por uns bons dez minutos para um drinque e um bate-papo, sem as mulheres. Amy era muito afiada; sua espirituosidade espontânea nunca deixava de me fazer rir.

Danny DeVito estava em uma das outras apresentações e Amy não parava de tentar se aproximar dele junto do bar, falando sem voz para Raye: "Veja, sou mais alta do que ele." E era, mesmo que só um pouco.

Amy conheceu um monte de gente famosa naquela turnê e todos eles vinham vê-la porque adoravam o que ela estava fazendo. Alguns astros se deslumbram com a certeza de que todos querem ser seus amigos, mas com Amy isso não acontecia. Aquelas pessoas não queriam se aproveitar da popularidade de Amy Winehouse: elas simplesmente queriam ouvi-la cantar. Testemunhei isso em primeira mão quando participei da turnê no Canadá, poucas semanas mais tarde. Apareci depois de uma apresentação e encontrei Amy com uma pessoa que ela me apresentou como Michael.

— Prazer em conhecê-lo — disse eu. — O que você faz, Michael?

— Papai — sibilou Amy, enquanto ele ria. — Esse é Michael Bublé.

Era um homem afável — eu era fã de sua música — e tudo que ele queria dizer era como Amy tinha sido fantástica naquela noite.

No dia seguinte nós estávamos passeando num shopping e *Stronger Than Me* estava tocando.

— Não sou eu, papai? — Amy perguntou. — Não é a minha música?

— Sim, e você acabou de ganhar 28 centavos — brinquei —, fique portanto à vontade para comprar alguma coisa.

Ela parou e escutou.

— Até que o som está muito bom, não está?

Era como se outra pessoa tivesse composto e cantado a música, como se nunca tivesse pertencido a ela. Espere um momento, pensei. Isso é surreal. Ela não reconhece sua própria música. Mas quando realmente escutava suas gravações, sempre achava que podia ter feito melhor — não que pudesse ter cantado melhor, mas que poderia ter escrito uma letra mais contundente. "Eu devia ter trocado aquela palavra por esta...", ela costumava dizer.

Amy nunca estava satisfeita com o que tinha feito.

* * *

Em maio de 2007, Amy e Blake programaram ir juntos em férias a Miami. Antes de partirem ela me telefonou: queria saber o que eu achava dela e Blake se casarem. Desde que tinham voltado a ficar juntos, eles estavam virtualmente inseparáveis, com exceção de algumas viagens dela aos Estados Unidos para promover o álbum. Eu não estava muito entusiasmado com a perspectiva de Amy se amarrar a ele, mas pensei que eu teria uma oportunidade de vir a conhecê-lo melhor — e ele de conhecer a família — enquanto eles estivessem noivos e nós planejando seu casamento.

— Não quero atrapalhar nada — disse. — Vocês dois são adultos. Essa decisão é sua e de Blake.

A questão de ele usar drogas me ocorreu, mas deixei de lado. Eu estava confiante de que a postura de Amy em relação a drogas pesadas teria exercido sua influência sobre Blake: se ele não tivesse parado por si próprio, ela o teria feito parar. Se eu estivesse errado, pensei, haveria tempo suficiente antes do casamento para eu fazer alguma coisa a respeito.

Eu me perguntei então se ela planejava casar mais rápido do que pensávamos. Lembrei-a do que tinha acontecido quando Janis e eu íamos casar, como Janis ficou contrariada por sua mãe não ter vindo ao nosso casamento. Ela tinha recentemente deixado o pai de Janis e fugido com outro homem. Janis ainda se ressentia daquilo, e eu não queria que ela perdesse o casamento da nossa filha. Ela merecia estar lá. E eu? É claro que eu queria estar no casamento da minha garotinha — mas com Blake? Eu não tinha certeza.

Eu disse a Amy que, se eles estavam pensando em casar enquanto estivessem em Miami, eu enviaria Janis até lá para ela estar presente. Amy me prometeu que tanto Janis como eu estaríamos no casamento. Pareceu-me que Blake não ligava a mínima para a mãe dele estar ou não em seu casamento; e penso que foi em parte culpado por nem Janis nem eu estarmos lá quando eles se casaram em Miami em 18 de maio de 2007.

Logo após a cerimônia, Amy me telefonou toda entusiasmada.

— Papai, nós acabamos de nos casar!

O choque me deixou mudo.

— Não vai nos dar os parabéns? — continuou ela, aparentemente sem se dar conta de como eu me sentia.

Eu não conseguia me forçar a dizer as palavras para ela. De fato, não podia dizer nada para ela. Fingi que não estava ouvindo bem e desliguei. Eu estava fora de mim de tanta tristeza por Janis e realmente furioso com Amy. Depois disso, ela voltou a ligar várias vezes, mas não atendi.

Finalmente telefonei para ela.

— Amy, você sabe de uma coisa? — disse eu. — Sua mãe deveria ter estado presente. Não se importe comigo. *Sua mãe deveria ter estado presente.*

— Sim — disse ela. — Eu sei disso, papai, mas nós achamos que era a coisa certa a fazer naquela hora...

— O que você quer dizer com *nós* achamos que era a coisa certa a fazer? O que Blake tem a ver com sua mãe estar no seu casamento? — Nunca fiz objeção a que Amy se casasse com ele: ela tinha me dito que o amava e que ele a amava. Mas reprovei totalmente que eles impedissem Janis de estar no casamento. Que direito ele tinha de fazer isso? Eles estavam casados havia cinco minutos, e ele já tinha me tirado do sério.

A ligação terminou mal, mas me resignei ao que tinha acontecido e deixei claro que isso não causaria uma ruptura entre nós, apesar de eu estar espumando de raiva pelo desprezo para com Janis. Sugeri organizar uma festa de casamento mais adiante no ano; mas, embora Amy fosse favorável, ela nunca aconteceu.

8
Um ataque e os paparazzi

AO LONGO DOS MESES SEGUINTES, não vi muito Amy e Blake — o que não era nenhuma surpresa: afinal de contas eles eram recém-casados. Amy ainda encontrava tempo para me ver, no entanto, e nós nos encontrávamos com bastante frequência para eu acreditar que tudo estava bem.

Na noite de uma segunda-feira, 6 de agosto de 2007, no seu apartamento em Jeffrey's Place, Amy teve sua primeira convulsão. Ela estava sozinha com Blake. Ele a deitou de lado, na posição de recuperação; mas, em vez de chamar uma ambulância, ligou para Juliette. Duvido muito que ele tenha lhe transmitido a gravidade da situação. Se tivesse dito alguma coisa, tenho certeza de que Juliette o teria feito chamar uma ambulância imediatamente. Em vez disso, Juliette dirigiu de sua casa em Barnet até Camden Town, o que deve ter levado no mínimo meia hora; e então, no carro de Juliette, eles levaram Amy ao hospital de University College no centro de Londres, chegando lá por volta da uma da manhã.

À altura em que chegaram ao hospital, Amy estava inconsciente, e Juliette ligou para mim. Eu estava trabalhando no meu táxi naquela noite, e felizmente não estava longe demais. Cheguei ao hospital cerca de 15 minutos depois. Quando cheguei, Blake já tinha ido embora, e Amy tinha sido submetida a uma lavagem estomacal. A imprensa noticiou que lhe deram uma injeção de adrenalina, mas isso não ocorreu. Ela estava muito atordoada, e eu não consegui obter dela nada que fizesse muito sentido. Achei que a bebida pudesse ter provocado a convulsão.

Quando voltei para casa, quis me deitar por umas duas horas, mas não conseguia desligar meus pensamentos. Tomei uma xícara de chá e repassei os acontecimentos da noite. Tentei me lembrar de como o comportamento de Amy tinha mudado desde o casamento e me dei conta de que precisava começar a manter um diário. Eu queria um registro dos acontecimentos à medida que se desenrolassem. Podia ser que eu tivesse sido um pouco ingênuo e deixado de ver certos sinais óbvios. O quanto ela estava bebendo? Era provável que ainda estivesse "puxando fumo", como ela dizia. Mas será que havia alguma outra coisa? O que eu não tinha percebido?

No dia seguinte de manhã, encontrei-me com Raye e Nick Shymansky no hospital. Amy ainda estava dormindo, e eu descobri que não tinha havido o menor sinal de Blake desde o dia anterior — ao que me fosse dado saber, ele não tinha nem mesmo se dado ao trabalho de ligar para o hospital. Na imprensa, porém, havia fotos dele do lado de fora do hospital, com um buquê de flores para Amy — pena que ele nunca tivesse chegado perto do seu leito enquanto eu estava lá.

Decidimos que, quando Amy recebesse alta, seria bom para ela uma mudança de ares. Por isso, organizei tudo para nós irmos nos hospedar no Four Seasons Hotel em Surrey por alguns dias. Para animá-la, também reservamos um quarto para suas amigas, Juliette e Lauren. Amy queria fazer daquilo uma reunião de garotas, e eu esperava que isso mantivesse Blake afastado.

Amy deixou o hospital na tarde do dia seguinte, e nós a levamos direto para o hotel, onde ela se acomodou no seu quarto. Sem que eu tomasse conhecimento, porém, ela telefonara para Blake, dizendo-lhe para onde íamos. Às dez da noite, ele apareceu no hotel.

Amy não estava em seu estado normal. Tinha dito um monte de coisas sem nexo durante a noite. Por isso, dei alguns telefonemas e providenciei que um médico viesse vê-la de imediato. Às onze da noite, o dr. Marios Pierides, psiquiatra que atendia no Capio Nightingale Hospital, na zona noroeste de Londres, chegou e examinou Amy. Ele disse que ela *só* tinha consumido drogas, provavelmente crack. Ele avisou a Amy que, se continuasse a se drogar, ela poderia ter outra convulsão a qualquer momento.

Não há palavras que possam descrever as profundezas nas quais desabei. Precisei me sentar para não cair. Foi uma bomba para mim. Amy sempre tinha sido radical em sua oposição a drogas pesadas. Por que isso tinha mudado? O que eu poderia fazer? Eu não conseguia acreditar que ela estivesse consumindo drogas, mas as provas estavam ali. Agora eu sabia que tinha errado ao imaginar que Amy era mais forte que Blake e que o teria afastado das drogas pesadas. Parecia que o contrário tinha acontecido. Mas, mesmo assim, como as drogas tinham entrado no hotel? Eu não sabia o que fazer, a quem recorrer. Tentei conversar com Amy, mas ela estava desligada. Eu queria ouvir o que ela teria a dizer em defesa própria. Talvez tivesse sido uma única vez. Passei a noite inteira deitado, acordado, sem saber em que pensar.

No dia seguinte, nem eu nem suas amigas vimos Amy com frequência. Ela passou a maior parte do tempo na cama com Blake. Juliette e Lauren estavam realmente preocupadas com ela também e não paravam de subir até seu quarto, mas Amy não quis vê-las porque estava com Blake. Disseram-me que, em consequência de sintomas de "abstinência", Blake estava passando muito mal. Finalmente as pessoas começavam a reconhecer que ele era um usuário de drogas.

Blake e Amy surgiram por volta das 9h da noite, e nós nos sentamos para comer alguma coisa, com exceção de Blake, que foi dar uma caminhada pelos jardins do hotel. Desconfiei de que ele tivesse organizado alguma entrega de drogas; e, quando voltou, a expressão no seu rosto sugeria que elas tinham chegado. Mais tarde Juliette e eu conseguimos entrar no quarto enquanto Amy e Blake estavam fora. Eu não sabia o que estava procurando, mas encontramos uma tira queimada de papel-alumínio na lata de lixo. Isso confirmou o que tínhamos suspeitado: que um deles ou os dois tinham andado fumando uma droga pesada. Eu agora precisava aceitar que Amy, tanto quanto Blake, era uma usuária. Olhei ao redor em busca de indícios de outras drogas, mas não encontrei nada.

Eu me sentia mal. Nosso mundo inteiro tinha sido virado de cabeça para baixo. Eu deveria confrontar Amy naquele lugar? Como deveria falar com ela sobre o assunto? Ela me daria ouvidos? Eu sabia que Amy tinha passado por maus momentos por conta do álcool, mas crack? Parecia impossível.

A essa altura, já tinha se espalhado a notícia da convulsão de Amy, e havia repórteres por todo o hotel, à procura de uma matéria. Por isso, resolvi deixar para conversar com Amy depois que voltássemos para casa. Os repórteres não conseguiram nada com nenhum de nós, mas a mãe de Blake, Georgette, falou com a imprensa de sua casa naquele dia, dizendo que nós todos devíamos deixar Amy e Blake em paz e chamando de "parasitas" os amigos de Amy, que Amy tinha conhecido praticamente a vida inteira.

Naquela sexta-feira, era aniversário de Jane, e depois do trabalho ela veio ao hotel para passar o fim de semana conosco. A mãe e o padrasto de Blake, Georgette e Giles, também estavam lá, tendo vindo de sua casa em Newark, Lincolnshire. Raye e eu tínhamos pedido que eles viessem para podermos conversar sobre o que fazer a respeito da prova do uso de drogas que tínhamos encontrado no quarto deles e que tinha estado no organismo de Amy.

Quando nos sentamos para conversar, Georgette não se desculpou pelo seu comentário sobre "parasitas". Essa era a primeira vez que nos víamos, e ela já tinha me ofendido. Enquanto falávamos, percebi que eles sabiam muito pouco sobre o abuso de drogas de Blake. Sua conclusão era a de que tinha sido Amy que iniciara Blake nas drogas, o que eu e todos os amigos de Amy sabíamos que não era verdade. Vai ser difícil avançar, pensei, se não estivermos todos do mesmo lado.

Mais tarde naquela noite, fomos jantar numa sala de jantar reservada. Amy estava a uma das cabeceiras da mesa, e Georgette, à outra. Georgette não parava de acenar para Amy, mostrando uma bolsa de grife.

— Ui, olhe para a bolsa que você me deu, olhe só a bolsa... — dizia ela.

Qual era o problema com ela? Georgette tinha acabado de ser informada de que o filho era viciado em drogas, mas tudo o que conseguia fazer era falar sobre uma bolsa. Ela e o marido estavam em total negação quanto aos problemas do filho e continuaram com essa atitude durante o restante da noite. Foi essa a primeira vez que estive com os Civil: achei-os detestáveis.

Na manhã do dia seguinte, Raye chegou e nós tomamos o café no terraço. Amy, Jane, Georgette e Giles estavam sentados à mesa mais próxima. Fui até eles e sugeri que déssemos uma caminhada pelo terraço para ter alguma privacidade. Falei a Giles sobre o papel-alumínio que eu tinha encontrado no quarto de Amy e Blake. Ele disse que não acreditava em mim; que achava que aquilo não tinha nada a ver com Blake. Eu lhe disse que ele estava iludido a respeito do enteado, mas ele se manteve irredutível na opinião de que a culpa era de Amy.

A conversa logo se tornou acalorada; e, esquecendo-me de que havia repórteres no hotel, eu perdi o controle. Nós dois estávamos aos gritos. Foi um momento surreal: naquele dia ia se realizar um casamento no hotel; e, enquanto discutia com Giles no terraço, eu podia ver os convidados começando a chegar. Felizmente, Raye saiu para o terraço e pôs a mão no meu ombro.

— Acalme-se, Mitch — disse ele, baixinho. — Acalme-se. — E eu me acalmei. Mas, podem acreditar em mim, minha raiva de Giles era tanta que eu tremia.

Mais cedo naquele dia, antes do café, eu tinha ligado para o médico de Amy, Paul Ettlinger, para lhe pedir que viesse examiná-la mais uma vez. Ele veio e sugeriu que Amy e Blake passassem uns tempos no Causeway Retreat, um centro de tratamento de dependência química na ilha de Osea em Essex. A ilha fica no estuário do Blackwater, logo ao largo da costa de Malden. Tem-se acesso à ilha por cerca de uma hora por dia, através de um caminho exposto pela maré baixa. Uma vez que se esteja na ilha, não há como sair de lá — pelo menos até o dia seguinte. Ele me disse que a clínica Causeway era quase impenetrável, que era exatamente o que precisávamos, especialmente depois da noite anterior, quando Blake tinha conseguido que alguém levasse drogas ao hotel. Eu estava desesperado para conseguir ajuda para Amy e concordei com isso de imediato.

Naturalmente Amy não queria ir, mas dessa vez, ao contrário daquela sua ida anterior à clínica de reabilitação, de nada ia adiantar ela se recusar.

— Preste atenção! Você vai, sim. Você agora está dependente de drogas, e ponto final.

Eu estava furioso com Amy, e ela sabia disso. Ela procurou apoio em Blake, mas eu lhes disse que os dois iam para lá.

Mais tarde naquele dia, Raye e eu levamos Amy e Blake ao heliporto de Battersea, de onde um helicóptero os levou para a ilha de Osea. Antes de entrar no helicóptero, porém, Blake puxou-me para um lado. Fiquei tão pasmo com o que aconteceu em seguida que registrei suas palavras exatas no meu diário:

— Vou para a ilha de Osea por causa de Amy. Não tenho a menor intenção de largar as drogas. Gosto de ser dependente.

Fiquei apalermado. Voltei para o carro e contei a Raye, que simplesmente abanou a cabeça. Qual era a chance de Amy se livrar das drogas se o marido tinha essa atitude? Eu esperava que a reabilitação funcionasse com eles.

Amy e Blake deveriam ficar no Causeway Retreat por um período indefinido, mas depois de somente três dias eles voltaram. Fui encontrá-los no heliporto de Battersea, mas Amy passou direto por mim e entrou no banco traseiro do carro. Bati na janela e fiz com que abrisse a porta.

— Por que vocês voltaram cedo, querida? — perguntei, tentando adotar um tom razoável.

— Não estou falando com você, papai. Foi você que nos fez ir para aquele lugar.

Ela bateu a porta com força e disse ao motorista que os levasse para casa. Fiquei ali parado, sozinho. Enquanto repassava na minha cabeça os acontecimentos, tudo aquilo me dava nojo. Estava arrasado por Amy ter desistido da reabilitação tão depressa; mas ainda pior era o fato de ser essa a primeira vez que Amy e eu nos desentendíamos de verdade. Tudo o que eu estava fazendo era no esforço de impedir que um problema perigoso se agravasse. Eu não tinha esperado gratidão (não sou assim tão ingênuo), mas fiquei chocado por ela se recusar a falar comigo.

Os jornais estavam loucos por essa história. Eu estava lutando para saber o que pensar sobre o assunto. Nem me ocorria dizer qualquer coisa a respeito. No dia seguinte, o *Daily Mail* publicou a seguinte manchete: "'Sinto orgulho por Amy ter me dito que é dependente de heroína', diz a sogra de Winehouse." Foi para mim uma experiência nova acordar para ver reportagens horríveis sobre minha filha, sabendo que elas estavam na mesa do café da manhã de todo mundo.

Eu não podia ficar sentado e simplesmente deixar que as coisas acontecessem. Na quarta-feira, 15 de agosto, fizemos uma reunião para tratar da crise na Matrix Studios, um centro de mídia e estúdio de gravação na zona sudoeste de Londres, um de cujos sócios, Nigel Frieda, também era coproprietário do Causeway Retreat. O dr. Mike McPhillips, do Causeway, o dr. Ettlinger, Shawn O'Neil e John Knowles, representando a Universal, Raye e eu também comparecemos à reunião, que teve andamento com a concordância de Amy e Blake. Georgette e Giles foram convidados e trariam Amy e Blake junto. Eles não chegaram a aparecer. Em sua infinita sabedoria, Georgette e Giles decidiram que, em vez disso, seria uma melhor ideia levar Amy e Blake a um pub para um drinque.

No dia seguinte, havia fotos nos jornais de Amy e Georgette, de braços dados, saindo de um pub. As fotos tinham sido tiradas enquanto nós todos estávamos arrancando os cabelos, tentando decidir qual era a melhor forma de ajudar Amy e Blake. Mais tarde, quando questionei essa atitude de Georgette, ela disse que toda aquela situação tinha sido jogada em cima dela e de Giles e que eles precisavam de tempo para digeri-la. Pensei que foi uma pena eu não tê-la jogado com mais força.

Na ausência de Amy, Blake e dos pais dele, a reunião chegou à conclusão de que Amy e Blake deveriam voltar para o Causeway Retreat e, depois de muito esforço para convencê-los, conseguimos pô-los de volta na ilha de Osea dois dias mais tarde. Enquanto eu via o helicóptero partir do heliporto de Battersea pela segunda vez, dei um suspiro de alívio. Eu só torcia para que dessa vez eles ficassem e aceitassem ajuda. Infelizmente, não era para ser. De algum modo, um amigo de Blake, alguém que eu conhecia como Geoff, chegou à ilha e entrou no Causeway para dar drogas a Amy e Blake. Foi isso que ocorreu na impenetrável e segura ilha de Osea.

Dois dias depois, mais uma vez interrompendo sua estada, Amy e Blake saíram do Causeway Retreat e reservaram uma suíte de 500 libras por noite, no Sanderson Hotel no West End de Londres.

* * *

Na quarta-feira, 22 de agosto, Alex foi visitar Amy e Blake no Sanderson. Eles acabaram tendo uma terrível discussão sobre drogas. Quando Alex me ligou, eu pude ver de cara que ele estava contrariado. Acalmei-o e combinei com Amy e Blake para virem nos encontrar num restaurante em Goodge Street, não longe do hotel, para ele e a irmã poderem fazer as pazes. Naquela noite, nosso jantar juntos foi agradável. Amy e Alex nunca conseguiam ficar com raiva um do outro por muito tempo, e, em consideração a Amy, eu fui cortês com Blake, mas minha sensação era a de que todos nós estávamos pisando em ovos.

Saímos do restaurante por volta das 21h30. Amy e Blake voltaram para o hotel, e Alex e eu fomos para casa. E então, em torno das 3h30 da manhã, houve a maior celeuma no Sanderson. Amy e Blake tinham tido uma briga tremenda. A primeira notícia que eu soube foi através dos jornais da manhã seguinte. O *Daily Mail* publicou a reportagem com a manchete: "Ensanguentada e contundida, Amy Winehouse defende o marido..." As fotos que acompanhavam a matéria mostravam Amy com cortes no rosto, nas pernas e nos pés. Ela também tinha um corte profundo no braço, que exigiu alguns pontos.

A certa altura durante a briga, Amy saíra correndo do quarto e do hotel para a rua. Foi nesse momento que os paparazzi conseguiram tirar fotos. Blake tinha vindo atrás — não sei se a perseguia para trazê-la de volta ou para continuar a briga. Amy fez sinal para um carro que passava e entrou nele. Ela foi deixada ali perto mesmo e voltou andando para o hotel, onde ela e Blake se reconciliaram. Fui até o hotel para ver Amy. Blake tinha saído, e ela disse que eles tinham tido uma briga horrorosa e ela mesma tinha se cortado. Mais tarde, ela admitiu que tinha dado golpes e arranhões em Blake, mas não quis me dizer se ele a tinha agredido.

— Qual foi o motivo para a briga? — perguntei, enquanto ela voltava para a cama.

— Agora não, papai. Estou cansada.

Por mais perturbador que fosse, eu sabia que ela não me diria mais nada, mas minha preocupação maior era saber se ela estava bem.

— Desde que esteja tudo bem com você, querida.

— Estou bem, papai — murmurou ela, sonolenta. — Me deixa dormir.

Para mim não havia dúvida de que a briga tinha sido atiçada pelas drogas, muito embora não houvesse no quarto nenhuma parafernália de consumo de drogas. Quis esperar que Blake voltasse para poder conversar com ele. Como alguém poderia tratar minha menininha desse jeito? Quando Amy adormeceu, desci e providenciei um quarto para mim no hotel. Eu precisava ficar de olho neles, para a eventualidade de ocorrer uma repetição dos acontecimentos da noite anterior, e eu estava apavorado.

Naquela tarde, descobri que os pais de Blake também tinham chegado. Estavam hospedados no Monmouth Hotel, ali perto em Covent Garden. Por mais que eles não me agradassem, decidi ir vê-los. Eu tinha esperança de persuadi-los a tentar pôr algum juízo na cabeça de Blake. Eles não estavam lá, e eu deixei um recado pedindo que entrassem em contato comigo. Eles nunca ligaram.

Voltei ao Sanderson e fui informado pelo porteiro de que Amy e Blake tinham saído do hotel de braços dados, para um passeio a pé. Senti-me desarvorado e, o que não é comum para mim, sem saber o que fazer em seguida. Até então, eu sabia o que esperar de Amy em qualquer situação, mas agora estava desnorteado. Não há como descrever a sensação de acordar de manhã e encontrar fotos de sua filha ensanguentada na primeira página do jornal. Era inimaginável que tivéssemos passado da empolgação de *Back to Black* para a situação corrente, mas era o que tinha acontecido.

As drogas tornavam imprevisível o comportamento de Amy, e eu estava vivendo no fio da navalha. Qualquer coisa poderia acontecer. No final, voltei para meu quarto e disse ao pessoal da recepção que me avisasse de imediato se houvesse qualquer informação de problemas no quarto de Amy e Blake. Foi uma noite tranquila.

No dia seguinte, Georgette, Giles e os irmãos mais novos de Blake, na época com 13 e 14 anos, chegaram ao Sanderson. Georgette deixou os garotos com Amy e Blake enquanto saíamos para uma conversa. Foi tempo jogado fora: os Civil não queriam aceitar que Blake tinha iniciado Amy no uso de drogas pesadas e a culpavam pela dependência do filho.

No dia seguinte, os Civil me disseram que responsabilizavam a carreira de Amy e sua gravadora pelos problemas que ela e Blake enfrentavam. Mesmo agora, em retrospecto, não consigo relevar o comportamento deles. Para mim, eles vieram a simbolizar tudo o que não me agradava em Blake e no que ele tinha feito a Amy.

Depois, naquela mesma tarde, subi para ver Amy e Blake, e descobri que eles tinham por vontade própria decidido ir em férias a St. Lucia. Tinham entrado em contato com Juliette e lhe pediram que trouxesse seus passaportes e dinheiro para o hotel. Planejavam viajar no dia seguinte.

— O que deu na sua cabeça? — perguntei a Amy, quando descobri a história. — Ficou louca? — eu não podia acreditar no que estava ouvindo. — Vocês dois precisam voltar para a reabilitação, para a ilha de Osea, não ficar se exibindo em alguma droga de praia.

— E você precisa cuidar da própria vida — disse Amy, rindo de mim.

Tanto ela quanto eu sabíamos que eu jamais faria isso.

Eu vinha mantendo Jane, Janis, Alex e Raye a par de tudo o que estava acontecendo no hotel; e eles riram também, quando eu lhes contei o que Amy tinha dito. Suponho que, no fundo, seja bem engraçado. Umas duas horas mais tarde, Juliette chegou com os passaportes e três mil libras em dinheiro. Por acaso, ouvi Blake combinando por telefone de ir a Hackney, na região leste de Londres, para apanhar drogas.

Foi a gota d'água. Eu lhe disse que aquilo já passava das medidas. Não me importava com as consequências: ia procurar a polícia para lhes dizer o que tinha ouvido. Parece que isso funcionou: ele não foi a Hackney naquela tarde. Em vez disso, sem quê nem pra quê, acusou Juliette de roubar cem libras do dinheiro que ela lhes tinha trazido, o que Juliette jamais faria. Houve uma briga horrorosa, e eu investi contra Blake — diante de Amy pela primeira vez. E então Juliette foi embora.

No dia seguinte, Amy e Blake partiram de avião para St. Lucia. Amy escreveu por mensagem de texto que tinham chegado bem e, devo admitir, parte de mim sentiu um alívio. Não era tolo para acreditar que todos os problemas tinham acabado, mas pelo menos eles estavam um pouco mais distantes. Precisava me esquecer das duas últimas semanas e passar algum tempo com minha mulher, que eu vinha deixando de lado. Escrevi em meu diário o que tinha visto e sentido, para tirar tudo aquilo de meu pensamento. Eu não sabia a quem mais eu poderia recorrer.

Na terça-feira seguinte, os Civil deram uma entrevista para a Radio 5 Live e recomendaram aos ouvintes que não comprassem os discos de Amy: se comprassem, estariam incentivando uma dependente de drogas. Giles acusou a gravadora de Amy de fazer com que ela se matasse de trabalhar e insinuou que nós, a família de Amy, tínhamos um interesse em que eles fizessem exatamente isso.

As coisas estavam ficando fora de controle. Senti que a única forma de proteger Amy era dizer a verdade, em vez de deixar que as pessoas escutassem mentiras de desconhecidos a respeito dela. Resolvi que eu também me faria ouvir. Mais tarde naquele dia, na Radio 5 Live, contei a Victoria Derbyshire como as coisas tinham piorado muito desde o casamento de Amy e Blake. Eu não estava recebendo nenhum apoio por parte dos Civil para ajudar Amy e Blake; e, se eles tivessem ido à reunião na Matrix Studios, em vez de ir a um pub, teriam visto com os próprios olhos como a gravadora de Amy era compreensiva e se importava com ela.

Ao longo dos dias seguintes, dei muitas entrevistas a profissionais de rádio e de televisão, tentando corrigir as impressões do público sobre Amy e seus problemas. É provável que tenha sido uma perda de tempo, mas fez com que eu me sentisse um pouco melhor.

No dia 31 de agosto recebi uma mensagem de texto de Blake:

> Por sinal, se servir para tranquilizar as pessoas, estamos numa ilha onde é impossível conseguir heroína — li isso em algum lugar, pesquise! Estamos num resort luxuoso, onde ninguém nos ofereceu um baseado que fosse. Não se preocupem conosco. Estamos nos saindo muito bem com coquetéis deliciosos. Com amor, Blake & Amy.

"Quanta cascata!", escrevi em meu diário. No dia seguinte, recebi outra mensagem de texto:

> Estamos bem, papai. Telefone é um pouco estranho aqui, mas mensagens de texto funcionam. Te amo de montão, muitos beijos. Diga que me ama.

Vinha do telefone de Amy, mas eu sabia que devia ter sido Blake quem escreveu — Amy nunca teria usado aquele jeito de falar numa mensagem de texto para mim. Mais tarde naquele dia, fui ao cemitério judaico em Rainham, Essex, visitar os túmulos de meu pai, meus avós e meu tio. Fui em busca de consolo, refrigério e paz, o que encontrei.

Infelizmente, as notícias pioraram. No dia 2 de setembro, o *News of the World* publicou mais uma matéria medonha e chocante sobre Amy. Eles incluíram fotos dela que mostravam o que pareciam ser marcas de picos em seus braços, o que sugeria que ela agora estaria usando drogas injetáveis. Devastado, liguei imediatamente para o dr. Ettlinger. Ele confirmou que as marcas nos braços de Amy eram dos cortes que ela teria infligido em si mesma e decididamente não eram marcas de drogas injetáveis. Senti alívio por um momento — sim, as pessoas no mundo inteiro podiam achar que minha filha querida estava usando drogas injetáveis, mas pelo menos não era verdade. Esse era mais um problema que eu sabia que não seria capaz de encarar.

No mesmo dia o *Mail on Sunday* publicou uma matéria sobre os Civil. Eu odiava ir ao jornaleiro todos os dias de manhã e ver o rosto de Amy exposto na primeira página dos jornais. Era como viver numa estufa, com o mundo examinando cada migalha sobre a vida de Amy. Essa, porém, conseguiu me animar um pouco. Em maio de 2007, apenas dias depois que Amy e Blake se casaram, Georgette e Giles tinham sido considerados culpados pelo Tribunal de Primeira Instância de Grantham em Lincolnshire por perturbação da ordem pública e emprego de palavras ameaçadoras e agressivas com a intenção de atormentar, alarmar ou afligir. Relatou o *Mail on Sunday*:

O casal foi considerado culpado pelos magistrados e recebeu uma sentença de um ano em liberdade condicional, depois que o diretor de escola Giles e sua mulher Georgette se envolveram num violento incidente no campo de futebol da escola do lugarejo. Os Civil foram acusados de ameaçar o auxiliar do treinador da equipe de futebol júnior de seu lugarejo, Neil Swaby, e sua mulher Jane. O sr. e a sra. Civil avançaram furiosos até a lateral do campo e passaram uma descompostura no sr. Swaby por ter repreendido seu filho mais novo. E então Georgette atingiu-o no rosto com um punhado de chaves. O casal foi considerado culpado pelos magistrados e recebeu a sentença de um ano em liberdade condicional. Disse o sr. Swaby ao *Mail on Sunday*: "O problema é que Giles e Georgette culpam todos os outros."

Não posso dizer que qualquer parte disso tenha me surpreendido — eu sabia que eles eram pessoas virulentas, e agora todos os que leram o *Mail on Sunday* sabiam também — mas aquilo realmente me fez ficar pensando do que mais eles seriam capazes. Infelizmente, não tive de esperar muito tempo para descobrir.

No dia 3 de setembro, Amy e Blake voltaram de St. Lucia para casa. Mal podia esperar para ver Amy, mas ao mesmo tempo estava um pouco ansioso com o que encontraria. Fui visitá-los no Blakes Hotel em Kensington, sudoeste de Londres. Amy aparentava estar bem, embora um pouco magra. Registrei mentalmente para falar com ela sobre isso — mais uma coisa com que me preocupar. Percebi que recentemente não a tinha visto comer como era seu costume e atribuí o fato às drogas. Enquanto isso, Blake estava com a fala arrastada e um pouco alheio a tudo. Parecia que tinha feito uso de alguma droga.

Vendo-os juntos, não tive ilusões de que pudesse ter havido grande mudança. Senti que era jogado direto no meio da batalha. Tudo em que conseguia pensar era que eu tinha de tomar alguma providência: agir, agir, agir, não importava o que fosse necessário para recuperar minha filha. Estava claro que tudo o que tinha feito até então não funcionara: eu precisava fazer alguma coisa diferente, mesmo que isso significasse ser amável com Blake e dizer a Amy que eu tinha mudado minha opinião a respeito dele.

Quando Georgette chegou, nós concordamos em declarar uma trégua. Talvez em consequência disso, e com Amy e Blake ainda com a disposição das férias, nós tenhamos tido uma conversa mais racional, na qual Amy e Blake disseram que queriam se manter longe das drogas. Fiquei feliz quando eles concordaram em iniciar aconselhamento diário. A felicidade não durou um dia.

Naquela noite, deixamos Blake no hotel, enquanto eu levava Amy para fazer um check-up total com o dr. Ettlinger, em seu consultório em Upper Devonshire Place no West End de Londres. No caminho, recebi uma mensagem de texto de Blake:

> Não sei como lhe dizer como sou grato a você pessoalmente, por você e mamãe terem se reconciliado. É muito positivo e significa muito para mim. Beijos do seu segundo filho, Blake.

Cinco minutos depois ele me enviou outra:

> Vou sempre dar o melhor de mim por Amy, você tem minha palavra. Ela é tudo para mim. Beijo, Blake.

Mostrei as mensagens imediatamente para Amy.

— Tudo bem, vamos lhe dar mais uma chance — disse eu, mentindo. — Ao que parece, essas mensagens me dizem que ele é no fundo um cara legal.

O dr. Ettlinger examinou Amy e disse que ela estava bem, mas reiterou que ela não podia consumir droga alguma, para evitar mais uma convulsão. Ele também lhe disse que ela estava muito magra e precisava ganhar algum peso. Quando saímos, a calçada estava fervilhando com paparazzi.

— Papai, como eles souberam que eu vinha para cá? — perguntou Amy. Abanei a cabeça. Eu não fazia a menor ideia.

* * *

Muita coisa tinha acontecido em apenas dois meses. Nenhum de nós sabia o que fazer para ajudar Amy — parecia que nada que tentássemos chegava a funcionar. Tanto Raye quanto eu pensamos que fazê-la voltar a trabalhar seria a melhor coisa para ela, pois romperia a rotina das últimas semanas. Achamos improvável que compusesse novas canções, não havendo portanto nenhuma razão para tentar forçar um novo álbum, mas ela adorava ter uma guitarra nas mãos e estar com sua banda. Eu sabia que aqueles rapazes não eram usuários de drogas e que seria bom para Amy estar com eles e longe de Blake, por uns tempos.

Antes, naquele ano, Amy tinha sido indicada para um Mercury Music Prize por *Back to Black*, e no dia 4 de setembro acompanhei-a à cerimônia de premiação em Grosvenor House em Park Lane. Ela foi superada pelos Klaxons, mas estava numa forma extraordinária e sua voz estava fantástica quando ela cantou *Love Is A Losing Game*, só com um violão, lembrando a todos — a mim também — de como sua voz era maravilhosa. Fiquei feliz por ver que as drogas não tinham mudado isso. A plateia ficou louca por ela; e, por alguns minutos, pude me esquecer de todos os aborrecimentos recentes.

Ela voltou para nossa mesa, e lhe dei um grande abraço. Não fazia diferença que ela não tivesse ganho o prêmio. Para mim, a expressão no seu rosto enquanto ela cantava e o enlevo mudo dos fãs em todo o salão tinham valido a pena. Quando olhei para ela no palco naquela noite, vi de novo minha menina, dominada por mais nada a não ser sua música incrível. Havia muito amor por ela ali naquela sala. Isso me animou: aquela menininha estava ali dentro em algum lugar — não tinha desaparecido, estava só um pouco perdida. Mas no final de tudo ela voltou para casa, para Blake.

Como se não bastasse esses problemas, Jane estava preocupada com minha saúde. Nos últimos tempos, eu não tinha tido muita oportunidade para pensar em mim mesmo, mas tinha percebido que estava irritadiço e cansado o tempo todo. Qualquer coisinha mínima me fazia explodir. Por exemplo, se estivesse indo trabalhar no táxi e ouvisse que havia um engarrafamento em Trafalgar Square, um local movimentado no centro de Londres, eu simplesmente voltava para casa. Não conseguia aceitar a ideia de ficar parado no trânsito. Qualquer desculpa servia, suponho — afinal sempre há um engarrafamento em Trafalgar Square. Revelou-se que eu estava sofrendo de ansiedade.

Além dessas preocupações, a empresa de Amy precisou cobrir despesas imprevistas, como as contas para o tratamento de recuperação, as férias e as estadas em hotéis que Amy e Blake vinham acumulando. Se isso continuasse, nós teríamos um problema de fluxo de caixa em curto prazo, até Amy receber seu próximo cheque de royalties. É claro que, se isso acontecesse, eu de algum modo conseguiria o dinheiro para pagar as contas médicas de Amy. Eu já estava trabalhando todas as horas que podia no táxi, para ganhar meu sustento; mas, se fosse necessário, pediria um favor a uma pessoa ou duas. Meus amigos nunca me deixariam na mão.

Quando fui ver os contadores de Amy, havia uma conta do Causeway Retreat no valor de 21 mil libras. Essa eu não ia pagar. Ainda estava furioso com eles pelo fato de drogas terem entrado na instituição enquanto Amy e Blake estavam lá. Tinha registrado uma queixa, e eles me prometeram respostas. Enquanto eu não as recebesse, aquela conta permaneceria não paga. (O Causeway Retreat fechou em 2010 depois que a Care Quality Commission [Comissão de Controle de Qualidade de Atendimento] negou seu registro. Em novembro, no Tribunal de Primeira Instância de Chelmsford, a Twenty 7 Management, que administrava a clínica, declarou-se culpada de administrar um hospital sem licença de funcionamento e foi multada em 8 mil libras, além de 30 mil libras de custas. O juiz da comarca, David Cooper, declarou que os padrões da empresa "realmente envergonhariam um país de terceiro mundo".)

Mesmo assim, naquele dia, eu emiti cheques no valor total de 81 mil libras. Apesar do incrível sucesso de *Back to Black*, isso deixava somente 175 mil libras no banco, até a entrada dos royalties; bem longe dos milhões que os jornais diziam que Amy tinha, mas fui informado de que o cheque seguinte seria alto.

No sábado, 8 de setembro, não havia nada nos jornais sobre Amy. Fazia semanas que não se tinha passado um dia em que não houvesse pelo menos uma reportagem sobre ela na imprensa. Foi tão extraordinário que registrei no meu diário — eu tinha até sorrido ao sair do jornaleiro.

Uns dois dias depois, o *News of the World* declarou que Amy estava grávida. Eu só contava a Amy as notícias mais ridículas, e ela praticamente nunca lia nada sobre si mesma. Naquela noite falei com ela ao telefone e demos boas risadas com a matéria do *News of the World*. Depois conversamos sobre Alex, que estava pensando em fazer o exame para tornar-se motorista de táxi. A ideia tinha sido de Amy, e ela se ofereceu para emprestar dinheiro enquanto ele se preparava. Ela quase nunca falava em dinheiro — mas então ouvi a voz de Blake ao fundo, sugerindo-lhe perguntas.

Pela primeira vez na vida, ela me perguntou quando deveriam ser pagos os royalties do próximo disco e dos direitos autorais. Eu lhe disse que estávamos esperando 750 mil libras da Universal. Ela cobriu o fone e transmitiu a Blake o que eu tinha dito.

UM ATAQUE E OS PAPARAZZI • 125

— Papai, quero abrir uma sociedade com Georgette — disse, em seguida. — Quero abrir um salão de cabeleireiro com ela.

— Você deve estar brincando — disse eu. — Depois de tudo o que essa mulher fez?

Eu ainda podia ouvir a voz de Blake ao fundo, passando-lhe o que dizer, e ela retransmitia as palavras dele para mim.

— Peraí, quem ganhou esse dinheiro? Você ou ele? Você sai por aí se matando de trabalhar, enquanto parece que ele só faz planos para gastar seu dinheiro.

Depois disso, ficamos muito tempo sem nos falarmos. A última coisa que eu ia fazer era ajudar Blake a gastar o dinheiro de Amy, não importava qual fosse a destinação dada a ele.

"Amy está me dando nos nervos", escrevi em meu diário naquela noite. "Estou saturado dela!"

9
Dependência profunda

DOIS DIAS DEPOIS, Amy me ligou para perguntar se havia alguma verdade na história de que eu estava tentando controlar o seu dinheiro e manter Blake afastado. Fiquei embasbacado.

— Não — respondi, relembrando-a de que ela era proprietária de 100% de sua empresa e de que minha função era ficar de olho nas coisas, assinar os cheques e proteger seus interesses. Mas não havia a menor dúvida quanto a um ponto: se acontecesse qualquer coisa a Amy, eu não queria que Blake nem Georgette pusessem as mãos em um centavo qualquer do seu dinheiro.

"Amy me perguntou se eu gosto de Blake", escrevi no meu diário naquela noite. "Será que ela perdeu o juízo? Menti e lhe disse que eu simpatizava com ele, mas que sua família era encrencada demais." Ocorreu-me um velho ditado: "Mantenha os amigos próximos; e os inimigos ainda mais próximos."

Eu tinha a impressão de que Blake se sentia ameaçado pelo relacionamento intenso de Amy com a família. Ele se aborrecia com o tempo que ela passava conosco e tentava afastá-la. Sabia o que ele estava fazendo, mas se me pedirem para destacar o momento e o lugar, não teria como identificar. Ele era muito dissimulado.

No dia 14 de setembro de 2007, Amy completou 24 anos. Os aniversários sempre foram importantes na nossa família. Por isso, em torno das 17h, fui vê-la no Blakes Hotel para lhe dar meus presentes. Blake ainda estava na cama — sempre um mau sinal —, mas, como ele estava no outro aposento, Amy e eu aproveitamos nosso tempo juntos e brindamos seu aniversário com chá e biscoitos. Enquanto eu estava lá, Raye ligou e disse que tinha providenciado uma viagem de Amy aos Estados Unidos mais uma vez, no final do mês, para trabalhar com Salaam Remi.

— Ótima notícia, querida — disse eu. — Quantas músicas novas você tem para trabalhar?

Tendo em vista o que vinha acontecendo, não fiquei surpreso quando ela disse que não tinha nada pronto, só algumas ideias. Eu sabia, porém, que ela se inspiraria quando estivesse trabalhando com Salaam.

— Por que não vem com a gente, papai? — perguntou ela.

— Quê? Você, eu e Blake? Vou pensar. — Eu já estava decidido a não ir.

Amy estava com uma disposição excelente e quis fazer compras, só nós dois, na Harrods, em Knightsbridge. Comprei mais presentes para ela — dois pulôveres que custaram 140 libras cada um, uma boa parte do dinheiro que eu tinha ganho no táxi naquela semana — e o passeio foi muito agradável. Mas não sei bem como acabamos nos separando. Eu a procurei pela loja inteira, mas não consegui encontrá-la. Tive a sensação de que o passado se repetia. Ela estava me pregando aquela velha peça de se esconder de mim? Descobri mais tarde que ela pegou um táxi e voltou para o hotel. Quando cheguei lá, encontrei um traficante no apartamento de Blake e Amy. Expulsei-o de lá, mas um dos seguranças do hotel me disse que ele tinha estado lá praticamente dia sim, dia não.

Naquela noite, Raye e eu tínhamos organizado uma festa de aniversário para Amy no Century Club em Soho, Londres. Todos os seus amigos estavam lá, com Alex, Jane, Janis e eu. Quem devia trazer Amy era Tyler, já que Blake tinha resolvido não comparecer, o que me agradou muito. E nós estávamos nos divertindo, apesar da ausência de Amy e Tyler. Liguei para ela umas duas vezes, mas ninguém atendeu. Só recentemente descobri por que motivo.

Tyler sempre passou o aniversário de Amy com ela; e nessa ocasião ele queria ainda mais estar com ela porque estava preocupado com a possibilidade de que, de outro modo, ela passasse o aniversário presa no quarto com Blake. Agora ela quase não saía — era uma preocupação constante com os paparazzi lá fora. Tyler encarava como sua missão estar com ela no seu aniversário de 24 anos e incentivá-la a sair. Ele a encontrou de ótimo humor, talvez decorrente da notícia de que iria aos EUA para gravar com Salaam, e estava feliz na expectativa de sair naquela noite.

Era óbvio que Blake não queria que ela saísse — ele queria mantê-la só para si. Considerando tudo o que vinha ocorrendo, Tyler estava decidido a afastá-la de Blake por uma noite e descobrir diretamente com ela o que estava acontecendo naquele quarto de hotel. Ele estava preocupado desde que Amy se mudou para o hotel com Blake, porque foi nessa ocasião que ela admitiu que estava fumando crack e heroína. Amy tinha prometido a Tyler que ia parar; mas, como ela passava com Blake quase todos os minutos em que estava acordada, era difícil imaginar como poderia cumprir a promessa.

Mais do que o fato de estar confinada no hotel, o que realmente preocupava Tyler eram os telefonemas que recebia de Amy. Amy e Tyler sempre se falaram com regularidade; mas, desde que estava hospedada no hotel, ela ligava para ele duas, três ou quatro vezes por dia. Os dois estavam no meio de uma conversa, e ela de repente desligava. Tyler achava que Amy estava fazendo as ligações sempre que Blake saía —

parecia quase como se ela estivesse em uma prisão. Foi nessa época que Tyler começou a se preocupar com o que Blake estava fazendo.

O táxi chegou e Tyler desceu para esperar por Amy na recepção. Como ela não apareceu, ele voltou a subir ao apartamento. Dessa vez, quando ela abriu a porta, estava chorando. Estava com um lábio ferido e a maquiagem escorrendo pelo rosto. Pediu desculpas a Tyler, mas disse que não ia sair. Tyler perguntou o que tinha acontecido com seu rosto, mas ela lhe disse para não se preocupar. Ele tentou entrar no apartamento, mas Amy lhe implorou que não fizesse isso e o convenceu a ir embora.

Se eu tivesse sabido do que aconteceu naquela noite, teria ido tirar Amy de lá, mas é óbvio que Tyler achou que não lhe cabia me chamar, pois isso teria sido uma deslealdade para com Amy.

No dia seguinte, para alívio de todos nós, Amy e Blake se mudaram de volta para o apartamento em Jeffrey's Place.

* * *

Na quarta-feira, 19 de setembro, era o dia da entrega dos prêmios MOBO* de 2007. Amy e eu deveríamos comparecer juntos, mas na tarde daquele dia Tyler me ligou para dizer que tinha havido algum problema com Blake — Amy estava abalada e Blake não queria que ela fosse à premiação. Enquanto Tyler estava me contando isso, meu outro telefone tocou. Era Raye: ele estava com Amy a caminho do O2 em Greenwich para a entrega dos MOBOs. Ele me disse que Blake tinha ficado em casa e, de modo surpreendente, em vez de ficar com ele, Amy tinha concordado em comparecer à cerimônia. Só pude torcer para que esse fosse um bom sinal.

---

*Os MOBO Awards (Music of Black Origin) são uma premiação destinada à música de origem negra. [*N. da T.*]

Amy estava indicada em quatro categorias naquela noite: Melhor Cantora do Reino Unido, Melhor Apresentação de Rhythm & Blues, Melhor Canção com *Rehab* e Melhor Vídeo com *Back to Black*; e cantou duas músicas. Raye estava seguro de que ela ganharia os quatro prêmios, mas no final só ganhou o de Melhor Cantora do Reino Unido. Mesmo assim, Amy ficou emocionada, do mesmo modo que Raye e eu. Foi maravilhoso vê-la de novo no palco, apresentando-se com prazer, mas acima de tudo fiquei feliz por termos uma noite tão extraordinária sem Blake. Escrevi no meu diário: "Amy não está engolindo todas as bobagens de Blake como costumava engolir. Será que este pode ser o princípio do fim? Espero que seja."

No final daquela semana, Amy, Raye e eu nos reunimos com Lucian Grainge, diretor da Universal no Reino Unido na época, para conversar sobre planos para a carreira de Amy, que incluiriam sua viagem iminente aos EUA para trabalhar com Salaam Remi. Blake quis se juntar a nós na reunião com a Universal, mas eu consegui convencer Amy de que essa não era uma boa ideia. Foi uma reunião positiva, e foi bom tomar conhecimento dos grandes planos que a Universal tinha para recomercializar *Frank* em âmbito internacional a fim de aproveitar o sucesso global de *Back to Black*. Contudo, apesar de positiva, durante a reunião inteira o pensamento de Amy estava em outro lugar.

Na segunda-feira seguinte, Raye ligou: Amy estava desorientada e estava dizendo que não queria ir aos EUA. Quando falei com ela mais tarde, ela me pareceu bem, mas ainda dizia que não queria ir aos Estados Unidos.

— Trabalhar com Salaam vai ser chato, papai — disse ela.

Liguei de volta para Raye, e nós dois concordamos em não fazer pressão, para ver como ela estaria se sentindo dentro de alguns dias. Naquela noite, escrevi no meu diário: "Amy diz que trabalhar com Salaam vai ser chato. Sim, provavelmente para ele! Ela realmente está perdendo a cabeça, graças àquele idiota com quem se casou." Fiquei muito decepcionado por tudo terminar dessa forma. Eu não podia acreditar que Amy estivesse jogando fora a chance de trabalhar com alguém que admirava tanto; mas estava claro que, se quisesse entender a pessoa que minha filha estava se tornando, eu precisava parar de pensar nesse tipo de coisa em termos racionais.

* * *

Algumas semanas mais tarde, Amy e Blake se mudaram para um apartamento moderno no alto de um lance de escadas, num quarteirão onde morava seu amigo e cabeleireiro Alex Foden em Fish Island, Bow, no leste de Londres. Fiz uma visitinha para ver Amy uns dois dias depois da mudança e dei uma espiada no ambiente. Os aposentos eram de bom tamanho, e uma parede da sala principal era toda de vidro. Amy me pareceu um pouco atordoada. Perguntei-lhe se Geoff tinha vindo vê-la e ela disse que sim. De nada adiantava conversar com ela naquele estado. Por isso, depois de uns vinte minutos, fui embora. Sentei no meu táxi, pus a cabeça nas mãos e chorei como uma criancinha. Não importava quais fossem os planos que eu ou qualquer outra pessoa — Raye, seus médicos, seus amigos que não se drogavam — fizéssemos para Amy, eles desapareciam como fumaça, em razão de seu comportamento imprevisível.

No dia 10 de outubro, Amy foi a uma festa na Harvey Nichols' em Knightsbridge para o lançamento da marca de moda das gêmeas Olsen. Como de costume, ela se atrasou; e, quando chegou, Blake estava descontraído, absorto em conversa com a supermodelo Lily Cole. Amy ficou uma fera, berrando com Blake, e os dois tiveram uma grande briga em público. Blake saiu da festa com Lily Cole, deixando Amy ali para enfrentar a situação com coragem. Infelizmente, quando Blake voltou para a festa cerca de três horas mais tarde, ela o perdoou. Quando toquei no assunto, ela tentou minimizar o problema, mas um amigo meu estava na festa, e eu sabia exatamente o que tinha ocorrido. "O que vai ser preciso para Amy ver quem Blake é na realidade?", escrevi no meu diário naquela noite. "Sei que, se ela se afastar dele, podemos começar a resolver o problema das drogas. Não sei mais o que fazer." Até onde eu conseguisse ver, parecia que Blake conseguia se safar com qualquer coisa.

No dia seguinte, Raye ligou e perguntou se eu acompanharia Amy em sua turnê pela Europa, que deveria ter início na semana seguinte. Fiquei feliz por Amy voltar a fazer turnês: na última reunião conjunta que tínhamos feito a respeito dela, todos concordamos que seria bom para ela mais uma vez voltar o foco para a música. Quando estava no palco, Amy sempre se animava a partir da interação com os fãs — se não estivesse sob o efeito de drogas. Eu disse a Raye que iria, mas só se Blake não fosse. Era evidente para mim que Blake era o maior problema de Amy, mas eu não conseguia ver um jeito de impedi-lo de ir na turnê. Para piorar o assunto, Raye me disse que Blake queria levar um de seus colegas também, sendo que o colega seria remunerado para isso. Concordamos que Blake não devia ir e tentamos incentivar Amy a levar Naomi Parry no lugar dele — Naomi era uma das amigas mais sensatas de Amy, e nós achamos que seria uma boa influência. Mas foi inútil. Não foi possível persuadir Blake a ficar em casa. Por isso, ele acabou indo, junto com Naomi e Alex Foden.

A turnê começou mal mesmo antes de Amy e Blake saírem de Londres. Na manhã de domingo, 14 de outubro, quando Raye chegou ao apartamento de Amy em Bow para levá-la com Blake ao aeroporto, os dois estavam sob o efeito de drogas e com a aparência horrível. Ele não conseguiu tirá-los do apartamento, de modo que eles perderam o voo, e a banda viajou sem eles. Por sorte, pegaram um voo posterior para Berlim, e a primeira apresentação na noite seguinte correu bem sob todos os aspectos.

O segundo show, em Hamburgo, transcorreu tão bem quanto o primeiro, mas eu deveria saber que isso era bom demais para durar. Na noite seguinte, recebi um telefonema muito diferente de Raye. Amy e Blake tinham sido presos em Bergen, Noruega. Eles estavam fumando maconha na suíte do hotel, um segurança sentiu o cheiro, e a polícia foi chamada.

Fiz minha mala imediatamente e peguei um voo para a Noruega. Quando desembarquei, a primeira coisa que vi foi Amy na primeira página de quase todos os jornais da Noruega. Ela e Blake tinham passado a noite na cadeia e, depois de se confessarem culpados da posse de maconha e de pagarem multas de aproximadamente 350 libras, tinham sido liberados. Quando cheguei ao hotel, Amy ficou muito feliz de me ver, mas Blake preocupado. Ele não parava de se queixar de como tudo aquilo era injusto — não havia quase nada de maconha.

— Vocês desrespeitaram a lei — ressaltei para ele. — Portanto, precisam estar preparados para enfrentar as consequências.

Eu estava furioso com Amy e deixei bem claro para ela como eu me sentia. Também me preocupava de que modo isso poderia afetar seu pedido de visto. Estava programado para ela ir aos EUA no mês de fevereiro seguinte, mas seria difícil obter um visto com uma condenação por drogas. Aquela não era a hora adequada para abordar o assunto. Antes disso eu iria conversar com nossos advogados. Por ora, o melhor era voltar a concentrar seu foco na turnê.

Apesar de tudo, o show naquela noite foi fantástico, e Amy estava à vontade. Eu estava parado perto da mesa de mixagem e podia ver todos no palco ao mesmo tempo. Vi Dale, o baixista e diretor musical de Amy, fazer seu grande trabalho com a banda e demonstrar para Amy sua alegria, quando ela se voltava para ele. Achei que sua influência sobre ela — no palco e fora dele — era imensa. Ele a estimulava em seu desempenho prevendo de modo brilhante cada movimento dela. Ela correspondia reagindo bem aos assobios e palmas da plateia. Tenho certeza de que ela não fez isso para me agradar, mas eles tocaram várias músicas de *Frank*. Mais para o final da apresentação, Amy levou a mão à testa e espiou por cima das cabeças da plateia.

— Onde está meu pai? Onde você está, papai?

As pessoas se voltaram para olhar quando acenei para ela.

— Estou aqui, querida — gritei.

— Esse é meu pai, pessoal! — Amy exclamou, e eu recebi os aplausos de uma multidão de noruegueses confusos.

Depois dos acontecimentos daquela manhã, porém, eu estava estressadíssimo e, numa das poucas ocasiões em que isso aconteceu na minha vida, bebi cerveja demais. Bem, quando digo demais, não creio que tivesse sido a quantidade, mas o teor alcoólico. Estávamos viajando a noite inteira no ônibus da turnê para chegar a Oslo e, acreditem em mim, passei uns maus bocados. Eu estava com um resfriado terrível e, quando chegamos a Oslo, por volta das 9h30 da manhã, eu ainda devia estar com álcool no organismo porque escorreguei e caí da escada do ônibus, machucando minhas costas.

Amy ficou muito preocupada comigo. Ela se preocupou em me manter bem-alimentado e pediu água quente com limão para mim. Ela detestava quando eu adoecia, e podia ser muito maternal às vezes. E então, de repente, sem ninguém saber por que, Amy declarou que *ela* não estava se sentindo bem e não ia fazer o show daquela noite. Dez minutos depois, Blake foi dar uma caminhada, voltou com só Deus sabe o quê e, pronto, Amy estava se sentindo melhor, e o show foi confirmado. O engraçado era que eles achavam que todos nós não fazíamos ideia do que estava acontecendo. É claro que nada poderia estar mais distante da verdade. Por maior que fosse a frequência dessas ocasiões, eu sempre tinha a mesma sensação: como se levasse um tapa na cara.

Naquela noite o show não foi grande coisa. A voz de Amy estava bem, mas ela não parava de ir ao fundo do palco para dar um beijo em Blake. Ele estava em pé, atrás dos metais da banda de Amy, de tal forma que qualquer um que não tivesse um bom conhecimento talvez pensasse que ele fazia parte da apresentação. Mas a atitude dela não foi nada profissional, e eu detestei ver Amy se comportando daquele jeito no palco. Minhas costas doíam muito, e eu decidi pegar um voo de volta para casa no dia seguinte, mas comentei com Raye o assunto dos beijos, e ele disse que trataria do caso. Voltei para casa, e Amy continuou na turnê; sua próxima parada seria na Holanda.

* * *

Quando cheguei a Londres, fui à GMTV e fiz uma matéria sobre a dependência de drogas de Amy. Não fui específico e não mencionei o crack nem a heroína, mas achei que expor alguns dos seus problemas poderia ajudar não só a mim e a minha família, mas também outras famílias em posição semelhante. Foi incrivelmente difícil fazer isso, e eu sabia que Amy não iria gostar; mas, depois do que eu tinha presenciado na turnê, não conseguia ver outro jeito de avançar, e obtive uma reação muito positiva dos telespectadores.

Daí a alguns dias, falei com Amy. Ela estava programada para voltar para casa no dia seguinte, mas tinha decidido permanecer no continente europeu até o final da semana. Amy soube que eu tinha aparecido na GMTV e ficou furiosa, me condenando com violência.

— Por que você está tão contrariada? — perguntei, quando ela parou para respirar.

— Papai, você disse que se trata da luta de um pai para ajudar sua filha ou coisa que o valha. Não quero que você fale sobre nossos problemas na televisão.

— Que pena — disse eu. — Deixe-me esclarecer uma coisa. Vou fazer o que precisar fazer para tirar você das drogas. Não se atreva a me passar sermão sobre lealdade em família.

Eu estava realmente irritado e, ao fundo, podia ouvir Blake sussurrando para ela. A ligação não terminou bem. Mas Amy deve ter percebido como eu estava contrariado porque me ligou de volta alguns minutos depois, num tom muito mais conciliador.

— Vou ser franco, querida — respondi. — Estou aqui lutando... Nós todos estamos. Só estamos tentando ajudar você. Depois da matéria na GMTV recebi montes de mensagens de pessoas que ligaram, pais dizendo que estavam no mesmo barco que nós, e como o que eu disse os ajudou a se sentirem menos isolados.

E então lhe falei de algo que tinha acontecido naquela manhã, o que a fez rir. O *Daily Star* tinha publicado uma reportagem "exclusiva": "Amy Winehouse diz que sofreu lavagem estomacal e recebeu uma injeção de adrenalina no peito..." Eu tinha ligado para o jornal e explicado que, sim, Amy tinha sido submetida a uma lavagem estomacal, mas isso tinha sido meses atrás, e que ela nunca tinha tomado uma injeção de adrenalina. Eles não se interessaram.

— É, papai, por que deixar a verdade atrapalhar uma boa matéria? — respondeu ela. Foi minha vez de rir.

Na semana seguinte, Amy se apresentou na cerimônia da Premiação Musical da MTV Europeia em Munique, onde ganhou o prêmio de Preferida dos Artistas. Cantou maravilhosamente, e o reconhecimento dos colegas de profissão significava muito para Amy. Portanto, deveria ter sido um momento especial, mas as coisas estavam realmente começando a me pesar. "Muito bem, mais um prêmio", escrevi no meu diário naquela noite. "Pena que ela não consiga um prêmio por abandonar as drogas." Eu estava tentando desesperadamente encontrar uma solução, mas não parava de voltar para o mesmo pensamento: Blake é o problema, mas Amy ama Blake. Com ele por perto, eu sentia que não poderia haver uma solução.

10

Um disco quebrado

APESAR DO SUCESSO de *Back to Black,* e de suas músicas tocarem quase o tempo todo em boates, bares, lojas e praticamente em toda parte, 2007 não foi um bom ano para Amy. Os jornais eram ferozes com ela, e parecia que não havia nada que se pudesse fazer para impedir suas agressões constantes. É claro que tudo cessaria, se ao menos ela parasse de consumir drogas. O pior era que Blake ainda monopolizava sua atenção. Agora, problemas do passado de Blake iam virar a vida de Amy de cabeça para baixo.

Em 2006, Blake e seu amigo Michael Brown estavam bebendo no pub Macbeth em Hoxton, leste de Londres. Administrado por James King, o local era um importante ponto do mundo da música, frequentado por celebridades, Amy inclusive, embora naquela noite ela não estivesse lá. Durante a noite, King tinha expulsado Brown do pub; e, depois que o estabelecimento fechou, Brown foi se vingar. Quando King saiu por volta da meia-noite, Brown investiu contra ele e o derrubou no chão. Blake veio se juntar a ele, pisoteando King repetidamente e dando-lhe chutes na cabeça e no corpo. As lesões de King foram tão graves que exigiram doze horas de cirurgia, com uso de placas e parafusos metálicos para reconstruir seu rosto. Blake e Brown foram presos e acusados de lesões corporais graves (GBH) com dolo. Eles alegaram que não eram culpados, e o caso foi encaminhado para o Ministério Público para ser julgado em data posterior.

Agora, depois de mais de um ano, em novembro de 2007, Blake deveria voltar ao tribunal para enfrentar as acusações. Amy ficou apavorada com a possibilidade de ele ser preso e mudou algumas datas de shows para poder comparecer ao tribunal. Ela se recusava a aceitar que ele fosse culpado, e eu guardei comigo minha opinião, já que, mais do que nunca, eu precisava que ela se sentisse apoiada. E eu acreditava que o melhor para Amy seria se Blake fosse mesmo preso. Àquela altura, essa parecia ser a única forma pela qual conseguiríamos separar aqueles dois e, se tudo desse certo, ajudaria Amy a ver até que ponto ele era realmente um mau-caráter. No mínimo, com ele na cadeia, nós poderíamos ajudá-la com sua dependência sem qualquer intromissão.

Enquanto Amy se preparava para ir ao tribunal, Raye como sempre focalizava a atenção nos aspectos positivos, indo à embaixada dos EUA para tentar obter uma isenção de visto para Amy poder viajar dentro de alguns dias, a fim de aparecer em alguns programas de entrevistas na televisão. Depois de algumas idas e vindas, ele conseguiu autorização, desde que Amy passasse por um teste antidrogas na véspera da viagem marcada. Assim que eu soube disso, senti um desânimo profundo. Aquilo significava que ela não viajaria: não havia como Amy conseguir passar por um teste antidrogas.

No dia seguinte, terça-feira, Amy não passou no exame — mais uma oportunidade tinha sido perdida por causa das drogas. Por sorte, no dia anterior o Writers' Guild of America [Sindicato dos Roteiristas da América] tinha entrado em greve, com isso os programas em que deveria aparecer foram cancelados de qualquer maneira. Pelo menos uma vez, a mídia nos foi favorável e as matérias publicadas sobre o cancelamento da viagem de Amy o atribuíam à greve dos roteiristas.

Muito embora o resultado positivo para drogas não chegasse às manchetes, Amy ficou contrariada, e no dia seguinte pediu para que nos encontrássemos. Sugeri sairmos já que Blake estava sempre por perto, dizendo-lhe o que pensar, dizer e fazer. Fomos ao Hawley Arms em Camden Town, onde insisti que só tomássemos refrigerantes. Amy estava realmente decepcionada por não ir aos EUA, e nem mesmo a chegada do cheque de royalties no valor de 750 mil libras da Universal chegou a animá-la.

Eu me sentia como um disco quebrado. Ela não queria que eu a repreendesse, e eu não queria precisar fazer isso, mas estava simplesmente frustradíssimo.

— É por sua própria culpa que você não pode ir aos Estados Unidos — disse eu. — O que vai fazer a respeito disso?

Ela não conseguia olhar para mim porque sabia que eu estava com a razão, e ficou mexendo num botão da camisa.

— Eu sei, papai — murmurou. Depois olhou para mim, e vi algo nos seus olhos que eu não via fazia um tempo. — Vou tentar, papai. Vou tentar de verdade.

Ela arrastou a cadeira mais para perto, e eu pus um braço em volta dela, enquanto ela descansava a cabeça no meu pescoço.

— Quero ficar limpa, papai. — Eu soube que ela estava falando sério. Não passou muito tempo, e ela se levantou. — Seja como for, papai, vamos parar com essa tristeza.

Quando ela foi ao balcão pegar mais refrigerantes, percebi como estava com uma aparência fabulosa naquele dia. Cerca de meia hora depois, ela se envolveu numa briga com uma garota muito bêbada e acabou lhe dando uns tapas.

Mais tarde, fomos a Soho para comer alguma coisa, mas Amy foi cercada por uma multidão de fãs; e, antes que nos déssemos conta, os paparazzi estavam lá. Acabamos encontrando um bistrô tranquilo e nos sentamos para almoçar, mas éramos interrompidos constantemente por ligações de Blake, querendo saber sobre que assunto estávamos conversando.

Cada vez que ele ligava, Amy lhe contava praticamente toda a nossa conversa, palavra por palavra. Era muito irritante, e perguntei a Amy por que tinha de fazer aquilo. Ela não me respondeu e, para apaziguar, mudou de assunto, dizendo que era possível que Blake se dispusesse a assinar um acordo pós-nupcial. Eu acreditaria nisso quando visse o documento assinado. Perguntei-lhe o que ela faria se Blake fosse preso, e ela disse que precisaria se manter ocupada.

Depois do almoço, pretendíamos fazer umas comprinhas, mas fomos impedidos por fãs e paparazzi. Por isso, deixei-a de volta no apartamento e fui para casa com sentimentos conflitantes. Por um lado, Amy queria ficar limpa. Pelo outro, a presença constante de Blake tornava menos provável que isso acontecesse.

No dia seguinte, fui aos banhos turcos em Porchester Hall. Eu tinha acabado de sair da sala de vapor por volta das 17h30 quando recebi um telefonema de Alex Foden para me avisar que a polícia estava arrombando o apartamento de Amy em Camden. De imediato, pressupus duas coisas: a primeira, que a polícia estava procurando drogas; e a segunda, que Amy e Blake estavam no apartamento em Camden.

Na verdade, a polícia estava à procura de Blake, não de drogas, mas nem ele nem Amy estavam lá. Estavam no apartamento em Bow. Saí às pressas e fui de carro até Bow, onde cheguei por volta das 18h30 e os encontrei. Ainda achando que a polícia tinha arrombado o apartamento de Camden em busca de drogas, comecei a passar um sermão sobre drogas em Amy e Blake, que não estavam me dando ouvidos. Sem ter certeza sobre o que fazer, liguei para meu advogado, que sugeriu que eu os levasse a seu escritório e permitisse que a polícia os prendesse lá.

Enquanto estávamos tentando resolver o que fazer, olhamos de relance pela janela e notamos cinco carros da polícia estacionando diante do prédio, com os paparazzi seguindo-os de perto. Alguns segundos depois, a polícia estava socando a porta, que abri para que entrassem oito policiais à paisana. Eles avisaram Blake dos seus direitos e o prenderam, embora não fosse por nada relacionado a drogas. Eu estava enganado quanto a isso. Eles não tinham nenhum interesse em prender Amy. A acusação contra Blake era de suspeita de obstrução da justiça, que pode resultar numa sentença máxima de prisão perpétua.

— Querido, eu te amo. Vou ficar bem — gritou Amy para Blake, enquanto ele era levado dali, algemado. Ela quis ir com ele, mas os policiais não permitiram. Abracei-a enquanto ela soluçava, mas, quando a porta se fechou, ela se afastou de mim e saiu correndo do apartamento. Da janela, vi Blake sendo posto num dos carros da polícia. Amy se aproximou correndo e socou a janela, gritando. — Vou ficar bem. Eu te amo.

Dali a pouco tempo, Tyler chegou, e nós três nos sentamos para tentar entender o que estava acontecendo. Àquela altura, os detalhes eram muito vagos porque Blake tinha escondido de Amy o que estivera fazendo; mas parecia que ele, preocupado com a possibilidade de ser considerado culpado de lesão corporal grave, tinha tentado subornar King para não testemunhar contra ele e retirar a queixa.

Infelizmente, a confusão não terminou por aí. Por volta das 21h30, naquela noite, Georgette, que tinha sido informada da prisão de Blake, chegou com Giles e um dos irmãos de Blake. Quando abri a porta da frente, ela passou por mim, sem pedir licença, aos berros.

— Você dedurou Blake!

Eu não sabia o que dizer. Giles juntou-se a ela, e os dois me acusaram de armar a cilada contra Blake, inventando a história do suborno. Em segundos, todos estavam gritando ao mesmo tempo, e a sala me pareceu diminuir de tamanho.

— Ei, deixem meu pai em paz — disse Amy, me defendendo.

— Cala a boca, vagabunda — berrou Giles.

Foi a gota d'água. Perdi o controle e o atingi. De repente, todos estávamos brigando, Georgette e Giles estavam distribuindo socos. Então o irmão de Blake me deu um golpe na cabeça com algum objeto duro, e eu caí no chão. Eu estava sendo atacado por eles três.

No meio de tudo isso, Amy gritava.

— Não, não, não, não machuquem meu pai!

De algum modo, acabei por cima dos Civil, prendendo-os no chão. Eu tremia ao falar com eles.

— Se vocês não pararem com isso, alguém vai se machucar aqui hoje; e não vou ser eu.

Enquanto eu tentava mantê-los no chão, acabei com minha calça enrolada nos tornozelos. Pensei, a qualquer instante, os paparazzi vão irromper pela porta e me fotografar com a calça arriada.

Depois que as coisas se acalmaram, Georgette continuou a me acusar de maquinar tudo aquilo para prejudicar Blake. Foi somente no dia seguinte que descobrimos o que de fato tinha acontecido. Mesmo então, Georgette nunca me pediu desculpas. O *Daily Mirror* explicou que tinha passado a detetives a informação sobre a tentativa de Blake de subornar King. Blake e Brown tinham pedido a ajuda de dois amigos, Anthony Kelly e James Kennedy, para atuarem como intermediários e pagar a James King 200 mil libras para que ele não prestasse depoimento. Como parte da investigação do *Daily Mirror*, King foi filmado retirando sua queixa sobre a agressão. Ele deveria ter saído do país antes da audiência, na esperança de que o processo contra Blake e Brown fosse extinto. A questão complicou-se então quando Kelly e Kennedy tentaram vender o vídeo do suborno a um repórter de jornal. Foi uma patifaria só.

À medida que os fatos iam se desenrolando, a imprensa não demorou em voltar sua atenção para Amy. O *Daily Mirror* disse que não havia nenhuma prova que sugerisse o envolvimento dela na suposta tramoia, mas onde Blake e Brown iam conseguir uma quantia tão alta? A especulação era que o dinheiro só poderia ter vindo de Amy. Eu tinha certeza de que ela não tinha nada a ver com a história porque era impossível ela pôr as mãos num valor daqueles sem meu conhecimento, mas o público em geral não sabia disso, e os rumores começaram a circular. O fato de Amy e Blake terem um romance tão exposto ao público e de Amy ser tão apaixonada por ele ajudava a alimentar as chamas.

Mais tarde naquele dia, Raye e eu demos uma passada no apartamento de Jeffrey's Place para ver a extensão dos danos causados pela polícia durante a invasão. Ele estava destruído. Fomos então visitar Amy no apartamento em Bow. Quando chegamos lá, ela estava dormindo e acordou com um humor medonho. Não havia como falar com ela, que acabou por derrubar uma mesa e voltar enraivecida para o quarto. Estava deixando transbordar sua frustração diante dos acontecimentos extraordinários das últimas 24 horas. Raye e eu deixamos Tyler ali para cuidar dela.

Naquele sábado, Amy e eu fomos à audiência de determinação da fiança para Blake no Tribunal de Primeira Instância de Thames. Antes da audiência, conversamos com o advogado de Blake, que afirmou ser provável que o processo por lesão corporal grave fosse extinto, já que James King era agora corréu no caso de suborno. A polícia acreditava que King estivera disposto a aceitar suborno para não depor.

Como era de esperar, não foi concedida fiança a Blake, e ele foi mandado de volta para a prisão de Pentonville, zona norte de Londres. Nosso advogado nos informou que a polícia iria provavelmente querer interrogar Amy, e seu conselho era que nós pensássemos em procurá-los por nossa própria iniciativa.

Quando saímos do tribunal, Amy e eu fomos cercados por paparazzi. Amy estava um pouco chorosa, mas, levando-se em conta o que tinha acontecido, ela se conduziu bem. Senti uma pena desesperada dela — detestava vê-la tão infeliz —, mas em segredo eu estava feliz por Blake não estar perto dela. A ausência dele significava que havia pelo menos uma chance de Amy conseguir se livrar das drogas.

Durante aquela tarde e aquela noite, Georgette e Giles me ligaram muitas vezes. De repente, eles eram meus novos amigos, mas tudo o que queriam era falar sobre o "pobre coitado" de seu filho e do que eu poderia fazer para ajudá-lo. Creio que o que eles realmente queriam que eu fizesse era convencer Amy a pagar por um advogado de primeira linha, mas isso eles não disseram.

No dia seguinte, domingo, Raye e eu levamos Amy para uma reunião com o advogado de Blake, que nos apresentou a outro advogado, Brian Spiro. Brian expôs uma acusação que ele acreditava que a polícia poderia ter contra Amy. Concordamos que queríamos evitar uma prisão com alarde e deixamos Brian encarregado de abordar a polícia e sugerir que Amy estaria disposta a falar com eles. Foi isso o que tinham nos dito no dia anterior, mas ouvi-lo de novo fez com que eu sentisse que tudo aquilo era mais sério do que eu havia pensado.

A perspectiva de falar com a polícia preocupava Amy. O advogado de Blake disse que as acusações contra Blake não pareciam sólidas, e naturalmente isso a animou; mas a nuvem negra de ter de falar com a polícia ainda pairava acima dela. Durante toda a reunião, ela pareceu estar indiferente e terrivelmente cansada. Levei-a para almoçar no Diner em Curtain Road, zona leste de Londres, e ela pareceu se reanimar por um tempo, mas depois foi ao banheiro e vomitou.

— O que está acontecendo, querida? — perguntei. — Você está bem?

— É um remédio que estou tomando, papai. Não... nada disso — disse ela, quando viu minha reação. Amy tinha consultado um médico que lhe prescreveu Subutex, um tratamento de substituição de drogas, destinado a ajudar o usuário a largar a heroína. Ele a tinha feito vomitar. Fiquei aliviadíssimo, e lhe disse como estava orgulhoso dela por assumir o controle.

Depois do almoço, levei Amy para minha casa e passei a tarde com ela e Jane. Não a acordei na manhã seguinte, que passei fazendo pesquisas sobre o Subutex e seus efeitos colaterais.

Quando realmente despertou, Amy quis visitar Blake na prisão de Pentonville. As visitas tinham de ser agendadas com antecedência, e era necessário que uma ordem de visita fosse emitida. Amy ligou para o presídio e foi informada de que Georgette tinha agendado todas as visitas para aquela semana, o que a deixou muito, muito irritada. Por fim, Georgette deu-lhe uma ordem de visita para aquela quarta-feira.

Na quarta, peguei Amy de carro e a levei à prisão, onde permitiram que ela visse Blake. Enquanto eu esperava, fui ao escritório de agendamento e consegui marcar uma visita para a quarta seguinte. Vi que Geoff tinha conseguido agendar uma hora, e me ocorreu que não seria impensável ele tentar trazer clandestinamente drogas para Blake. Não transmiti meus pensamentos a Amy, mas escrevi no meu diário naquela noite: "Ver Amy tão triste é horrível. Mas talvez essa seja a única forma para ela se livrar das drogas. O fato de estar separada de Blake, além da notícia de que está tomando Subutex, me dá uma esperança real no futuro dela."

11
Birmingham 2007

EMBORA AMY E EU fôssemos muito parecidos, éramos totalmente diferentes sob um aspecto: eu sempre acreditei que o show não pode parar; mas Amy cancelou várias apresentações. Um show que foi confirmado quando eu desejava que ele não se realizasse foi o da NIA (National Indoor Arena) em Birmingham na quinta-feira, 16 de novembro de 2007, a primeira apresentação de sua turnê pelo Reino Unido.

Depois de visitar Blake na prisão no dia anterior, Amy estava num estado deplorável: tinha dormido mal e dava a impressão de que tinha chorado. Mas conseguiu se recompor e insistiu em dar andamento à turnê. Pensei muito quando Raye me pediu que a acompanhasse à apresentação em Birmingham. Eu tinha a sensação de que ela não ia ser boa e que eu não queria assistir àquilo. Eu sabia que ficaria perturbado. No final deixei de lado meus sentimentos e concordei em ir.

No ônibus da turnê, Amy estava bem, só que não conseguia parar de falar em Blake. Pelo seu comportamento, parecia que não tinha consumido nenhuma droga, e não bebeu nada enquanto estávamos no ônibus, de modo que as coisas começaram bem. Raye tinha enchido o ônibus com amigos de Amy, para levantar seu moral, e eu percebi como a atmosfera era diferente sem Blake.

Antes do show, entrei no camarim de Amy para lhe desejar sorte, e ela ainda me parecia bem, a não ser pelo seu costumeiro nervosismo antes de apresentações. Apesar dos triunfos do ano anterior, ela ainda não tinha dominado seu pavor do palco. Meia hora depois, quando ela surgiu em cena, a história era muito diferente. Ela não pronunciava direito a letra das músicas e cambaleava de um lado para o outro. Estava evidentemente alcoolizada, e a plateia demonstrou sua fúria. Eles vaiavam e debochavam; mas, em vez de sair do palco, Amy reagiu.

— Antes de mais nada, se estão vaiando, são uns trouxas por terem comprado a entrada — disse ela. — E depois, para todos vocês que estão vaiando, é só esperar até meu marido sair da prisão. Estou falando sério.

Em pé ao lado do palco, eu mal podia acreditar que aquilo estivesse acontecendo. Não parecia que eu estava assistindo a um show de Amy. Eu chorava de soluçar, e não havia nada que eu pudesse fazer.

Depois, eu disse a Raye que a turnê inteira deveria ser cancelada. Ele concordou comigo que esse tinha sido o pior show que ele tinha visto Amy fazer; mas ele esperou até ela ficar sóbria para lhe perguntar o que ela queria fazer a respeito do resto da turnê. Mais de 50 mil ingressos tinham sido vendidos, e o faturamento bruto estava calculado em mais de 1,25 milhão de libras. Se desistisse, Amy ficaria com uma conta alta a pagar.

Quando entrei no camarim de Amy, ela estava dando de presente à mãe de um amigo um relógio de 20 mil libras. Por quê? Porque estava bêbada. Esvaziei o camarim, e a expressão no rosto de Amy me disse tudo. Ela estava péssima. Com todos fora dali, ela começou a chorar, pedindo desculpas pela apresentação e pelo que tinha dito à plateia.

— Me dá um colo, papai — disse ela, como uma criancinha, como se eu de algum modo pudesse consertar tudo outra vez. Dei-lhe um abraço apertado, e ela continuou. — Sou a pessoa mais feliz do mundo por ter minha família. Sou mesmo. — Eu não sabia o que fazer, o que dizer. Eu sabia que passar um sermão ou afirmar o óbvio de nada adiantaria. Eu queria apoiá-la, e simplesmente continuei a abraçá-la.

No dia seguinte, por volta das 4h da tarde, recebi um telefonema da BBC em que me informaram que eles tinham ouvido um boato de que o show de Amy em Glasgow tinha sido cancelado. Liguei para Raye, e ele me disse que o show não estava cancelado, mas que Amy tinha se irritado com todos os paparazzi no aeroporto de Glasgow. O show foi realizado, e Raye me ligou quando estava terminando a primeira sequência de músicas. Ele segurou o telefone para eu poder ouvir o que estava acontecendo.

— Ouve só isso!

A plateia estava enlouquecida por Amy. Eles repetiam sem parar, "Amy, Amy, Amy".

No fim da apresentação, Raye me ligou de novo, e eu pude ouvir a multidão, ainda aplaudindo Amy. Tinha sido um show sensacional, mas o que o tornava ainda melhor era o fato de Amy não ter consumido drogas, nem álcool. As músicas mais emotivas, *Wake Up Alone*, *Unholy War* e *Back to Black*, tinham sido deixadas de lado porque Amy as considerava difíceis demais para cantar enquanto Blake estava preso, o que pareceu ter ajudado. Falei com Amy e lhe disse como estava orgulhoso dela, por ser tão lutadora. Qual foi a resposta de Amy?

— Aaah, valeu, papai.

Alguns dias depois, Amy fez outra apresentação esplêndida, dessa vez em Newcastle, com a plateia novamente repetindo seu nome entre uma música e outra. A melhor notícia daquele dia não foi o show, mas o que aconteceu depois. Raye me ligou para contar que Amy lhe dissera que queria ficar livre das drogas e ir para uma clínica assim que a turnê terminasse. Raye tinha esperança de conseguir tomar alguma providência para que ela pudesse ter ajuda durante a turnê.

Quando finalmente falei com Amy, ela deu a impressão de estar perfeitamente bem e lúcida. Parecia que os bons shows tinham provocado uma reviravolta e lhe dado um novo foco. Ainda assim, ela não conseguia parar de falar em Blake e em sua crença de que ele seria solto mediante fiança. Tentei não contrariá-la na medida do possível, mas achei que ela estava se iludindo quanto ao futuro imediato do marido no que dizia respeito à prisão. Na minha opinião, ele não ia sair de lá tão cedo.

Parte do que tornava tão difícil estar perto de Amy nessa época era a rapidez com que tudo mudava. Ela me disse que tinha parado de tomar Subutex porque ele a fazia vomitar. Dois dias depois, a lucidez tinha sumido da sua voz. Ela me ligou do apartamento, sob o efeito de drogas ou do álcool, dizendo que precisava de "beijos e carinhos", uma expressão que usara na infância.

* * *

As apresentações de Amy estavam melhorando, mas a polícia continuava interessada no que ela sabia a respeito da possível tentativa de suborno. Eles foram a nossos contadores e pegaram extratos bancários. Estavam fazendo pressão para interrogá-la, e mais uma vez fomos aconselhados a procurar vê-los por nossa própria iniciativa. Eles também queriam me interrogar para descobrir se era possível que grandes somas fossem retiradas da conta de Amy sem meu conhecimento, mas eu não estava preocupado com isso: eu sabia que não poderia acontecer.

Eu ainda estava dirigindo meu táxi quando podia e, em todo esse tempo, sempre que algum freguês me reconhecia como pai de Amy, lá vinha a pergunta.

— Como vai? Como vai sua filha?

— Está bem, obrigado — respondia eu, como sempre. — E obrigado por perguntar.

Mas a verdade era que ela não estava bem, nem eu. Todos os dias eram como uma volta na montanha-russa, que nos jogava de cabeça para baixo e nos virava pelo avesso, de tal modo que não sabíamos em que pé estávamos de um momento para o outro. Amy nunca tinha sido caótica antes, mas agora estava.

Na sexta-feira, 23 de novembro, foi negado o pedido de fiança de Blake, e Amy ficou arrasada. Estávamos de novo na montanha-russa.

Talvez eu não devesse ter me surpreendido com o show de Amy na noite seguinte, no Apollo em Hammersmith na zona oeste de Londres, ter saído um pouco decepcionante. Sempre que podia, eu me encontrava com Amy antes de uma apresentação para animá-la e me certificar de que ela estava bem. Antes desse show, fui vê-la no hotel, e o cantor Pete Doherty estava lá. Os dois estavam sentados na cama dedilhando guitarras. Doherty era presença constante no noticiário por conta de farras com álcool e drogas, e eu não queria Amy perto dele. Eu o expulsei. Mais tarde, houve quem dissesse que eu o atingira na cabeça com sua guitarra. Não tenho mais nada a comentar sobre esse ponto, mas ele realmente saiu do apartamento com a cabeça nas mãos.

Naquela noite Amy entrou no palco com meia hora de atraso, e a plateia vaiou um pouco. No todo, ela cantou muito bem, mas houve alguns momentos em que pareceu meio grogue. Achei o show um pouco bagunçado; mas pelo que ouvi dizer, a maioria das pessoas o adorou.

No fundo, não teve importância. Depois de um dia ou dois, Amy me ligou dizendo que queria cancelar o resto da turnê: ela simplesmente não estava em condições emocionais de prosseguir. Falei com Raye, e nós concluímos que cancelar a turnê era a melhor solução. A saúde de Amy era muito mais importante que qualquer turnê, mas o cancelamento só faria sentido se Amy entrasse num programa de reabilitação. Decidi que uma abordagem delicada era necessária e fui lhe fazer uma visita.

Disse-lhe que Raye e eu tínhamos nos falado, e ela pareceu aliviada quando lhe contei que a turnê tinha sido cancelada.

— Você sabe por que estamos fazendo isso, não sabe, Amy? — perguntei. — É porque nós todos amamos você e queremos que você melhore. Sua saúde é mais importante que qualquer turnê. Mas o único jeito de você melhorar é com ajuda adequada.

— Você está querendo dizer "reabilitação", papai. Eu quero melhorar, mas não vou fazer reabilitação. — Ela não estava obstinada, só resignada.

— Estou entendendo — disse eu. — Vou pesquisar algumas opções para você. Tem de haver outras formas de se fazer isso. — Ajudaria se ela conseguisse voltar a compor, pensei. Uma vez que ela se lançasse em alguma coisa, não havia como deter minha Amy. Ficamos um tempo abraçados antes de eu sair.

Quando entrei no meu táxi, recebi a primeira do que seria uma série de mensagens de texto anônimas. Ela dizia: "Você é um panaca pelas coisas que disse sobre Georgette. Cuide da sua filha, seu fdp."

Decidi não mencionar esse texto a Amy.

* * *

Fui à delegacia de polícia e lhes mostrei que não havia nenhuma forma de um pagamento de alto valor ter sido feito a partir da conta bancária de Amy. Quando entrei, estava um pouco nervoso, mas sabia que éramos inocentes de qualquer tipo de delito. Por isso, expliquei como funcionava a contabilidade e as medidas que tinham sido criadas para proteger Amy. Saindo de lá, senti alívio por nem Amy nem eu estarmos implicados.

Sentindo-me otimista quanto ao resultado, fui ver Amy no apartamento em Bow para conversarmos sobre as opções de reabilitação; mas ela estava na cama, e eu não consegui fazê-la levantar-se, porque ela estava sofrendo os efeitos de bebida e/ou drogas. Será que todos os dias seriam assim? Apesar de Blake estar preso e de Amy querer se livrar das drogas, sua dependência era terrível e poderia continuar a ser. Resolvi perguntar aos profissionais o que mais eu e os outros membros da família deveríamos fazer para ajudá-la.

Passei mais ou menos uma hora, perambulando a esmo, tentando entender as coisas e planejando o que faria em seguida para ajudar Amy. O primeiro passo foi marcar uma consulta com o dr. Ettlinger para as 11h da manhã do dia seguinte.

Raye levou Amy à consulta, mas ela não estava muito comunicativa e mal podia esperar para ir embora. Liguei para o dr. Ettlinger e marquei outra consulta para o dia seguinte. Disse-lhe que eu mesmo a levaria e gostaria de estar presente durante a consulta. Também marquei uma hora para Amy com o dr. Pierides, o psicólogo clínico. Nós o veríamos primeiro e depois iríamos ao dr. Ettlinger. Ela compareceu às duas consultas, mas nenhuma se revelou muito produtiva. Embora fosse receptiva ao dr. Pierides, ela simplesmente se fechou quando o dr. Ettlinger começou a falar com ela sobre o mal que ela estava fazendo ao próprio corpo. Ela se recusou a ouvir o que ele tinha a dizer.

Alguns dias depois, liguei para o apartamento de Amy à tarde. Alex Foden estava com ela e me disse que ela passara o dia inteiro dormindo. Embora isso não fosse assim tão incomum naquele período, resolvi ir até lá para me certificar de que ela estava bem. Quando cheguei, Amy estava acordada, mas não muito coerente.

Depois de um tempo, ela melhorou um tanto, e nós conversamos um pouco mais sobre a procura por um estabelecimento voltado para a reabilitação onde ela se sentisse à vontade.

Parecia que estávamos dando voltas sem parar. Quando Amy estava sóbria, ela queria se livrar das drogas. E então ela as consumia e se esquecia de que queria se livrar delas. Para mim, as pessoas que entravam e saíam do apartamento de Bow exerciam uma péssima influência sobre ela, já que estava perfeitamente claro que era alto o consumo de drogas no local.

E havia também as matérias constantes na mídia. Recebi uma ligação de Alex Foden para me dizer que Georgette tinha vendido uma reportagem para o *Daily Mail* por três mil libras. Fiquei furioso — minha filha já tinha problemas suficientes, sem se irritar com a cobertura da imprensa —, mas mais tarde eu descobri que a matéria era sobre Blake e praticamente não mencionava Amy. E então, na primeira semana de dezembro, foram publicadas fotos de Amy, supostamente correndo pelas ruas perto do seu apartamento usando apenas *jeans* e um sutiã vermelho. Como de costume, fiquei fora de mim. Era enorme a lacuna entre o que as fotos insinuavam e a realidade.

O que tinha acontecido era que, por volta das 4 da manhã, Amy quis tomar uma xícara de chá, e um de seus amigos tinha corrido até o posto de combustíveis aberto a noite inteira no início da rua, para comprar leite. O apartamento ficava dentro de um condomínio fechado; e, quando o amigo saiu, deixou o portão aberto por engano. Havia paparazzi do lado de fora, noite e dia, e eles não perderam tempo para se aproveitar do portão aberto. Bateram na porta de Amy; e ela, acreditando ser seu amigo de volta, abriu. Os flashes espocaram — agora eles tinham fotos de Amy de sutiã. Ou seja, ela não estava correndo pelas ruas, de roupa de baixo. Estava apenas abrindo a porta de casa.

Na terça-feira, 4 de dezembro, era meu aniversário. Meu filho Alex me ligou, mas não tive notícias de Amy, e estava saturado demais para me importar. Durante os dias seguintes, houve mais fotos de Amy nos jornais, dessa vez com Pete Doherty. Uma era dos dois em pé do lado de fora do apartamento em Bow, supostamente às quatro da manhã. Poucas horas depois, estava programado para Amy visitar Blake em Pentonville; ela perdeu a visita porque dormiu além da hora. Blake podia ter sido ruim, mas Doherty não era muito melhor — dessa vez senti pena de Blake.

Quando falei com Amy sobre a visita perdida, ela não apresentou nenhuma desculpa. Eu estava sentindo repugnância por ela e não escondi isso.

— Não se pode decepcionar uma pessoa desse jeito. Eu fiquei feliz de sair daquele lugar depois de só meia hora lá, quando fomos visitá-lo. Imagine como deve ser estar preso ali dentro, 24 horas por dia? Seria de esperar que a própria mulher do cara compreendesse isso e se certificasse de comparecer às visitas. — Nem me dei ao trabalho de lhe dizer como eu estava contrariado por ela ter se esquecido do meu aniversário.

Mais tarde ela ligou e me pediu para ir me encontrar com ela no West End. Disse que não queria vê-la porque ainda estava saturado dela. A verdade era que eu agora sentia que a situação era irremediável; e não queria vê-la quando sabia que poderia acabar dizendo alguma coisa errada.

Dois dias depois, Amy tinha uma permissão de visita para ver Blake. Dessa vez, ela fez a viagem, mas chegou lá tarde demais e não teve autorização de entrar. Tive uma reunião com a Outside Organization, a empresa de relações públicas de Amy, para estudar como poderíamos conseguir notícias mais positivas sobre ela. Em retrospecto, agora parece que não nos saímos muito bem.

Logo após a reunião, uma carta aberta de Janis a Amy foi publicada no *News of the World*. Janis não a escreveu, mas aprovou seu teor. Nela, Janis praticamente implorava a Amy que largasse as drogas. Entendi por que ela disse tudo o que disse e sei que não foi totalmente por culpa sua — no dia anterior, tinham lhe passado a informação, possivelmente errônea, de que o *News of the World* iria publicar uma carta aberta de Georgette para Amy — mas aquilo realmente desagradou a Amy. A intenção de Janis era no melhor interesse de Amy, mas esse foi mais um lembrete de que tínhamos de ter muito cuidado em nosso modo de tratar a imprensa. Estava demonstrado como eles podiam ser manipuladores.

* * *

Quando me encontrei novamente com os drs. Ettlinger e Pierides, os dois estavam muito preocupados com a saúde de Amy. Àquela altura, eu ainda estava tentando convencê-la a fazer a reabilitação, mas nada tinha sido resolvido ou efetivado. Ela estava muito magra, e os dois médicos comentaram esse fato. A própria Amy disse que, durante sua visita mais recente a Blake, ele lhe dissera que ela devia tentar engordar um pouco e parar de consumir drogas.

Fui para casa, deprimido. Nem mesmo um telefonema de Raye para dizer que Amy tinha sido indicada para seis prêmios Grammy aliviou meu estado de espírito.

— Eles querem que ela se apresente na cerimônia em Los Angeles no dia 10 de fevereiro de 2008 — acrescentou ele.

— O que ela disse quando você falou com ela? — perguntei.

— Ela ficou bem empolgada, Mitch. Realmente quer fazer a apresentação. Não conseguia acreditar que tinha sido indicada para tantos prêmios. Não a ouvia tão feliz há séculos.

— Peraí, Raye — disse eu. — Ela não vai conseguir o visto, certo?

— Ela diz que vai largar as drogas a tempo.

— Bem, isso não vai acontecer.

Liguei para dar os parabéns a Amy. Ela estava realmente feliz por causa das indicações, e nós acabamos tendo uma longa conversa, uma de nossas melhores havia muito tempo.

— Quem teria pensado, quando você ficava sentada no quarto na Espanha tocando aquele violão, que as músicas que você estava compondo naquela época iriam levá-la a ganhar um Grammy? É inacreditável, Amy.

— Vou lhe dizer uma coisa, papai... — Ela se calou. Pelo menos uma vez na vida, Amy não encontrava as palavras certas. — Sabe o quê, papai? Esse é só o começo. Preciso recomeçar a compor.

Quando desliguei o telefone, pensei: vamos ver, ok? Um passo de cada vez... Ela primeiro tem de chegar lá.

Pouco depois, porém, Amy foi oficialmente declarada suspeita no caso de Blake. Isso se deu porque Blake admitiu que ia pagar 200 mil libras a James King para ele não depor no caso da lesão corporal grave. Era óbvio que Blake não dispunha de uma quantia dessas, e a única pessoa de quem ela poderia ter vindo era Amy. Como já disse, Amy não poderia ter retirado uma quantia dessas da sua conta sem uma segunda assinatura. Portanto, embora me preocupasse com esse último desdobramento, eu sabia que ele não daria em nada.

Como Amy agora era uma suspeita no caso, ela deixou de ter permissão para ter contato físico com Blake: suas visitas tinham de se realizar com uma divisória de vidro entre eles. Amy ficou muito contrariada — eu tinha tentado protegê-la dos detalhes do que estava acontecendo, mas não houve como evitar isso. O advogado de Amy voltou a aconselhar que nós preparássemos uma declaração e a levássemos à polícia, em vez de esperar que ela fosse detida, o que, na sua avaliação, estava iminente. Dois dias mais tarde, ele providenciou para que Amy comparecesse à delegacia de polícia de Shoreditch na zona leste de Londres, onde ela foi detida. É prática comum na lei inglesa que um suspeito seja detido antes de ser interrogado pela polícia; e Raye, que a acompanhara, também foi detido depois de uma altercação com paparazzi do lado de fora da delegacia. Subsequentemente as acusações contra ele foram retiradas. Depois do interrogatório, Amy foi liberada sob fiança sem restrições; e, quando falei com ela mais tarde, ela estava enfrentando a situação muito melhor do que esperava.

Sugeri que ela pensasse em sair de férias com alguns amigos enquanto eu tentava resolver tudo isso. De modo surpreendente, ela concordou e me ligou mais tarde para dizer que gostaria de ir a Mustique com Tyler; depois ligou de novo para dizer que gostaria de levar Juliette e Lauren também. Fiquei feliz e comecei os preparativos.

Tyler era uma boa influência, e eu sabia que Juliette e Lauren simplesmente queriam o melhor para Amy. Elas sempre tinham sido grandes amigas de Amy, mas nos últimos tempos, como discordavam do modo de Amy encarar seu problema com as drogas, o relacionamento entre elas tinha ficado abalado. Suponho que se possa dizer que a solução proposta por elas era um amor implacável. Elas pareciam pensar que Amy deveria ser trancada numa clínica de reabilitação, mas Amy nunca teria concordado com isso. E eu nunca achei que as coisas fossem tão simples. Eu sempre fui favorável à abordagem de apoio, que a encorajasse em seu desejo de largar as drogas, e a reconfortasse durante os tempos difíceis. Repetidas vezes, Amy tinha demonstrado que conseguiria arrumar drogas se quisesse.

Não fazia diferença se minha abordagem ou a delas estava certa. Eu só queria que minha Amy se recuperasse — e estava feliz por ela querer levar os amigos na viagem durante o período de festas. No dia 20 de dezembro, dei a Amy quatro mil libras para a viagem a Mustique. Estava tudo preparado para ela partir em 28 de dezembro com Tyler e Juliette. Lauren acabou não indo.

O Natal logo chegou, e todos nós devíamos ir à casa de minha irmã Melody, para almoçar. Alex Foden estava encarregado de levar Amy, mas às 2h da tarde eles não tinham chegado e meus telefonemas para Amy e Alex Foden iam direto para a caixa postal. Eu tinha previsto que Amy não viria à casa de Mel e supus que ela estivesse dormindo, provavelmente depois de se drogar na noite anterior. Tentei pensar em outras coisas, mas, às 7h da noite, quando ainda não tinha recebido nenhuma notícia, dirigi até seu apartamento em Bow.

Quando bati na porta, não houve resposta, mas espiei pela janela e pude vê-la deitada no sofá na sala de estar. Bati no vidro de novo... nada. Eu estava a ponto de arrombar a porta ou quebrar a janela quando uma das amigas de Amy saiu do quarto. Ela acordou Amy e abriu a porta. Amy não conseguia entender a razão para tanto nervosismo e foi um pouco grosseira comigo. Em ocasiões como essa, tornava-se assustadoramente explícito que ela não fazia ideia da preocupação que causava em todos nós.

Três dias depois, Amy, Juliette e Tyler viajaram para Barbados, onde passaram alguns dias e então seguiram adiante para Mustique. Eu esperava que ela estivesse bem e aproveitasse o período de festas. Eu estava aliviado por outras pessoas agora estarem com a responsabilidade de cuidar dela. Pode parecer uma coisa horrível a se dizer, mas 24 horas por dia, 7 dias na semana, era um peso que estava me exaurindo, quando eu ainda tinha de ganhar meu sustento, ser o marido para Jane e o pai para Alex. Comecei a relaxar — até que recebi um telefonema de uma "transportadora" para dizer que Amy tinha deixado sua mala no aeroporto e que eles precisavam de um endereço para onde remetê-la em Barbados. Até onde os paparazzi são capazes de chegar por uma matéria...

À medida que o ano terminava, uma série de clínicas no mundo inteiro entrou em contato comigo para me dizer que eles podiam ajudar Amy. Cada um afirmava ser a certa para ela. Uma chegou a garantir que seu tratamento livraria Amy da dependência. Passei os detalhes ao dr. Ettlinger, e ele me disse que, embora fosse cético diante de supostas garantias, daria uma olhada no assunto.

Não muito tempo atrás, eu teria descartado todas essas alegações, mas a cada dia as coisas estavam piorando. Era difícil imaginar sobreviver a mais um ano como o último. O que escrevi no diário no último dia de 2007 foi o seguinte: "*Frank*, agora um disco de platina, não significa nada se Amy não melhorar. Queira Deus me ajudar a tornar 2008 um ano melhor para minha filha querida."

12

"Mais uma vez, ela está bem. Obrigado por perguntar"

DECIDI QUE 2008 SERIA o ano em que ajudaríamos Amy a ficar limpa. A heroína e o crack deveriam se tornar coisa do passado. Sabia que todo mundo que se importava com o bem-estar de Amy pensava do mesmo jeito; e, com Blake ainda na prisão, tínhamos uma chance de fazer com que isso acontecesse se nos esforçássemos o bastante.

O dia de ano-novo começou bem, com um telefonema de Amy bem cedo de manhã, de Mustique, onde estava com o cantor Bryan Adams, que ela tinha conhecido em Londres algum tempo atrás. Ela parecia bem e me disse que estava passando por um período muito bom. Contudo, Raye tinha ouvido uma história diferente. Amy disse a ele que queria voltar para Barbados, onde ela poderia ficar com o pai de Salaam Remi, mas Raye a dissuadiu — ele estava convencido de que ela só queria voltar para conseguir drogas. Amy não me contou o quanto estava sofrendo. Sei que ela de fato estava lutando muito em Mustique, mas era uma guerreira e aguentou firme o sofrimento terrível da abstinência. Bryan Adams estava preocupado com o peso dela — ela vomitava muito.

Sua viagem durou cerca de uma semana. Foi aí que Amy decidiu que queria voltar para mostrar a Blake que ela estava livre da heroína, mas não acreditei nela. Era mais provável que ela quisesse voltar para casa justamente para obter mais heroína. Quando chegou, marquei uma hora com o dr. Ettlinger para que ele a examinasse, e ele me disse que, na sua opinião, ela voltaria para as drogas no instante em que conseguisse pôr as mãos nelas. Estávamos de novo na estaca zero.

Nesse meio-tempo, eu soube — não vem ao caso como eu soube — que Amy devia a um traficante 12 mil libras e que ele iria ao apartamento em Bow para cobrar a dívida. Fiz questão de estar lá quando o traficante chegasse e disse, de forma a não deixar dúvidas, que nem eu nem Amy pagaríamos um centavo. Não houve nenhuma discussão, e ele foi embora. Quando Amy descobriu, ficou furiosa comigo porque eu tinha cortado uma de suas fontes de fornecimento.

— Que pena — disse eu. É preciso ser cruel para fazer o bem. Da forma como eu via as coisas, seria menos uma pessoa de quem Amy poderia comprar. Eu descontava minha frustração com Amy e seu comportamento nas pessoas que iam ao seu apartamento, e é provável que tenha gostado até demais de expulsá-las de lá à força. Eu achava que não faria mal nenhum a Amy ver como ela às vezes me deixava furioso.

Como Amy precisava de qualquer distração que pudéssemos lhe proporcionar para se esquecer das drogas, ficamos muito animados com a notícia de que Raye tinha conseguido que ela interpretasse o tema do próximo filme da série Bond, *Quantum of Solace*. Amy empolgou-se muito com isso. Ela tinha gostado de *Cassino Royale*, e começou imediatamente a fazer planos para trabalhar com Mark Ronson, que iria compor a música. Isso era algo de que ela precisava: começar a pensar em música novamente — um projeto para se dedicar. Eu me perguntava como Amy lidaria com prazos e com instruções que teria de cumprir.

A esperança era que pudéssemos fazer aquela distração durar tempo suficiente para mantê-la limpa até o dia do teste antidrogas. O dr. Ettlinger acreditava que Amy estava melhorando, mas decidiu prescrever Valium para ajudá-la a relaxar, o que ela estava achando cada vez mais difícil. Contudo, ele explicou que havia um problema: depois de 15 de janeiro Amy não poderia tomar absolutamente nenhuma droga, incluindo drogas prescritas, se quisesse passar no teste antidrogas que lhe possibilitaria tirar o visto de entrada nos EUA para se apresentar na cerimônia de entrega dos prêmios Grammy no mês seguinte. O teste antidrogas havia sido agendado para o dia 22 de janeiro.

Apesar de não poder tomar nenhuma medicação por apenas uma semana, para Amy parecia que seriam séculos. Eu não sabia se ela conseguiria. A única coisa que me manteve otimista foi uma conversa que eu tinha tido com Tyler. Ele tinha estado com ela durante seu período de desintoxicação em Mustique e estava esperançoso pelos esforços dela para se livrar das drogas. Ele concordou em ficar de olho em Amy.

Na volta para casa, parei várias vezes para que Amy saltasse do meu táxi para comprar doces, um celular e, por fim, peixe e batata frita para nós dois. Ela chegou a comprar porções para os paparazzi que estavam nos seguindo. Todas as vezes era seguida por uma multidão de fãs. Era incrível saber que eles a viam como ela era e não como a Amy que os tabloides tinham criado. Foi muito divertido, e Amy estava no melhor de sua forma. Rimos muito — a certa altura, eu ria tanto que tive de parar o táxi. Amy pulou do assento do carona e foi para trás, como se fosse uma passageira.

— Para onde, senhora? — perguntei por sobre o ombro, entrando na brincadeira.

— Para meu apartamento, em Camden Town, meu bom homem, e não poupe os cavalos.

— Para Jeffrey's Place?

— Ele é meu, não é do Jeffrey — respondeu ela, e eu ri de novo. Essa era minha garota, do jeito que costumava ser antes das drogas. Fui para casa me sentindo otimista pela primeira vez em muito tempo. No final de tudo, era possível que ela conseguisse.

Um ou dois dias depois, Tyler me disse que Amy tinha se drogado. Quando a confrontei, ela admitiu que era verdade e contou que Alex Foden tinha dado as drogas para ela. Fiquei furioso, mas me controlei e não fiz nada a respeito de Foden. No dia seguinte começaria a semana anterior ao teste antidrogas e não havia jeito de contornar isso. Se ela não passasse no teste, não teria permissão para entrar nos EUA. Minhas esperanças esmoreceram mais uma vez quando fui vê-la no apartamento de Bow e, vejam só!, Geoff estava lá de novo.

Na manhã seguinte, Raye apareceu com uma bomba. O jornal *The Sun* disse a ele que tinha fotos e vídeos de Amy consumindo drogas. Mesmo com essa notícia desconcertante, eu tentei ficar calmo: isso apenas confirmava o que todo mundo já sabia.

No dia em que tínhamos agendado o teste antidrogas para os EUA, o *Sun* publicou a história, com fotos de Amy aparentemente fumando crack. Para piorar as coisas, o vídeo tinha sido feito por dois amigos de Blake, que o tinham vendido para o jornal. Imaginei que Amy ficasse arrasada, mas ela sustentou, face a todas aquelas provas, que não tinha sido enganada.

— E eu com isso? De qualquer jeito, todos acham que eu uso drogas, papai.

Depois que a matéria apareceu, fui bombardeado com telefonemas da imprensa. Naturalmente eu queria proteger minha filha e disse que Amy estava em tratamento e que todos estávamos orgulhosos de seu progresso.

Adiamos o teste antidrogas para os EUA até a semana seguinte, mas, com ou sem teste antidrogas, tínhamos de manter Amy focada.

Ela tinha uma apresentação agendada em Cannes, na França, no dia 24 de janeiro; Jane e eu deveríamos ir com ela. Entretanto, por causa das fotos estampadas no *Sun*, Raye e eu nos reunimos com Lucian Grainge, na Universal Records. Ele me disse que não permitiria que Amy se apresentasse. Além do mais, a menos que ela fosse para uma clínica de reabilitação, ele não a deixaria se apresentar na cerimônia do Grammy nem na dos BRIT Awards. Sua preocupação era que Amy se expusesse ao ridículo. Ela podia ter chegado ao primeiro lugar nas paradas da França, da Alemanha, da Espanha e da Itália, mas ele estava apreensivo quanto às repercussões para a Universal.

Aquilo era sério. Embora não estivesse falando sobre a Universal demitir Amy, ele insistiu que ela fizesse tratamento médico numa clínica de reabilitação. Ficou claro que suas intenções eram boas e que, como todos nós, ele só queria ver Amy de volta ao melhor de sua forma para que ela pudesse usar seu talento. Eu já havia passado por tantos problemas com ela no último ano que tinha sérias dúvidas quanto a ela aceitar ir para uma clínica de reabilitação. Lucian, porém, estava inflexível, e me pediu para trazer Amy para uma reunião na Universal à 1h da tarde do dia seguinte. Se ela não aparecesse, eles não aceitariam nenhuma desculpa.

No dia seguinte, fui pegar Amy para levá-la à reunião. É claro que ela não estava pronta, mas depois de muita dificuldade acabamos saindo. Enquanto estávamos no caminho, Raye telefonou para dizer que Amy seria presa por consumo de drogas, por conta do vídeo em que se baseou a matéria do *Sun*. Finalmente chegamos à Universal com uma hora e meia de atraso. Pude sentir a tensão no momento em que entramos na sala. Lucian, Raye, Alan Edwards e Chris Goodman da Outside Organization, o dr. Ettlinger e o dr. Pierides estavam todos lá.

Pelo menos dessa vez, não era um médico que estava conduzindo a conversa, o que talvez tenha sido útil. Severo, Lucian determinou que, se Amy não se internasse numa clínica de reabilitação naquele dia, ele a impediria de trabalhar. Por mais resistente que Amy fosse à ideia, ela não pôde ignorar a ameaça à sua carreira. Com isso, e com o reforço de todos os que estavam na sala, ela concordou, com relutância, em se internar no Capio Nightingale, um importante hospital psiquiátrico particular em St. John's Wood, em Londres.

Naquele dia levei-a de táxi, mas não demorou muito, durante a viagem, para ela começar a mudar de ideia, implorando que eu parasse o carro e fizesse o retorno, jurando que venceria o vício sozinha e que não precisava ir para um hospital. No final, não precisei exatamente arrastá-la para dentro do hospital, mas foi uma luta. Ela se acalmou um pouco; mas, uma vez dentro do quarto em que ficaria, começou tudo de novo e ela ameaçou se matar. Eu não acreditei em nem uma palavra do que ela disse, porque já tinha ouvido aquilo tudo no automóvel, mas os médicos que estavam no corredor entraram apressados no quarto, convencidos, então, de que ela era uma ameaça para si mesma, e me disseram que iriam "detê-la", querendo dizer que ela seria forçada a permanecer no hospital, se tentasse ir embora. Para alguém ser "detido" desse modo, seu médico, psicólogo clínico e a autoridade local em saúde têm de concordar, o que, dado o estado em que Amy se encontrava, eles sem dúvida fariam.

Durante a consulta inicial eu desabei diversas vezes. Que coisa horrível era ver minha menininha naquela situação, mas sabia que ela estava no melhor lugar. Fiquei com o coração partido ao vê-la sofrendo tanto, e tive de enterrar meu instinto natural de pegá-la pelas mãos e levá-la para longe daquilo que a estava deixando apavorada, e dos dias terríveis que ela teria pela frente. Eu sabia que dessa vez não poderia consertar as coisas e que ela precisava passar por todas as etapas do processo de recuperação. Sozinha.

Mais tarde naquela noite, Kelly Osbourne foi vê-la, e eu as deixei sozinhas enquanto voltava ao apartamento de Bow para pegar algumas coisas de que Amy precisava. Quando voltei ao hospital, às 23h, mais ou menos, ela parecia mais centrada, o que foi bom para todos. Eu soube depois que, se ela tivesse deixado a clínica, teria sido presa com base no vídeo do crack mencionado na matéria do *Sun*. Fiquei até que ela adormecesse, dei-lhe um beijinho de boa-noite e fui embora.

Para evitar telefonemas ou pessoas indesejáveis no hospital, criamos um sistema de senha. A senha era "Gordon", sobrenome de solteira de minha mãe. Telefonei para o hospital cedo na manhã seguinte e falei com o dr. Pierides, que disse que Amy tinha tido uma noite tranquila e que eles a estavam sedando para que ela pudesse descansar. Ele achava melhor que ela não tivesse visitas naquele dia.

Descanso era parte crucial do programa nos primeiros dias, e Amy passou um bom tempo dormindo. Em determinado momento, Raye falou com Blake, que, surpreendentemente, disse que estava satisfeito por saber que Amy estava no hospital. Por mais que eu não me importasse com sua opinião, seria importante para Amy ter seu apoio durante a recuperação quando saísse.

A mãe dele, porém, fez tudo, menos dar apoio. Enquanto Amy tentava ficar limpa, um drama diferente se desenrolava em torno de Blake. Mais uma vez não lhe foi concedido direito à fiança. Antes de Amy começar o tratamento, Georgette vivia atrás dela para que pagasse os honorários advocatícios para Blake. Dada a posição de Amy com relação ao caso de Blake, ninguém achou que fosse uma boa ideia. Inúmeros advogados disseram o mesmo. Enquanto Amy continuasse sob suspeita, poderia ser prejudicial ao caso se ela assumisse os honorários dos advogados de Blake. Contudo, Amy queria ajudar Blake, e eu tentei várias vezes dissuadi-la. No final ela concordou, relutante, em esperar até que fosse liberada das acusações antes de pagar as contas de Blake.

Desnecessário dizer que Georgette não gostou nada disso. No domingo, dia 27 de janeiro, foi publicada uma entrevista com Georgette e Giles no *News of the World*. Eles referiram-se a mim como o Controlador Gordo, coisa que achei bem engraçada. O que não foi engraçado foi que me acusaram de tirar dinheiro de Amy. Essas histórias na imprensa não ajudavam em nada, e muitos dos "fatos" publicados naquela época eram imprecisos, para dizer o mínimo.

No final das contas, Amy de qualquer maneira não poderia pagar os honorários advocatícios de Blake. A contadora dela, Margaret Cody, me informou que ela não teria como bancar essas despesas. Claro que o problema financeiro era apenas temporário, já que havia muitos royalties a serem recebidos mais adiante; mas nossa conversa trouxe à tona o fato de que Amy não estava trabalhando. Os royalties estavam entrando, mas não havia nenhum plano quanto ao que aconteceria quando eles deixassem de entrar. Era preciso mudar alguma coisa.

* * *

Eu visitava Amy no hospital sempre que podia. Quando você está lidando com alguém que está se recuperando do vício em drogas, procura por pequenos sinais de progresso onde puder encontrá-los, como quando eu a vi se alimentando. Aquilo me deixou feliz, porque Amy precisava desesperadamente ganhar algum peso.

Depois de apenas alguns dias, ficou claro que havia outros efeitos positivos. Numa de minhas visitas, o dr. Pierides mencionou que estava satisfeito em ver o progresso de Amy, e Amy também estava satisfeita com isso. Ela estava começando a se sentir um pouco melhor e, para minha surpresa, disse que queria permanecer no hospital. Também me disse que queria se mudar do apartamento de Bow, porque acreditava que as pessoas ali eram uma grande parte de seu problema. Acreditei que isso era uma virada para Amy, e o fato de ela ter chegado a essa conclusão depois de tanto tempo me deixou aliviado como não me sentia havia muitos dias, talvez semanas.

No dia seguinte, o dr. Ettlinger telefonou-me para dizer que estavam transferindo Amy para The London Clinic, no West End, não longe da Harley Street, que era lotada de médicos particulares de alta reputação. Ela deu entrada lá para ser reidratada, pois havia perdido muito peso em decorrência de vômitos. O plano era que ela ficasse lá por três ou quatro dias, e depois voltasse para o Capio Nightingale. Fui visitá-la na London Clinic; eu conhecia bem o lugar, pois tinha deixado passageiros lá. A fachada era imponente, mas antiquada, com aquele estilo londrino de tijolinho vermelho, mas eu nunca tinha entrado lá e fiquei impressionado com a arquitetura moderna e despojada de seu interior. Amy disse-me que estava se sentindo muito melhor e que não queria voltar para o Capio Nightingale. Eu disse que ela tinha de voltar, e ela concordou, relutante. Meu maior temor era de que ela voltasse para o Capio Nightingale e depois saísse, o que a deixaria exposta a uma detenção com base no vídeo sobre o crack do *Sun*. A polícia agora estava dizendo que estava disposta a retirar as acusações de drogas contra Amy, desde que ela se dispusesse a dar os nomes das pessoas que fizeram o vídeo, para que fossem presas por tráfico de drogas. Esse, porém, não era decididamente o momento de apresentar esse assunto a Amy.

Apesar do progresso que ela tinha feito, sua saída parecia infelizmente ser uma possibilidade muito real. E se Amy quisesse ir embora, ninguém poderia impedi-la, porque sua melhora era tal que eles não poderiam mais "detê-la". Amy estava se sentindo tão bem que pensava estar curada. Claro, ela estava longe disso. Sabia que, se ela saísse do Capio Nightingale, não demoraria muito a voltar para as drogas. Não havia o que fazer, e parecia que ninguém tinha uma solução. Aquilo estava acabando comigo. As pessoas que eu acreditava terem melhor conhecimento sobre o que fazer, como ajudar

Amy, como curá-la, só podiam ir até um determinado ponto — o resto era com ela.

Um dia saí com Amy do Capio Nightingale por um curto período para que ela se submetesse a um exame clínico com um médico em Knightsbridge, com o objetivo de obter o visto de entrada nos EUA. Correu tudo bem, e Amy e eu estávamos contentes porque ainda havia uma chance de ela participar da entrega dos Grammys. A embaixada americana disse que nos comunicaria sua decisão dentro de 48 horas. Eu mantinha a esperança de que a cerimônia dos Grammys funcionasse para ela. Amy parecia muito melhor, e o dr. Ettlinger me disse que estava muito animado com seu progresso. Amy possuía um poder incrível de recuperação. Levando em conta a quantidade de substâncias venenosas que tinha introduzido em seu organismo, era maravilhoso vê-la melhorar tão rápido.

Alguns dias depois, recebi um telefonema da Segurança do Capio Nightingale, dizendo-me que Geoff tinha contrabandeado drogas para dentro do hospital, que foram colocadas toscamente dentro de um ursinho de pelúcia. O amigo de Amy, Blake Wood, a quem eu chamava de Blake americano, não fazia uso de drogas. Ele foi vê-la logo depois e se certificou de que as drogas fossem removidas imediatamente. Àquela altura, porém, Amy tinha feito uso de alguma quantidade. Fui correndo para o hospital e fiquei com ela a noite toda. Eu estava louco de frustração com a fraqueza dela, mas furioso com o homem execrável que estava disposto a colocar em risco o bem-estar, e até mesmo a vida, de Amy, por causa de uns trocados. Proibi todas as visitas de pessoas que não estivessem numa lista que eu tinha dado ao hospital.

Na manhã seguinte, acompanhei Amy a Pentonville para sua visita a Blake. A cobertura que os jornais fizeram dessa visita foi positiva com relação à saúde de Amy, e foram publicadas algumas fotografias dela sorrindo para as câmeras. No caminho de volta, no táxi, perguntei a Amy o que Blake tinha dito quando ela lhe contou sobre o hospital. Justiça seja feita a Blake — naquele período, ele pareceu dar apoio ao tratamento de Amy.

— Nós não falamos sobre mim, papai — disse ela. — Falamos sobre ele e, então, um pouco sobre nós, você sabe, Blake e eu.

Eu soube então que ela não tinha contado a ele.

Apesar da recaída com as drogas no caso do ursinho de pelúcia, Amy estava progredindo, e todos nós ficamos confiantes de que ela continuaria na direção certa. Mas ainda havia um ponto de interrogação quanto à cerimônia dos Grammys. Nós ainda não tínhamos tido qualquer notícia da embaixada dos EUA sobre o visto de Amy, e, como estávamos correndo contra o tempo, Raye providenciou para que ela se apresentasse em Londres numa transmissão ao vivo para a cerimônia do Grammy. Foi uma jogada inteligente. Não muito tempo depois, soubemos que a embaixada havia recusado o pedido de visto de Amy com base em vestígios de cocaína encontrados no sangue.

De início, Amy ficou chateada: ela queria mais do que tudo se apresentar para seus colegas na cerimônia do Grammy. Ela ficou animada quando expliquei os planos para uma apresentação ao vivo com transmissão direta para Los Angeles, mas continuou muito decepcionada com o fato de que o visto não sairia. Disse que já estava saturada do Capio Nightingale e decididamente queria sair de lá. Consegui que ela ficasse mais um dia, mas foi só isso. Encontrei uma suíte de dois quartos para ela no hotel Plaza on the River, em Albert Embankment, próximo ao Parlamento. Amy gostou do fato de que as suítes eram separadas do hotel, dando-lhe privacidade. Tomei providências para que o Blake americano ficasse lá com Amy, o que a deixou muito satisfeita.

Às 10h da sexta-feira, dia 10 de fevereiro, Raye, Lucian, o dr. Ettlinger, o novo psiquiatra clínico de Amy, dr. Kelleher, Amy e eu tivemos uma reunião no Capio Nightingale, durante a qual foi dito a Amy que não poderia haver nenhuma droga ou não haveria transmissão ao vivo para a cerimônia do Grammy. Amy estava em sua melhor forma. Ela concordou com os termos de sua saída, e Raye e eu a levamos ao Plaza on the River, onde discutimos o plano para a transmissão ao vivo. Antes, Amy ia fazer uma apresentação para convidados e depois interpretaria duas músicas para a transmissão. Ela estava muito animada, e eu vi a Amy de antes surgir pouco a pouco enquanto examinávamos os detalhes. Amy garantiu que não usaria nenhuma droga antes do show. Eu queria mesmo acreditar nela, mas lá no fundo tinha minhas dúvidas.

No sábado, levei minha irmã Melody e o marido, Elliott, para assistir ao ensaio de Amy para a apresentação da noite seguinte. Seu desempenho me deixou arrepiado, pode acreditar, ela não precisava daquele ensaio: ela poderia ter feito a apresentação ali mesmo, naquele instante — estava fantástica, e não havia nenhum sinal de drogas. Jantei com Amy no hotel e com absoluta certeza ela não tinha se drogado, mas realmente bebeu muito, o que me deixou perturbado. Eu esperava que não fosse mais uma coisa com que me preocupar.

A apresentação de Amy para a cerimônia de entrega dos Grammys deveria começar às 23h30, para coincidir com o show ao vivo em Los Angeles, mas eu queria estar lá bem cedo para ficar de olho nela. Cheguei ao local, a Riverside Studios, em Hammersmith, no oeste de Londres, por volta das 18h30. O local tinha sido decorado de forma a lembrar uma boate e ficou sensacional. Passei um tempo com os caras da banda de Amy, que estavam ansiosos pelo show. Quando chegou o momento, Amy estava simplesmente incrível e fez uma apresentação absolutamente brilhante para os amigos e a família. Foi um começo de noite perfeito, e não pensamos no passado.

Por meio de transmissão via satélite, Amy interpretou *You Know I'm No Good* e *Rehab* para nós e para toda a plateia do Grammy, que a aplaudiu e a ovacionou por muito tempo depois que ela havia terminado. Foi realmente um ponto alto, e eu me lembrei do quanto Amy podia ser mágica, mesmo no meio daqueles tempos muito sombrios. Eu tinha visto Amy se apresentar para milhares de pessoas; tinha visto Amy em pequenas boates e auditórios em cima de pubs; eu tinha escutado Amy cantar na minha sala de estar e no banco de trás do meu táxi — mas aquela noite superou tudo aquilo. A apresentação foi eletrizante. Ela estava cheia de energia e de vida, no seu apogeu. Ela sabia disso e se regozijava com isso.

No todo, Amy ganhou cinco Grammys, uma quantidade sem precedentes para uma artista de fora dos EUA — Disco do Ano, Canção do Ano (ambos para *Rehab*), Cantora Revelação, Melhor Álbum Vocal Pop (por *Back to Black*) e Melhor Vocal Pop Feminino.

Quando Tony Bennett anunciou que Amy tinha ganho o Disco do Ano, todos corremos para o palco e nos abraçamos — Janis, Alex, Amy e eu.

— Não acredito, papai — disse ela. — Tony Bennett sabe meu nome.

Em seus discursos de agradecimento, Amy foi doce e simples, falando com muita elegância:

— Muito obrigada. É uma honra estar aqui. Muito, muito obrigada. — E, enquanto a multidão entoava "Amy, Amy, Amy", ela abraçou Janis e eu. — Para minha mãe e meu pai.

Quando ouvi essas palavras, comecei a chorar incontrolavelmente. Minhas lágrimas de alegria não eram apenas pelo seu sucesso, mas também pelo fato de que minha filhinha estava saindo da infelicidade em que tinha estado mergulhada nos últimos seis meses.

A família inteira comemorou até alta madrugada, e chegamos de volta ao hotel às 5h30 da manhã. A suíte estava lotada; fiz um sinal para Amy e lhe disse que tinha de falar com ela em particular. Saímos para o terraço, onde ficamos de pé, tremendo de frio.

— Sabe, meu bem? — disse eu, abraçando-a. — Esta noite não teve nada a ver com os tabloides. Não teve nada a ver com Blake. Nem mesmo com as drogas. Ela teve a ver com você e sua música. Continue assim, e, acredite em mim, vai dar tudo certo.

13
Imprensa, mentiras e um videoteipe

NO DIA SEGUINTE, os jornais estavam repletos do sucesso de Amy na entrega dos Grammys. Alguns chegaram a informar que seu visto tinha sido expedido tarde demais para ela poder viajar para os EUA; em lugar da verdade, que ele tinha sido negado. Sob todos os aspectos, parecia que essa era uma chance para começar de novo.

Não durou muito. Antes que qualquer um de nós tivesse tempo de desfrutar o que estava acontecendo, fomos confrontados mais uma vez com a difícil realidade de que as drogas continuavam a ser um problema constante para Amy. Apesar de minhas instruções aos seguranças do hotel, Amy conseguiu que lhe entregassem drogas em sua suíte, e minhas esperanças de sua recuperação foram despedaçadas. O Blake americano estava lá, mas não conseguiu impedir. O único consolo, se é que se pode chamar isso de consolo, era que Amy não usou uma grande quantidade, e o Blake americano conseguiu jogar pela descarga do banheiro a maior parte da droga comprada. Mas que diferença fazia o quanto ela usou? O fato era que ela ainda era dependente de drogas. Caímos das alturas incríveis da noite do Grammy para mais um fundo de poço. Perguntei a Jane: "É isso que vai ser nossa vida daqui em diante? Altos e baixos, altos e baixos?"

Dizer que eu estava desapontado era pouco; a verdade era que eu estava simplesmente esgotado.

Foi nessa ocasião que recebi um telefonema de Roger Daltrey — ele queria parabenizar Amy por seus prêmios no Grammy. Ele e eu acabamos tendo uma longa conversa sobre a dependência de drogas. Desliguei o telefone me sentindo um pouquinho melhor, porque Roger tinha me convencido de que era possível Amy se livrar das drogas — mas em parte eu continuava preocupado com o que viria em seguida.

Falei com Amy mais tarde naquele dia. Era compreensível que ela não quisesse falar sobre o assunto. Em lugar disso, disse que queria visitar Alex Foden, que tinha entrado em reabilitação enquanto ela estava em tratamento. Ela disse que queria que ele fosse seu secretário particular, quando saísse da clínica. No minuto em que ouvi essas palavras, soube que era o maior papo furado. Secretário particular? Estava mais para parceiro nas drogas.

No dia seguinte àquele em que Amy foi vê-lo, Foden saiu da clínica, e Amy o instalou em sua suíte no Plaza on the River. Incapaz de lidar com o que sabia que estava por vir, o Blake americano foi embora, e eu não o culpei por isso. Com a permanência de Foden, eu sabia que não demoraria muito para haver problemas. E, realmente, alguns dias depois Amy se drogou mais uma vez e, em consequência disso, faltou à visita a Blake na prisão. Fui ao hotel e disse a Foden que ele tinha de ir embora. Concordei que pagaríamos sua conta da clínica de reabilitação se ele voltasse para lá. Amy não ficou assim tão satisfeita, mas no final ele foi para a clínica.

O Blake americano voltou para a suíte; e, mais uma vez, Amy prometeu não usar drogas. Eu disse a ela que suas promessas não valiam nada para mim e que eu só me convenceria de que ela estava dizendo a verdade, se fizesse teste de urina todos os dias. Ela não gostou disso, mas concordou. Ao mesmo tempo em que fiquei animado por ela ter concordado, duvidei que cumprisse o combinado.

Frisei que a cerimônia do BRIT Awards estava cada vez mais perto, e, embora ela não tivesse sido indicada para nenhum prêmio, eles queriam que ela se apresentasse e recebesse um prêmio especial. Expliquei-lhe, porém, que a menos que soubesse que ela não estava se drogando, eu me certificaria de que ela não se apresentasse.

— Eu vou conseguir, papai — insistiu ela. — Veja, mandei até um e-mail para Ronson sobre isso. — Ela me mostrou o que tinha mandado para ele.

ASSUNTO: Meu Deus, como você é feio.
TEXTO: Você vai vir para o BRITS, seu animal, seu animal. Eu preferiria Maud, mas a Madonna não conseguiu sequer passar batida pelas leis de quarentena. Eu fiz de tudo, confie em mim. Sou louca por você.
Levi Levine
P.S. Frank Sinatra é e sempre será Deus.

Dei uma risada.

— Suponho que Maud seja a cachorra dele. E por que você se chamaria Levi Levine? — Mas Amy tinha ido dormir.

Apesar de meus sermões e ameaças, o primeiro exame da urina de Amy confirmou que ela tinha voltado para as drogas. Fiz uma nova advertência sobre o BRIT Awards e lhe disse que aquela era sua última chance. O Blake americano disse-me que ia embora de novo, porque, por mais que se esforçasse, Amy não ia parar de se drogar. Agradeci-lhe o apoio, e uma nuvem negra de desespero se abateu sobre mim. Pelo menos, enquanto ele estava com Amy eu tinha olhos e ouvidos dentro da suíte. Agora tudo podia acontecer sem que eu soubesse. Mais tarde naquela noite, recebi um telefonema desnorteado de Amy. Ela me disse que tinham ligado para ela da prisão para dizer que Blake tinha sofrido um corte.

— Maravilha! Espero que tenha sido na garganta — respondi e desliguei na sua cara.

Nem pensar em minha filha curtindo uma praia do Caribe: era eu quem precisava de férias — dela.

De uma só vez, tudo começou a degringolar. O Blake americano tinha ido embora, e Amy se mudou para Jeffrey's Place, em Camden Town, e começou a se drogar, recusando-se a ir ao hospital. Ela estava aborrecida porque Blake lhe dissera que Georgette tinha uma fita em que eu afirmava que odiava Blake. Uns dois dias depois, a clínica de reabilitação onde Alex Foden estava me disse que Amy tinha mandado um carro pegar Foden, e que ele estava indo embora. Repreendi Amy, mas minhas repreensões caíram em ouvidos de mercador. Seu progresso em manter-se limpa tinha sido interrompido, e ela estava de volta ao estágio em que se encontrava antes de ir para o Capio Nightingale. De uma hora para outra, dois meses de trabalho árduo foram por água abaixo.

A cerimônia de entrega dos BRIT Awards seria no dia seguinte, e eu tinha sérias dúvidas de que Amy estaria lá. Cheguei por volta das 18h30 e fiquei esperando com o coração na mão o momento em que ela apareceria. Ela interpretou *Valerie*, com Mark Ronson, e *Tears Dry*, com sua própria banda. Eu não sabia se ela estava sob efeito de drogas ou não; vi que não se sustentava com muita firmeza. Conseguiu terminar sem nenhum desastre, mas com certeza não foi a melhor apresentação sua que eu tivesse visto.

Phil Taylor, jornalista do *News of the World*, disse-me que o jornal publicaria em sua próxima edição fotos de Amy com contusões e edemas no rosto. "Você gostaria de fazer algum comentário sobre isso?" Eu disse que não, e ri comigo mesmo. Havia pouco tempo, Amy tinha sido diagnosticada com impetigo, uma infecção bacteriana da pele, altamente contagiosa, mas bastante insignificante. Ela não tinha se envolvido numa briga, como Taylor havia insinuado. Entretanto, quando vi a foto no *News of the World*, ela estava realmente com um grande inchaço no rosto. Talvez tivesse se envolvido mesmo numa briga feia. Nunca descobri a verdade.

Como sempre, lá estava mais um tabloide com uma teoria. Dias depois, o jornal *The Sun* publicou uma matéria em que dizia que Amy tinha causado a lesão em seu rosto. Não descartei aquilo, porque eu sabia que, desde que vivia com Blake, Amy tinha provocado ferimentos em si mesma pelo menos uma vez, naquela noite no Sanderson Hotel, embora tivesse parado com aquilo havia algum tempo. Parecia ser uma reação comum à pressão muito forte que ela própria se infligia. Segundo *The Sun*, Amy estava fumando num restaurante e, quando lhe pediram que não fumasse, apagou o cigarro no próprio rosto. Não consegui chegar a tocar nesse assunto com ela. Eu estava no limite de minhas forças.

Numa de nossas ideias mais desesperadas, Raye e eu fomos ver Blake na prisão para lhe pedir que se juntasse a nós num esforço de conseguir que Amy ficasse limpa. Era brincar com fogo, mas estávamos chegando ao fim de nossas opções. Amy precisava querer ficar bem, e Blake era uma das poucas pessoas cuja opinião contava para ela. Tudo o que Blake queria, porém, era falar de seus próprios problemas. Saímos de lá sem saber se ele nos ajudaria.

Blake começou a falar muito mais com Amy, só que isso quase nunca fazia muito bem a ela, e com certeza não era nada sobre ela deixar as drogas. Na verdade, aquele contato pareceu piorar as coisas. Em meados de março, Amy tinha uma apresentação particular marcada numa festa para os executivos da Universal que Lucian tinha trazido de todas as partes do mundo. Naquele dia, passei no Jeffrey's Place para lhe desejar boa sorte, mas, quando cheguei, ela estava mal. Amy tinha conversado com Blake, que a deixou tão aborrecida que ela não queria mais se apresentar.

Enquanto estive lá, Amy falou ao telefone com ele várias vezes por no mínimo duas horas. Nunca consegui entender como um prisioneiro tinha permissão para dar tantos telefonemas; parecia que ele podia usar o telefone sempre que quisesse. No final, graças a Blake, Amy cancelou a apresentação e arruinou a festa para todas aquelas pessoas que tinham atravessado meio mundo para vê-la. Ela deveria ter feito o show, não importava o quanto Blake a tivesse deixado contrariada — era responsabilidade dela cumprir suas obrigações, e eu lhe disse isso, furioso.

Durante uma visita, Blake disse a Raye que queria se divorciar de Amy. Se ao menos tivéssemos essa sorte! Mas era tudo conversa fiada — ele não queria o divórcio, queria apenas fazer drama. Era sua maneira de chamar a atenção. Eu sempre sabia quando Amy andava falando com Blake; porque, na maioria das vezes em que ela tocava no assunto de dinheiro, ele estava por trás. A mim parecia que as ideias de Blake tinham uma única coisa em comum: seria ele quem levaria a melhor.

* * *

No fim de março de 2008, Amy mudou-se de Jeffrey's Place para uma casa bem perto dali, em Prowse Place. Espontaneamente, ela anunciou que queria encontrar uma forma de abandonar as drogas, e rápido. Eu não acreditava no que estava ouvindo! Tinha esperado tanto tempo por aquele momento!

— Certo, certo, escute — eu disse. — Tenho alguns prospectos na mala do carro lá fora. Vou descer e pegar todos eles. Você pode ir para qualquer lugar do mundo, qualquer lugar que você queira.

— Espere um pouco, papai. Não vou pegar um avião ou um navio para ir a uma clínica de reabilitação... Bem, eu poderia ir para Osea Island.

Caí na gargalhada, até ela me interromper.

— Quero fazer a desintoxicação e a fase da retirada aqui.

— Aqui? — exclamei, atônito. — Você enlouqueceu? Em casa?

Eu sabia que isso traria inúmeros problemas, mas era escolha dela. Às 7h do dia 31 de março, o dr. Ettlinger, sua assistente, a dra. Christina Romete, o dr. Kelleher, Raye e eu nos reunimos com Amy em sua casa para conversarmos sobre a desintoxicação. Não seria fácil, mas Amy estava confiante de que conseguiria.

Amy deveria começar seu programa de substituição da droga no dia 2 de abril de 2008. Duas enfermeiras, Sandra e Brenda, trabalhariam em turnos para administrar a medicação. O tratamento teve um início terrível: Brenda me telefonou para dizer que não podia administrar a droga porque Amy tinha usado outras; se ela usasse heroína naquele dia, também no dia seguinte não poderia receber as drogas de substituição. No dia seguinte, foi a mesma história: Sandra me telefonou dizendo que não poderia administrar as drogas de substituição porque Amy tinha fumado heroína na noite anterior. Amy disse que não estava satisfeita com Sandra, provavelmente porque Sandra estava fazendo um bom trabalho e sendo severa com ela, mas Raye e eu procuramos outra enfermeira. Amy precisava ficar totalmente sem drogas por doze horas antes do início do tratamento — o que significava esperar mais um dia para que pudéssemos começar de novo. A grande recuperação de Amy parecia ter acabado antes de começar.

Para complicar ainda mais o programa de tratamento, havia o fato de Amy ter de iniciar seu trabalho no tema musical do novo filme da série Bond com Mark Ronson. Ela não tinha estado com ele no estúdio desde que trabalharam juntos em Nova York, em dezembro de 2006. Mark deveria compor a música para o tema de *Quantum of Solace*, e Amy, escrever a letra. Mas, quando chegou a data para começar o trabalho, na segunda semana de abril, ela não estava em condições para isso. Depois de ter faltado a compromissos marcados com Mark no estúdio, ele disse que não queria trabalhar com Amy enquanto ela estivesse se drogando, e que era preciso fazer alguma coisa.

O estúdio em que Amy e Mark deveriam trabalhar na canção do filme ficava em Henley, Oxfordshire, e pertencia a Barrie Barlow, que tinha sido no passado baterista da banda de rock progressivo dos anos 1960/1970, Jethro Tull. O estúdio ficava no terreno da casa de Barrie. Ele era autossuficiente e tinha dois quartos, cozinha e banheiro no andar de cima, com o estúdio no andar de baixo — ambiente perfeito para Amy e Mark trabalharem. Mas não conseguíamos que Amy fosse para lá.

Quando já estava esperando havia quatro dias que Amy aparecesse no estúdio, Mark começou a dar sinais de que queria voltar para os EUA, o que teria significado para Amy o fim do trabalho para o filme de Bond. Ele era compreensivo, mas não ficaria à disposição para sempre — por que deveria ficar?

Amy parecia incapaz de sair de casa. Havia sempre uma desculpa para não ir ao estúdio; as drogas pareciam absorvê-la por completo. Quando não estava drogada, ela continuava apaixonada por sua música como sempre tinha sido, mas esses momentos ocorriam a intervalos cada vez maiores.

Na terça-feira, dia 8 de abril, Amy finalmente chegou a Henley. Falei com Raye, que estava com ela, e ele me disse que ela e Mark tinham começado a trabalhar. Disse ainda que Amy não tinha usado droga alguma e que uma enfermeira estava indo para administrar as drogas de substituição. Ela podia ter ficado sem drogas, mas dentro de horas os sintomas de abstinência a estavam deixando irrequieta e incapaz de trabalhar. Uma enfermeira e um médico estavam com ela; o médico deu-lhe diazepam para ajudá-la a dormir e trocou a droga de substituição metadona por Subutex, que começou a ser tomada na manhã seguinte.

A combinação pareceu ajudar. No dia seguinte, Amy tinha uma reunião com uma produtora do filme de Bond, Barbara Broccoli. Eu não estava lá, mas, segundo Raye, as duas sentiram uma simpatia mútua imediata e "Amy conseguiu deixá-la encantada".

Na sexta-feira fui ao estúdio de Henley e encontrei David Arnold, que estava compondo a trilha sonora para o filme. Ele me disse que todo mundo, inclusive Barbara Broccoli, estava muito animado de Amy estar escrevendo a canção, e ele estava louco para trabalhar com ela. Eu tinha levado para Amy alguns de seus pratos preferidos da culinária judaica: salmão defumado, bolinhos de peixe, *bagels*, iscas de fígado e ovo com cebolas. Ela estava dormindo no andar de cima quando cheguei e, quando acordou, a primeira coisa que fez foi fumar crack, segundo me disseram. Como aquilo tinha acontecido?

— Ela é muito dissimulada, Mitch. Nós nem sabíamos que tinha trazido drogas para cá.

Subi as escadas e tentei pôr algum juízo em sua cabeça, mas foi perda de tempo. Quando estava sob o efeito das drogas, ela ficava tagarelando sobre o que lhe viesse à cabeça. Era doloroso de ver e pior ainda escutar. A certa altura, Amy me disse para cancelar um negócio que lhe tinha sido proposto para patentear um perfume que levaria seu nome.

— Não quero prejudicar minha credibilidade — disse ela, sentada ali, no barato do crack.

— Prejudicar sua credibilidade? O que você acha que fumar crack está fazendo com sua credibilidade?

Era uma conversa impossível. Saí feito um furacão, com Amy gritando para que eu voltasse. Fiquei deprimido como nunca tinha ficado na vida. Eu não achava que Amy fosse morrer, mas simplesmente não conseguia ver uma saída para aquilo. Você não se torna especialista em nada da noite para o dia, e eu ainda estava aprendendo como lidar melhor com dependentes de drogas. De um jeito ou de outro, eu tinha de acelerar meu processo de aprendizado.

A forma como Amy mudava de um dia para outro me deixava pasmo. Na noite seguinte, Raye me telefonou do estúdio para dizer que ela e Mark tinham tido um dia realmente proveitoso. Disse ainda que ela tinha conseguido tomar o Subutex, já que estava sem droga alguma havia doze horas. Quando chegou a hora da próxima dose, porém, ela não pôde ser medicada, pois, de novo, tinha feito uso de outras drogas. Resultado: apresentou sintomas de abstinência, e todo o processo teve de começar mais uma vez.

Naquele domingo, dirigi até o estúdio em Henley para encontrar Amy na cama. Estava imunda e com síndrome de abstinência. Consegui levá-la até o chuveiro, percebendo mais uma vez o quanto estava dolorosamente magra. Se Amy tivesse morrido naquela época, eu não teria ficado surpreso em absoluto.

Coloquei-a de volta na cama e fiquei com ela até que pegasse no sono. Sentado numa cadeira perto de sua cama, caí em desespero. Eu já não sabia o que fazer. Se ela consumisse drogas, não poderia tomar o Subutex por doze horas. Se não tomasse o Subutex, começariam os sintomas de abstinência, o que a levaria a usar mais drogas. Um terrível círculo vicioso.

No dia seguinte, Amy pareceu-me melhor quando nos falamos ao telefone. Disse-me que estava trabalhando, e determinada a vencer a heroína sem o Subutex. Duvidei de que conseguisse, mas a encorajei o quanto pude. Ela disse que estava com saudade de mim.

— Eu também tenho saudade de você, meu bem. Estou ao seu lado sempre que você quiser, você sabe disso, e estarei sempre. Por que você está chorando?

— Sinto falta de um filho, papai — respondeu.

— O quê? De onde veio essa ideia?

— Estávamos num bar, antes, eu e alguns dos rapazes, e havia um bebê, e eu o segurei. Ele era uma gracinha, papai, e isso simplesmente me fez sentir... Compreende?

Eu compreendia, sim. Amy sempre adorou crianças, e elas sempre adoraram Amy, mas eu não esperava isso. Disse-lhe que seria muito difícil para ela ter um filho, enquanto ainda estivesse usando drogas — ela parou de menstruar quando ficou com o metabolismo totalmente desequilibrado. Não era apenas isso, não seria justo com o bebê, que poderia nascer dependente de heroína.

Aquela conversa me encorajou a acreditar que finalmente ela tinha encontrado um motivo para se livrar das drogas. Na época eu não soube, mas essa conversa foi o começo de uma enorme virada para Amy: era de fato o início do fim das drogas. Amy queria ter filhos, e o que eu disse fez sentido para ela. Sim, haveria recaídas e tempos difíceis à frente, mas, daquele dia em diante, o tom era diferente. Amy agora estava no difícil e lento caminho para se livrar das drogas.

Nesse meio-tempo, Mark Ronson tinha terminado a música para a canção: tudo o que Amy precisava fazer era compor a letra. Contudo, como não conseguia se concentrar na canção do filme, ela deixou Henley e voltou para Prowse Place, onde sua primeira visita foi Geoff. Realmente um lento caminho.

* * *

Mais para o fim de abril de 2008, houve uma série de incidentes em bares, quando Amy se envolveu em discussões e acabou agredindo alguém. Eu estava em Tenerife com Jane, quando Amy telefonou para dizer que tinha estado num bar em Camden Town jogando sinuca, quando começou uma discussão entre ela e um homem sobre quem seria o próximo a usar a mesa. Aparentemente o homem a ameaçou, e ela deu um tapa nele. O homem deu parte dela à polícia. Em outra ocasião, dessa vez no Dublin Castle, outro bar em Camden, um homem deu um beliscão no traseiro de Amy, e ela o acertou. Bem merecido, pensei. Mas era a última coisa de que precisávamos, uma vez que a polícia ainda estava de olho em Amy por conta do vídeo do crack do jornal *The Sun*.

Eu disse a ela para voltar a Henley e continuar com o trabalho, mas ela resistiu: tivera problemas com Mark Ronson. Não culpo Mark por nada disso, porque lidar com Amy quando ela estava sob o efeito de drogas nunca foi fácil. Ela alegava que já tinha três canções, letra e música, que considerava adequadas para o filme, mas, é claro, essa não era a encomenda. Sua parte era fazer a letra, e Mark, a música. Mark tinha escutado as canções e não achou que estivessem boas.

— E daí? — perguntei. — Vocês tiveram uma diferença de ponto de vista artístico. Volte a Henley e resolva isso com Mark antes que seja tarde demais.

— Está bem, eu vou — respondeu ela.

Na manhã seguinte, os jornais estavam cheios de reportagens sobre a briga de Amy. Parecia que tinha havido mais de um incidente violento, e Amy também tinha dado com a cara num poste. Pelas fotos, ou ela tinha dado com a cara num poste ou tinha sido agredida com muita violência. Outra matéria dizia que Amy tinha sido expulsa de uma boate por estar, supostamente, consumindo drogas. Peguei o primeiro avião que consegui e voltei para casa, deixando Jane em Tenerife.

Quando cheguei, Amy estava andando de carro com Geoff e sendo perseguida por paparazzi. Enquanto isso, os jornais estavam cheios de histórias sobre a suposta separação de Amy e Blake. Dias antes, eu tinha recebido um telefonema de um repórter do jornal *The Sun* a respeito disso. Blake tinha tido uma audiência para estipular a fiança, mas Amy não pôde comparecer, porque tinha de ir à delegacia por causa de acusações de agressão. Parece que uma garota tinha ido ao tribunal e ficou o tempo todo jogando beijos para Blake. Ao que me fosse dado saber, ela bem poderia estar trabalhando para um jornal e fazendo aquilo para alimentar a história da separação.

No dia em que ia prestar depoimento sobre as acusações de agressão, Amy chegou com duas horas de atraso à Delegacia de Holborn, o que não caiu nada bem. Como se isso não bastasse, ela não estava sóbria. A polícia considerou-a sem condições de responder às perguntas e fez com que passasse a noite na delegacia. Não a colocaram numa cela. Na verdade, compraram chocolates e refrigerantes para ela, e foram muito gentis. Quando finalmente foi interrogada, na presença de seu advogado, foi-lhe dito que, se admitisse a agressão, seria liberada com uma advertência, e foi o que Amy fez.

Como de costume, fiquei sabendo de todas as notícias por intermédio de Raye, e estava digerindo aquilo tudo quando meu outro telefone tocou. Era Phil Taylor, do *News of the World*, perguntando o que eu achava do relacionamento que Amy estava tendo com o assistente de Raye, Alex Haines. Fiquei atordoado. Perguntei a ele de onde surgiu aquilo, e ele respondeu que obteve a informação do próprio Alex Haines, que queria vender uma matéria.

Durante semanas, a imprensa vinha enchendo os jornais com matérias sem sentido de pessoas que nem mesmo conheciam Amy — houve relatos falsos de que ela estaria contrabandeando drogas para Blake em Pentonville, e uma reportagem incrível sobre eu ter passado sete anos preso, quando jovem. Quando contei essa à minha tia Rene, ela disse: "Alguém da sua família poderia ter notado que você não estava por aqui por sete anos."

E então os jornais se encheram de notícias de Amy de uma só vez. Surgiram histórias sobre sua detenção, sobre a audiência da fiança de Blake e a garota jogando beijos para ele, sobre Amy e Blake estarem se separando e sobre o relacionamento de Amy com Alex Haines, o que, a propósito, era verdade.

Não fiquei aborrecido com Alex Haines. Afinal de contas, eu achava muito melhor que Amy estivesse com ele do que com Blake. Raye estava furioso, o que era compreensível, pelo fato de um de seus funcionários ter feito uma coisa daquelas. Ele veio de Los Angeles e demitiu Alex Haines. Quando contei a Amy o que tinha acontecido, ela ficou um pouco envergonhada; mas, como viu que eu não estava chateado, se abriu: tinha sido mais um casinho do que um relacionamento, e ela não estava mais saindo com Alex.

Resultado: Raye decidiu cancelar o trabalho do Bond, bem como tudo que estava agendado para o futuro próximo. Concordei com isso, e ele deixou para mim a tarefa de comunicar isso a Amy. Ela ficou muito aborrecida, mas eu também estava aborrecido.

— Você sabe de quem é a culpa disso, não sabe? É sua. E lhe digo mais. Se você quiser voltar a trabalhar, vai ter de largar essa vida de drogada.

— Papai, você não pode conversar com Raye? Eu quero de verdade fazer esse lance do Bond.

— Olhe — suspirei —, se você se comportar nos próximos dias, vou ver o que faço. — Pensei no que estava por vir naquela semana. — E outra coisa, não se esqueça de que você vai se apresentar ao conselheiro para drogas da polícia no fim desta semana e que, se não for, vai acabar na cadeia.

— A polícia só está me intimidando para me forçar a ir, papai.

— Besteira — disse eu. — Eles não poderiam ser mais atenciosos ou solícitos para com você.

Ela concordou em tentar ao máximo, e eu disse que falaria com Raye, que tentaria persuadi-lo a esperar um pouco, antes de cancelar o compromisso com o filme de Bond.

Amy realmente se comportou nos dias seguintes, e no dia 29 de abril fui pegá-la em Prowse Place para levá-la a Henley, para ela continuar com a canção de Bond. Quando cheguei, a casa estava cheia de inúteis, parasitas e traficantes. Botei todo mundo para fora, sob os protestos de sempre de Amy — "Não, papai. Não, papai. Não, papai" —, que eu ignorei. Como um dos parasitas ficou um pouco

Minha mãe e meu pai, Cynthia e Alec, no apartamento em Rectory Road, Stoke Newington, em 1953. Amy não chegou a conhecer o vovô Alec, pois ele morreu antes de ela nascer. No entanto, a sensação era de que o conhecia de minhas histórias, e seu estilo sem dúvida exerceu alguma influência sobre o amor que Amy tinha pelo retrô.

Acima: Eu, aos 6 anos, com minha mãe. Amy adorava-a tanto quanto eu. Passávamos muitas horas escutando jazz juntos – hábito que minha mãe mais tarde repetiu com Amy.

Abaixo: Um pai coruja e a filha querida. É provável que eu tivesse acabado de acordá-la ao chegar do trabalho, para grande irritação de Janis.

Acima: Janis e eu ficamos noivos em 1975. Ela lembra alguém?

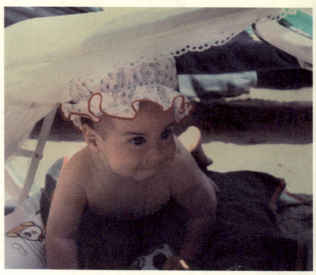

Acima à esquerda e à direita: Amy foi um bebê encantador, sempre sorridente e feliz. Mas, quando não estava feliz, deixava isso bem claro. Desde tenra idade passeávamos com ela, e Amy imediatamente adorou a praia.

Amy com sua fã mais ardorosa, minha mãe.

Amy na Espanha, aos 3 anos. Tudo que usava tinha de ser cor-de-rosa.

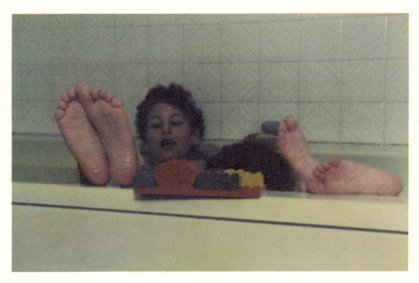

A hora do banho das crianças era um emaranhado de braços e pernas, e o piso do banheiro ficava sempre alagado.

Acima à esquerda e abaixo: Alguns desenhos de Amy da época da escola: Amy com as amigas Juliette e Gemma. Por que motivo não usou a cor certa para seu próprio cabelo não sei. Sempre gostei de seu hábito infantil de usar um coração como pingo do i.

Acima: Meus dois queridos: Alex e Amy, com o uniforme da escola primária de Osidge. Alex sempre cuidou da irmãzinha.

Acima: Amy, orgulhosa do irmão Alex, em seu *Bar Mitzvah*, 1992.

Acima: Amy em Camber Sands, 1988 – um raro momento em que ficou parada tempo suficiente para ser fotografada por mim.

Fotografia da turma de Amy em 1994. Sei que, por ser seu pai, seria de esperar que eu dissesse isso, mas ela sobressai tanto nessa foto. Talvez por estar no centro e olhando com muita intensidade para a câmera.

Na casa de minha mãe, com Alex e Amy, 1995. Um momento tranquilo pouco antes do jantar das sextas-feiras.

Amy produzida para uma de suas primeiras apresentações. Seu talento para a maquiagem sem dúvida se aperfeiçoou com o tempo.

Amy no set do clipe de *Back to Black*, 2007. Estava um frio terrível naquele dia. Precisei ir até lá para entregar-lhe um casaco entre uma tomada e outra. Este é o visual pelo qual a maioria dos fãs de Amy no mundo inteiro se apaixonou. (© Alex Lake)

Amy pouco depois do lançamento de *Frank*, ainda tocando guitarra enquanto se apresentava no palco, 2003. (© DAVID BUTLER/ REX FEATURES)

Amy cantando *Valerie* com Mark Ronson, na entrega dos BRIT Awards 2008. (© PRESS ASSOCIATION IMAGES)

Amy sob os holofotes. Interpretando *Rehab* na entrega dos BRIT Awards 2007. (© PRESS ASSOCIATION IMAGES)

Amy no Pyramid Stage em Glastonbury, 2008. (© Press Association Images)

Amy recebe seu segundo Ivor Novello por *Rehab*, 2007. (© Press Association Images)

Amy, comigo e Janis, recebendo o seu terceiro Ivor Novello em 2008. Para ser exato, fui eu que recebi esse, porque ela se atrasou. (© Getty Images)

Amy com todos nós – Alex, Janis, Jane, eu e minha irmã Melody – na transmissão ao vivo da entrega do Grammy, 2008. (© Richard Young)

Amy, em um dos meus shows, outubro de 2010. Foi nessa noite que ela se juntou a mim no palco e ficou ao meu lado enquanto eu cantava. (© Opticphotos.com)

De mãos dadas com minha linda filha. Foto tirada pelos paparazzi quando saíamos de um hotel no centro de Londres. Sempre tive muito orgulho de ser visto com ela, principalmente quando estava tão encantadora como nessa foto. (© Opticphotos.com)

Amy e eu cantando juntos numa festa em família em 2010...

... e depois fazendo um dueto com *Fly Me to the Moon* no Pizza on the Park, junho de 2010. (© Opticphotos.com)

No estúdio, gravando o vídeo para *Body and Soul* com Tony Bennett, março de 2011. (© Press Association Images)

Amy com Katie, filha de meu amigo, no 100 Club, Oxford Street, junho de 2011. Ao que eu saiba, essa está entre as últimas fotos em que Amy aparece. (© Paul Sassienie)

A pior semana de nossa vida. Com Alex, Reg e Janis, visitando Camden Square e lendo as belas e comoventes homenagens deixadas para Amy, 25 de julho de 2011. (© Rex Features)

Nem mesmo a voz magnífica e as canções fabulosas de minha filha me deixavam tão feliz quanto as vezes em que ela dizia "Me dá um colo, papai". (© Denise Collins)

Capa de Amy para o CD promocional de *Back to Black*. Amy ainda adorava o símbolo do coração e desenhou um bom autorretrato. Ela ainda parecia ser no fundo uma colegial.

[Darcus é um bad boy/ Eu e Mark Ronson]

Amy, pensativa. Meu cartão de aniversário em 1992.

Outro cartão de aniversário adorável de Amy aos 12 anos. Este veio logo após outra reunião com o professor de Amy para discutir seu comportamento.

[Papai Superstar/ Ah, se eu cantasse como você, Mitchell!/ Eu também/ Papai, você é o rei de todos os pais. Feliz Aniversário!/ Eu te amo demais, mesmo que nem sempre demonstre. Parabéns pelos 45! Beijos, desse desastre ambulante que é sua filha, Amy]

Dearest Daddy,

May everything about your birthday add up to a happy day

I love you sooooo much. Thanks for passing your sense of style onto me, cos I'd look like Alex if I took after Mum. Don't tell either of them I said that.
Amy
x xxx

Todos os anos os cartões de aniversário de Amy me faziam rir.

[Queridíssimo papai,/ Que tudo no seu aniversário resulte num dia feliz! Eu te amo taaaaanto. Obrigada por me passar sua noção de estilo, porque eu ia ficar parecida com Alex se saísse à mamãe. Não diga isso a nenhum dos dois. Beijos, Amy]

> Dear Daddy....
> I love you SO much + I can't wait to see you again in a few weeks.
> Everything's fine, I'm working hard + I haven't spent a penny. A few thousand dollars have gone, but no pennies as such. I'm joking.
>
> Amy
> xxxxxxx

Amy me enviou esse cartão no Valentine's Day, de Miami, enquanto gravava faixas para *Frank*, em 2003.

[Querido papai.../ Te amo muito, muito e mal posso esperar para vê-lo de novo, daqui a algumas semanas. Está tudo bem, estou trabalhando muito e não gastei um centavo. Alguns milhares de dólares se foram, mas nenhum centavo. Brincadeirinha. Beijos, Amy] irritado, dei-lhe um murro, e os outros saíram o mais rápido que puderam. De novo, era minha frustração vindo à tona. Apesar da presença daquela corja, Amy estava completamente sóbria, mas disse que estava chateada demais para ir a Henley.

No dia seguinte, tivemos péssimas notícias sobre o vídeo do crack mencionado na matéria do jornal *The Sun*. A polícia tinha intenção de prender Amy por fornecimento de drogas. Achei que essa era a maneira de eles conseguirem fazer com que Amy desse o nome do homem que tinha feito o vídeo. O que eu desconhecia era que a polícia já sabia quem ele era: Johnny Blagrove, um amigo de Blake. Blagrove e sua namorada, Cara Burton, tinham sido detidos e soltos sob fiança, na dependência de maiores investigações. É claro que Amy não tinha fornecido as drogas; mas, quando eu lhe disse o quanto essa alegação era séria, ela não pareceu nem um pouco preocupada e se referiu a Blagrove e sua turma como amigos dela.

Escrevi em meu diário: "Brian Spiro me disse que, se a polícia tiver êxito, Amy pegará uma pena de prisão. Era esse o fundo do poço que estava à nossa espera?"

Tive uma reunião com nossos advogados, Brian Spiro e John Reid, e com os policiais que estavam encarregados do caso do vídeo do crack. Felizmente, a imprensa não sabia da reunião, e não havia nem um paparazzo à vista. Os policiais foram muito simpáticos, mas estavam irritados com Amy porque achavam que ela os estava fazendo de idiotas. Eles nos contaram que na quarta-feira seguinte ela seria acusada de "permitir que sua casa fosse usada para consumo de drogas e de intenção de fornecer drogas". Para piorar as coisas, havia outra queixa de agressão contra ela.

No dia seguinte, expliquei a Amy o que a polícia tinha me dito, e ela concordou em voltar a Henley para terminar a gravação. Depois de sua visita a Blake na prisão de Pentonville, levei-a de volta a Prowse Place para que ela pegasse algumas coisas. Conversei com ela sobre suas opções — não eram muitas. Tentei conferir um aspecto positivo à situação, mas no fundo eu não via como Amy escaparia de ser presa. No caminho, Amy recebeu um telefonema "de ajuda" de Blake, dizendo-lhe para não se sentir forçada a fazer qualquer coisa que eu dissesse a ela que fizesse.

Quando voltamos a Prowse Place, Amy começou a perder tempo à toa; e depois de mais ou menos uma hora, como pude ver que ela não tinha nenhuma intenção de ir a Henley, fui embora, muito deprimido. Liguei para Raye e disse que cancelasse o compromisso do filme de Bond.

Sob muitos aspectos, eu estava resignado ao que viesse a acontecer. A atitude dela me deixava enojado. Uma coisa era ela mostrar desrespeito para com quem quisesse, inclusive para consigo mesma; agora, porém, estava claro para mim que ela pensava estar acima da lei. Eu não conseguia vê-la se recuperando disso nem em sua vida pessoal nem em sua vida profissional. Escrevi em meu diário: "Se continuar a usar drogas desse jeito, ela morrerá, e Blake será o responsável."

Na terça-feira, dia 1º de maio de 2008, de manhã cedo, descobri que Amy tinha ido a Henley às três da madrugada. Liguei correndo para Raye, mas ele já sabia. Felizmente, ele não tinha dado o telefonema para cancelar a canção do filme. Contudo, no dia seguinte, Mark Ronson estava na Sky News dizendo que Amy não estava em condições de trabalhar e que ele duvidava que a canção para o filme de Bond sairia. Eu sabia o quanto ele estava aborrecido, mas não vi por que precisava ir a um telejornal falar sobre isso.

Amy estava trabalhando em Henley, mas aquilo não durou muito. Alguns dias depois de sua chegada, o *News of the World* publicou a matéria sobre o vídeo do crack, explicando que seu coirmão, o jornal *The Sun*, tinha passado ao Metropolitan Police Service (MPS), em janeiro, imagens de Amy supostamente fumando drogas pesadas, e que a polícia tinha prendido Johnny Blagrove e Cara Burton sob suspeita de fornecimento de uma droga controlada.

No dia seguinte, Raye telefonou: Amy estava surtando em Henley. Tinha agredido alguém e se ferido. Saí disparado para Henley. Nunca havia visto Amy tão mal. Estava com cortes nos braços e no rosto, tinha apagado um cigarro na bochecha e apresentava um corte feio na mão causado por um soco que tinha dado num espelho. Vinha de uma bebedeira de dois dias, durante a qual contou a Blake que tinha dormido com Alex Haines. O que tinha acontecido no Sanderson Hotel estava se repetindo: por culpa e vergonha, ela havia ferido a si mesma.

Tudo isso estava acontecendo quando cheguei lá, e tive de segurá-la com força em sua cama para impedir que se machucasse ainda mais. Fiquei com ela em meus braços até que finalmente se acalmou, e então chamei uma enfermeira para fazer os curativos e ficar com ela. Escrevi em meu diário: "Este foi um dos piores dias da minha vida. Não sei o que fazer daqui para a frente. Por favor, Deus, me dê força e sabedoria para ajudar Amy."

Cada dia trazia consigo uma nova série de horrores.

Na semana seguinte, Amy se apresentou, no horário previsto, na delegacia de Limehouse, acompanhada de Raye e Brian Spiro, para falar sobre o vídeo do crack. É claro que estava drogada e embriagada. Foi acusada e solta sob fiança para retornar mais tarde naquele mês. Quando mencionei reabilitação, tudo o que conseguiu dizer, sob o efeito de bebida e drogas, foi: "Não vou para clínica nenhuma, quero ir para Holloway", referindo-se à prisão feminina no norte de Londres.

Embora a canção do filme de Bond tivesse sido cancelada, alguns dias depois Amy quis voltar a Henley para trabalhar em outro material. Então, providenciei para que ela fosse enquanto eu ficava em Londres. Durante a semana eu perguntava sobre ela regularmente a Dale Davis, seu baixista e diretor musical. Alguns dias eles trabalhavam; em outros, Amy ficava escutando os gritos de Blake ao telefone e, para se consolar, usava drogas.

Peguei o carro e fui até Henley para ver com meus próprios olhos como estava Amy. Quando cheguei, ela me recebeu com a notícia que eu já tinha ouvido muitas vezes antes: queria abandonar as drogas. Eu pouco acreditava nisso, mas fiz o que tinha de ser feito e conversei com ela sobre a melhor forma de conseguir isso. Enquanto estava lá, Raye telefonou: Salaam Remi queria ir a Henley na semana seguinte para trabalhar com Amy. Ela ficou encantada; e eu, satisfeito quando ela me disse que estava limpa havia três dias! A enfermeira confirmou.

A presença de Salaam Remi reforçou essa boa fase de Amy. Eles trabalharam em Henley durante o final de semana e compuseram uma faixa, da qual Amy me disse que eu ia gostar. Ela esperava que a canção fizesse parte de seu álbum seguinte, que sairia Deus sabia quando — não que houvesse qualquer pressão da gravadora para que ela o terminasse. Para minha grande surpresa, ela parecia bem quando nos falamos e continuava sem usar nenhuma droga. Pensei que somente o tempo poderia me dizer se aquilo era verdade.

14

Drogas — o difícil caminho para a recuperação

Os poucos dias em que Amy trabalhou com Salaam Remi fizeram muito bem a ela, e Raye voltou com muitas novidades boas sobre o que tinha ouvido. Quando Salaam voltou para os EUA, porém, não havia motivo para Amy permanecer em Henley e, mais uma vez, ela voltou para Londres. Retornou com uma atitude mais determinada, e eu achei que as coisas estavam aos poucos mudando para melhor.

Mais tarde naquela semana, ela me disse que tinha marcado uma consulta com o dr. Mike McPhillips, psiquiatra clínico e especialista em tratamento de dependentes químicos, do Capio Nightingale. Para mim, isso revelava um progresso importante: primeiro, tinha partido de Amy consultar um médico; segundo, ela mesma marcou a consulta; e, terceiro, ela compareceu à consulta. O dr. McPhillips foi muito animador e começou com um novo tratamento com Subutex quase de imediato. Eu a vinha azucrinando havia meses, mas finalmente, depois de tanto tempo, parecia que ela estava tentando assumir o controle de sua recuperação. Tinha começado a pensar por si mesma de novo, e mais adiante naquela semana se recusou a visitar Blake, pois Georgette estaria lá.

A segunda semana de maio trouxe a grande notícia de que a Promotoria da Coroa tinha retirado todas as acusações contra Amy, ligadas ao vídeo do crack. Dei um enorme suspiro de alívio. Contudo, embora estivesse obviamente feliz com a retirada das acusações por parte da polícia, não conseguia me livrar da dúvida. Parte de mim acreditava que aquela perspectiva de prisão tinha ajudado Amy a se manter dentro dos limites durante as poucas semanas anteriores. Esperava que ela não considerasse aquilo uma permissão para voltar a se comportar mal.

Sabia que Amy queria comemorar a boa notícia, mas minha ansiedade foi ao extremo quando ela me disse que ia ao show de Pete Doherty no Forum, em Kentish Town. Doherty tinha acabado de sair da prisão por causa de drogas e era a última pessoa que eu queria ver na companhia de Amy. Talvez eu tivesse de aguentar firme e confiar no discernimento dela. Afinal, já estava na hora de pôr à prova sua decisão.

No dia seguinte, fotos de Amy e Doherty saíram em todos os jornais. Eles comemoraram até alta madrugada em Prowse Place, e os paparazzi clicaram os dois juntos muitas vezes, visivelmente embriagados. Fiquei sabendo mais tarde que Amy e Doherty tinham sido vistos se beijando mais cedo naquela noite. O que ela estava pensando? Torci e rezei para que ela refletisse bem antes de se envolver num relacionamento com outro fracassado. Havia apenas alguns dias ela parecia estar no controle de sua vida. Eu não entendia como tudo podia mudar com tanta rapidez.

No dia seguinte, confrontei Amy, deixando muito claro o que eu achava.

— O que é que você está pensando, com essa palhaçada com Doherty? Só porque está se divorciando de um idiota não significa que deve arranjar outro.

— Eu e Blake não vamos nos divorciar, papai. Eu o amo — disse ela, rejeitando minha preocupação.

Tinham saído muitas matérias a respeito de Blake na imprensa nos últimos meses. Em fevereiro, ele tinha escrito uma carta para Amy dizendo que estava se afastando de Georgette depois de ela ter feito certos comentários no *News of the World*. Mostrei a carta à imprensa e disse o que pensava de Blake e sua família. Em resposta, recebi uma mensagem de texto infame, grosseira e ameaçadora de Georgette. Desde então, a retaliação na mídia não parava. A última pérola de Georgette, no *News of the World* do dia 11 de maio, foi uma afirmação de que "Blake deve deixar Amy, ou *ela* vai destruí-lo". Georgette acrescentou que Blake queria se divorciar de Amy e receber meros 3 milhões de libras a título de acordo.

Contudo, estava claro que Amy não tinha levado aquilo a sério: apesar de seu comportamento com Doherty, ela estava convencida de que amava Blake. Para confundir, também dizia que ainda estava saindo com Alex Haines. Perguntei como conseguia fazer isso, se ainda amava Blake. Ela me respondeu que eu não entenderia. Ela estava certa. E talvez isso não fosse mais do que Amy não querendo ver o que estava acontecendo, porque na semana seguinte eu soube que Blake estava dando entrada no divórcio. Ele dizia que não queria nenhum tostão de Amy.

Eu, porém, estava realmente preocupado com Amy. Sua enfermeira disse que ela estava indo bem com o Subutex, mas não se alimentava direito. Estava extremamente magra e, mais do que nunca, precisava de resistência para enfrentar a recuperação. Eu costumava levar a comida tradicional de delicatéssen de que Amy gostava, na esperança de que pelo menos se dispusesse a beliscar um pouco, mas agora ela estava em Wiltshire com Doherty, e eu não tinha acesso a ela. A notícia do divórcio talvez a fizesse entrar numa espiral descendente, levando-a de volta para as drogas.

Fazia 48 horas que não nos falávamos. Saí telefonando para todo mundo feito louco e acabei descobrindo que ela estava bem e de volta a

Londres mais tarde naquela noite. Quando nos falamos no dia seguinte, ela estava bem, embora nitidamente muito chateada com o divórcio, e fiquei um bom tempo ao telefone dando-lhe força. Ela não dormia havia 36 horas e tinha passado o tempo todo bebendo, mas me garantiu que não usara drogas. Quando a ouvi dizendo essas palavras, senti que tínhamos superado mais um obstáculo enorme. Até ela dizer: "Amanhã é meu aniversário de casamento com Blake. Me dê os parabéns, papai."

Não consegui responder.

Apesar de estar feliz com a perspectiva de Blake sair de nossa vida, me preocupava o impacto que isso teria sobre Amy. Ela era obcecada por ele desde que se viram pela primeira vez, só Deus sabe por quê, e — como uma droga — ela não conseguia tirá-lo de sua vida. Por mais que eu quisesse Blake e sua família longe, sabia perfeitamente o quanto isso seria duro para Amy. No dia seguinte, fui ver Blake em Pentonville para falar sobre o divórcio. Ele parecia livre das drogas e insistiu que queria ajudar Amy a ficar limpa também — não acreditei em palavra alguma do que disse. Pouco tempo depois, soube que Amy estava saindo com Christian, outro de seus amigos, e que tinha contado a Blake. Embora ela estivesse firme em seu tratamento de reposição de drogas, outros aspectos de sua vida, em particular seu casamento, estavam desmoronando, e não se sabia como isso afetaria sua tentativa de recuperação.

* * *

No dia 22 de maio, Amy tornou-se a primeira artista a receber duas indicações para o que é considerado o mais importante prêmio Ivor Novello, o de Melhor Canção — Letra e Música. Ela recebeu o prêmio por *Love is a Losing Game*, o que eu achei ter sido uma escolha melhor do que *You Know I'm No Good*; mas a cerimônia como um todo foi um pouco frustrante.

Quando cheguei à sua casa, Amy estava se sentindo bem, em boa forma, mas, como sempre, não estava pronta. Disse-me para deixá-la sozinha e que nos encontraria no hotel onde a cerimônia se realizaria. Quando a categoria para a qual Amy tinha sido indicada foi anunciada, ela ainda não tinha chegado. Por fim, fui ao palco para receber o prêmio em seu nome. Falei logo depois de Phil Collins — uma experiência surreal, mas meu discurso foi bem recebido. Quando voltei para a mesa, Amy estava lá. Estava maravilhosa, com um lindo vestido amarelo e sapatos vermelhos. Era um contraste gritante com a maneira como ela estava em Henley apenas umas semanas atrás, e fiquei encantado de vê-la assim. A única coisa de que não gostei foi um prendedor de cabelo em formato de coração com o nome de Blake.

Da mesma forma que os Grammys, essa foi outra comemoração maravilhosa — os Ivors sempre significaram muito para Amy —, e naquela noite ela me disse que no dia seguinte iria a um estúdio em Bath para trabalhar com Salaam Remi. Infelizmente isso não aconteceu — adivinhe por quê. Eu já não aguentava mais pedir desculpas por ela. Mas, mesmo com esse furo de Amy, ela parecia estar focada de novo em sua música. Depois de meses afundando-se cada vez mais na lama, ela estava compondo direito mais uma vez. Eu me senti mais leve.

Na semana seguinte, ela teria uma apresentação em Portugal. Na véspera da viagem, passei por sua casa para lhe desejar boa sorte. Para meu desespero, Geoff estava lá. Amy disse que ele apareceu sem ser convidado e que ela continuava limpa, e Geoff afirmou que não estava lá para vender drogas para Amy, mas eu fiquei furioso. Botei-o para fora e tive uma discussão séria com Amy. Não compreendia como ela poderia ser tão burra, mas ela insistiu que não tinha usado droga alguma. Desejei-lhe boa sorte em Portugal, e ela me abraçou. Ainda assim, fui embora numa ansiedade inacreditável. Mais uma vez, estávamos cambaleando na beira do atoleiro. No fundo, eu temia que alguma coisa empurrasse Amy lá para dentro.

Amy voou para Portugal, chegando a abreviar a visita a Blake para ter certeza de não perder o avião. Segundo Raye, ela fez uma apresentação fantástica para uma multidão de 90 mil pessoas. Parecia que o público não se cansava de vê-la e ouvi-la. Quando nos falamos mais tarde naquele dia, ela estava rouca por causa do show, mas tinha adorado e me disse que queria fazer mais shows ao vivo, o que para mim confirmou que ela estava no caminho da recuperação. Isso me deixou animado e liguei para meu filho Alex para lhe contar, e depois para Jane.

— Vou parar mais cedo hoje, estou indo para casa. Vamos sair para jantar.

Alguns dias depois, teve início o julgamento de Blake, no Tribunal do Condado de Snaresbrook. Amy chegou tarde e foi embora cedo, mas tinha comprado uma roupa especialmente para a ocasião e parecia ótima. Mais tarde naquela noite, me ligou e disse o quanto ainda amava Blake. Àquela altura ela não sabia que nossos advogados haviam recebido uma carta dele, confirmando sua intenção de se divorciar dela. Covarde como ele é, Blake não tinha mencionado isso para Amy quando ela foi vê-lo antes de viajar para Portugal.

Em 6 de junho, soubemos que, se Blake se declarasse culpado, pegaria apenas mais oito semanas de prisão. Ele ficou parado no banco dos réus, dando risinhos, enquanto se declarava culpado de lesões corporais graves e tentativa de obstrução da justiça. Seu corréu, Michael Brown, declarou-se culpado das mesmas acusações. Ambos foram mandados de volta para a prisão para aguardar a sentença a ser proferida em data futura. James King foi declarado inocente. Meu coração mergulhou em tristeza quando deixei o tribunal. Imaginava Amy e Blake caindo de volta no buraco negro do vício em drogas, se ele fosse libertado. A única solução que eu conseguia ver era a de

Amy ficar completamente limpa nos dois meses seguintes; mas, com as constantes recaídas e os traficantes, que estavam sempre por perto, aquilo parecia impossível. No domingo seguinte, tive de expulsar da casa de Amy quatro pessoas cuja aparência não me agradava.

Acabei descobrindo que eu estava me iludindo ao pensar que tínhamos dois meses antes que os problemas surgissem. Na segunda-feira, 16 de junho, Amy teve mais uma convulsão. Quando cheguei a Prowse Place, a dra. Romete estava com ela. Perguntei se aquilo tinha sido causado por drogas; ela não sabia, mas não descartava a hipótese. Não havia como perguntarmos a Amy, por conta do seu estado. Ela foi levada para a London Clinic, onde foi submetida a muitos exames, mas ninguém conseguia me dizer se ela havia consumido drogas. Eu suspeitava que sim, muito embora tivesse decidido não lhe perguntar. Não poderia encarar nenhuma das alternativas: nem a mentira, nem a verdade.

Amy passou uma noite tranquila e no dia seguinte recebeu Subutex. Contudo, o dr. Paul Glynne, responsável pela equipe médica de Amy, não estava satisfeito com os resultados das tomografias computadorizadas e do eletrocardiograma. Ela estava com muco nos pulmões e possivelmente com nódulos também. Poderia morrer se não mudasse seu estilo de vida. Foi um diagnóstico duro e chocante, mas não me surpreendi. Fiquei me perguntando como Amy reagiria à notícia.

Havia pelo menos um ano que eu sabia que a recuperação de Amy não seria fácil; mas, antes da convulsão, ela estava passando por uma fase tão boa que eu me acomodei a uma falsa sensação de segurança. Aquele diagnóstico me fez cair das alturas para a cruel realidade. Acho que o meu medo era um dia ter de enfrentar a pior consequência do vício de Amy. Tentei fingir que aquilo não aconteceria, que eu não precisava levar aquilo em consideração, mas lá estava. Amy poderia morrer por abuso de drogas, e tudo o que um pai deseja para sua filha talvez acabasse em lágrimas ao lado de um leito de hospital.

Para piorar as coisas, Blake se recusava a me deixar em paz. Ele telefonava e mandava mensagens de texto o tempo inteiro. "Estou totalmente por fora", dizia uma das mensagens. "Ótimo!", respondi. Eu já estava no limite.

Amy dormiu direto naquela noite, e voltei ao hospital às 7h30 da manhã seguinte. Às 15h, ela e eu estivemos com a dra. Romete e o dr. Glynne. Ambos foram direto ao ponto: se Amy continuasse mais um mês com o estilo de vida que estava levando, morreria. Era possível que a convulsão tivesse sido uma bênção disfarçada, disseram os médicos, e eu concordei. Talvez tivesse sido o alarme de que Amy precisava para acordar. Eles não poderiam ter exposto a situação de maneira mais enfática.

Amy ficou com muito medo. Sua mão tremia quando segurou a minha, com força — nunca a tinha visto tão apavorada. Ela nos garantiu que deixaria as drogas para sempre. Mas não era tão simples assim.

No dia seguinte, sentia-se melhor e sua aparência demonstrava isso. Tivemos uma longa conversa e falamos de muitas coisas. Falamos sobre minha mãe e meu pai, sobre nossas músicas favoritas de Sinatra, de que cor pintaríamos a sala de estar em Prowse Place, quem da nossa família fazia o melhor chá — coisas desse tipo. Eu sempre direcionava a conversa para tocar no assunto de sua desintoxicação, mas ela era esperta e percebia logo. No fim, estávamos apenas rindo. Tivemos mais uma boa notícia quando o dr. Glynne nos mostrou os resultados da tomografia computadorizada de Amy e confirmou que não havia necessidade de biópsia.

Dali em diante, Amy melhorou dia após dia, e em 22 de junho, seis dias depois da convulsão, os médicos permitiram que ela saísse para ensaiar para o show que se aproximava, em homenagem ao nonagésimo aniversário de Nelson Mandela.

Dias depois, o dr. Glynne nos disse como estava contente com o progresso de Amy. Fiquei emocionado ao ouvir que Amy estava bem, mas na verdade ela já não estava levando a doença a sério. O dr. Glynne tinha ressaltado que Amy precisava cuidar muito bem dos pulmões; mas, assim que ele foi embora, ela saiu para fumar um cigarro. No dia seguinte, ensaiou de novo para a homenagem a Mandela, e bebeu demais. Era impossível conversar com ela. Tudo o que ela queria era falar sobre Blake e sobre levá-lo para fazer reabilitação na London Clinic. Eu lhe disse que ela tinha perdido o juízo.

Contudo, 27 de junho foi o tipo do dia que fazia com que toda a exasperação e os maus momentos tivessem valido a pena... Ou, quase. A apresentação de Amy no tributo pelo aniversário de Mandela foi espetacular: ela estava incrível, cantou de maneira fantástica, e o público adorou. Mais importante de tudo, ela estava muito feliz. Não bebeu nem fumou no palco e cantou duas músicas — *Rehab* e *Valerie* —, e depois foi a voz principal da última música, *Free Nelson Mandela* [Libertem Nelson Mandela]. Não sei quantas pessoas perceberam que, em vez de "Free Nelson Mandela", Amy estava cantando "Free Blakey my fella" [Libertem Blake, meu cara]. Ela me disse que não tinha planejado aquilo. A coisa ocorreu-lhe na hora.

Mas quanto maior a altura, maior o tombo; e já no dia seguinte descobri que Amy tinha encomendado e recebido drogas no hospital. Antes que elas fossem recolhidas, Amy havia fumado um pouco de heroína. Depois de todas as promessas que tinha feito, de todas as advertências que tinha ouvido, lá estávamos, passando por tudo novamente. Eu não sabia até que ponto ainda conseguiria aguentar — estava devastado.

Talvez o aspecto mais difícil em amar e ajudar um dependente químico, algo que a maioria das pessoas que não tenham passado por isso não entende, é que cada dia que o ciclo perdura é o seu pior dia. Quando visto de fora, aquilo parece interminável, a mesma coisa se repetindo sem parar. Quando se vive esse drama, no entanto, tal sensação se amplia e a impressão é de que se é um hamster andando numa rodinha. Todo dia você tem a ansiedade crônica de esperar uma notícia, o estresse terrível quando a notícia é ruim, a sensação esmagadora de *déjà-vu* — e o conhecimento de que, independentemente de todos os seus esforços, você provavelmente vai passar por isso de novo. Mesmo os supostos dias bons não estão livres de problemas. Você os aproveita o quanto pode, mas lá no fundo está escondido aquele temor de que no dia seguinte você poderá estar de volta à estaca zero, ou coisa pior.

Para mim, essa era a vida com Amy. Se alguém me parasse na rua para perguntar como ela estava, eu sabia que a pessoa não compreenderia se eu lhe dissesse o que estava acontecendo. Aprendi que é quase impossível explicar como aquilo continuava acontecendo. Imaginava que, ao mesmo tempo em que a pessoa demonstrasse solidariedade, estaria se perguntando: "Como pode a família permitir que isso continue?" Ou: "Por que eles não a deixam trancada até que ela fique limpa?" Só que, a menos que um toxicodependente deseje abandonar o vício, ele vai descobrir uma forma de conseguir drogas; e, assim que deixar a clínica de reabilitação, vai continuar de onde tinha parado.

Muito tempo antes de Amy se tornar dependente de drogas, ninguém conseguia dizer a ela o que fazer. Depois de se tornar usuária, aquela teimosia simplesmente piorou. Em alguns momentos ela queria abandonar as drogas, mas as ocasiões em que não queria eram muito mais numerosas.

Amy deveria se apresentar no Festival de Glastonbury naquele dia, e fiquei surpreso quando soube que ela tinha ido. Assisti à apresentação pela TV. Começou bem, mas sua voz de repente ficou muito fraca, e ela estava bebendo no palco. Não estava cambaleando como costumava acontecer quando bebia, mas não havia a menor dúvida de que estava bebendo. Pouco antes de terminar seu número, desceu e ficou no meio da multidão. As pessoas adoraram, e ela estava radiante.

Assim que terminou, foi levada imediatamente de volta para a London Clinic. A essa altura, tínhamos seguranças que se revezavam 24 horas por dia para tomar conta dela, e no dia seguinte recebi um telefonema de Andrew, o segurança que estava de serviço: alguém estava levando um pacote para Amy. Pulei dentro do meu táxi, fui para o hospital e cheguei lá a tempo de ver um conhecido traficante com um buquê de flores para Amy. Ele jurou que não havia drogas nas flores, mas Andrew vasculhou o buquê e encontrou uma pedra de crack. O traficante foi imediatamente levado para fora das dependências do hospital. Amy ficou furiosa quando descobriu que havíamos interceptado a droga. Só que eu já não confiava nela, e disse-lhe isso.

— Você pode gritar e berrar o quanto quiser. Quando você está em casa, não há nada que eu possa fazer para impedir essa gente de aparecer, como eu gostaria, mas aqui no hospital há portas que podem ser trancadas, e seguranças, e farei o que bem entender para garantir que essa merda não entre aqui.

Amy estava de cara amarrada quando terminei de falar, mas não disse nada.

Ela saiu do hospital dois ou três dias depois e voltou para sua casa, em Prowse Place. Fiquei aliviado por ela ter concordado com minha ideia de que deveria ter seguranças em casa, e os rapazes se revezavam dia e noite para sempre haver alguém com ela, o que significava que eu poderia relaxar um pouco. Providenciei também para que uma enfermeira fosse vê-la diariamente para administrar o Subutex.

— Drogas nunca mais, papai — prometeu Amy, mais uma vez, e lá estávamos nós de novo no caminho para a recuperação. Por quanto tempo, eu não tinha a menor ideia, mas havia decidido que, não importava quantas vezes Amy saísse da linha, eu estaria lá para colocá-la no caminho certo. Sei a impressão que isso deve causar para uma pessoa que não vive o problema: ou eu estava me enganando, querendo acreditar em Amy dia após dia, buscando um falso consolo para mim e para o resto da família, ou eu pensava de verdade, a cada vez que ela afirmava "Drogas nunca mais, papai", que ela estava dando um pequeno passo para conseguir seu objetivo de se libertar das drogas. Deixo a critério de cada um decidir o que pensar.

Andrew e Amy logo se tornaram amigos, e eu tinha uma confiança implícita de que ele cuidaria dela, o que ele fez até o fim.

Mas não muito depois de os seguranças terem sido contratados, Amy disse que não os queria mais. Isso me fez chegar à conclusão de que eles deviam estar fazendo um bom trabalho em manter as drogas longe da casa, mas também tive de encarar o fato de que Amy ainda precisava delas, apesar do Subutex.

— Os seguranças são para seu próprio bem — disse-lhe.

— Estou cheia de vê-los por aí o tempo todo — disparou.

— Ah, é? Pois é melhor se acostumar com a ideia, porque eles estão aqui para ficar.

No dia seguinte, Amy ligou em estado de euforia para me dizer que estava sentindo cólicas menstruais, o que não sentia havia muito tempo. Isso significava que seu corpo estava começando a se recuperar, e que ela poderia um dia ter os filhos que desejava desesperadamente. Eu preferia que ela tivesse conversado sobre isso com uma de suas amigas, mas foi uma demonstração do quanto éramos unidos e do quanto ela confiava em mim.

Dias depois, Amy deveria voar para Madri para uma apresentação, mas ela estava péssima quando Raye foi buscá-la. Era visível que ansiava por drogas e queria cancelar a apresentação. Depois de muita conversa e esforço de persuasão por parte de Raye e de alguns membros da banda, ela mudou de ideia — e a apresentação correu muito bem —, mas Raye estava convencido de que alguém que tinha viajado com eles para a Espanha deu drogas para Amy. Ela naturalmente negou.

Em casa, uma das enfermeiras que a atendiam também estava preocupada com Amy ainda estar usando drogas. Eu não tinha a menor ideia de como ela conseguia que as drogas passassem pela equipe de segurança, mas tinha aprendido que, quando se está desesperado, dá-se um jeito. Quando a confrontei, Amy negou, mas Andrew e a enfermeira, Michelle, ergueram as sobrancelhas. O dr. Ettlinger examinou-a naquele dia e disse que duvidava que ela tivesse usado heroína, mas não podia descartar cocaína.

Eu não sabia no que acreditar. A sensação era a de simplesmente um caso depois do outro. Perguntei a Andrew se ele sabia onde Amy poderia ter conseguido drogas. Ele pensou por um instante e então disse que alguém com uma atiradeira talvez tivesse lançado as drogas por cima do muro do jardim, e Amy as tivesse apanhado, sem que ninguém percebesse. Era chocante o ponto a que as pessoas chegavam para espremer dinheiro de minha filha.

Alguns dias depois, Andrew me telefonou no meio da manhã para dizer que Amy tinha explodido: ela berrava, gritava e atirava coisas pela casa. Ele não conseguia contê-la. Cheguei dez minutos depois e fiz com que ela se acalmasse. Amy tivera uma discussão terrível ao telefone com Blake e havia cheirado cocaína. Ficou claro para mim que, qualquer que fosse o progresso de Amy, ainda existia um longo caminho a percorrer. Quando Blake saiu da prisão, parecia provável que a situação ficaria ainda pior.

Mais adiante naquele mês, houve uma reunião no consultório do dr. Ettlinger, com ele próprio, o dr. Tovey, um novo membro da equipe médica de Amy, Raye, Lucian Grainge e eu, para discutirmos o progresso de Amy. Quando se fala a respeito de dependência química, "progresso" é uma palavra esquisita. Algumas vezes você mede esse progresso dia a dia; outras vezes, mês a mês. Apesar das recentes recaídas, todos concordaram que, no geral, Amy estava indo bem. Lucian Grainge, porém, não queria que Amy fizesse mais shows ao vivo: ele pensava que era melhor para ela se concentrar em gravar seu novo álbum, principalmente para tirá-la dos holofotes. Os ânimos se exaltaram um pouco, e Raye me cutucou. Ele pediu a Lucian um intervalo de cinco minutos.

Nós dois nos afastamos um pouco.

— Você acha que Lucian tem razão? — perguntei a Raye.

— Sim, Mitch, acho mesmo que ele tem razão. Ela precisa se livrar da pressão dos shows ao vivo por enquanto. Você sabe como ela pode se sair mal... Lembra-se de Birmingham?

Aquilo foi o suficiente para mim.

— Você tem razão. Ele tem razão. Vamos entrar e dizer-lhe isso.

Amy tinha dois shows marcados, e ficou decidido que seriam seus últimos por um tempo. Os shows foram em Dublin e Glasgow, e Amy esteve brilhante. Falei com ela depois das apresentações, e ela parecia bem — garantiu que não tinha usado droga alguma, mas admitiu ter tomado uns dois drinques antes de subir ao palco. Uns dois?

* * *

Chegou, então, o dia que eu vinha temendo havia meses: Blake voltou ao tribunal para ouvir sua sentença, e todos estavam convencidos de que era apenas uma questão de tempo ele ser libertado. Amy não quis ir ao tribunal. No dia anterior, Georgette havia contado ao *News of the World* que tinha medo de que Amy levasse Blake de novo para as drogas. Amy ficou magoada e não queria ver Georgette e Giles.

No dia 21 de julho de 2008, o Juiz David Radford sentenciou Blake a 27 meses de prisão por "agressão com intenção de ferir gravemente e por obstrução da justiça". A sentença dizia: "A vítima, James King, foi intimidada e recebeu uma oferta de suborno de 200 mil libras para retirar a queixa de agressão." Depois do julgamento, porém, houve alguma confusão sobre quanto tempo mais Blake permaneceria preso. No início nos disseram que ele seria libertado imediatamente, pois já havia cumprido 276 dias em Pentonville. Em seguida, ouvimos dizer que seria libertado por volta do Natal. Depois, nos disseram que a data da soltura seria 6 de setembro de 2009. Nada daquilo fazia muito sentido, e saí do tribunal sem saber em que pé estávamos. Era tudo muito confuso, mas fiquei contente quando me confirmaram que Blake não seria solto por enquanto. Eu sabia que sua permanência por trás das grades seria positiva para Amy, mas estava preocupado com a reação que ela teria ao receber a notícia.

Peguei o carro e fui direto para Prowse Place. Lá descobri que Amy já sabia que Blake não ia ser libertado. Ela não estava tão mal de início, mas depois de uns cinco ou dez minutos, ela se levantou.

— Não quero saber do dia de hoje — disse. E subiu para o quarto, recusando-se a descer. Depois de um tempo, subi e dei uma espiada em seu quarto. Ela estava encolhida na cama. Cheguei um pouco mais perto e vi que dormia com seus fones de ouvido. Fechei as cortinas e deixei que descansasse.

Amy teve dias difíceis depois daquele, caindo no choro por causa do "coitado do Blake". Faltou a consultas médicas e bebia muito. Eu me preocupava com o que nos esperava mais adiante.

Cinco dias depois do julgamento de Blake, recebi uma carta anônima postada em Derby:

Prezado Mitch,
    Você poderia fazer o favor de se afastar da mídia junto com sua filha perturbada pelas drogas e doente? Já não aguentamos mais ler sobre a vida dessa mulher repugnante. Pior ainda, meus filhos têm de ver esse lixo o tempo todo na mídia. Você deve ser um verdadeiro fdp para tê-la criado de um jeito que resultasse nisso. Faça um favor a todos nós e mande reabrir Auschwitz: e então promova um show beneficente para o maior número de judeus que conseguir reunir lá. Se precisar de ajuda para ligar os "chuveiros", por favor, me avise.
    Atenciosamente,
    Um inglês enojado

Era revoltante de se ler e a última coisa de que eu precisava. Mostrei-a a meu advogado, Brian Spiro, que ficou chocado. Passou-a para seu colega, Angus McBride, que entregou a carta à polícia. O conselho foi esperar e deixar que a polícia agisse.

* * *

Amy estava dormindo quando lhe telefonei naquela tarde, mas falei com seu novo secretário particular, Jevan Levy. Depois da notícia sobre Blake, eu continuava preocupado com ela. Pedi a ele que ficasse de olho nela e disse que passaria por lá mais tarde. De hora em hora Jevan ia ver como Amy estava e disse que continuaria a fazê-lo até que ela acordasse.
    Era uma noite quente e úmida, daquelas em que num minuto está seco e logo em seguida cai uma tempestade. Eu estava a caminho de Prowse Place. Tinha falado com Jevan de novo e soube que Amy

tinha se levantado, mas voltado para a cama. Para piorar as coisas, Alex Foden estava lá. O táxi estava quente; liguei o ar-condicionado. Cheguei a Prowse Place pouco depois das 19h30, passei com dificuldade pelos paparazzi acampados do lado de fora — acenando para alguns que eu conhecia — e cruzei com Foden, que estava de saída. É provável que Jevan tivesse avisado que eu estava chegando. Sempre sou gentil — bem, quase sempre — e cumprimentei Foden, que decidiu dar sua opinião sobre os problemas de Amy. Disse-lhe o que ele poderia fazer com sua opinião, e digamos apenas que ele saiu às pressas. Eu estava furioso. Como é que ele se atrevia, um dos companheiros de drogas de Amy, a dizer para mim o que era melhor para minha filha?

Jevan me acalmou. Ele tinha dado uma olhada em Amy cinco minutos antes de eu chegar, e ela estava dormindo, mas estava bem. Pedi-lhe que me fizesse uma xícara de chá enquanto eu subia para vê-la.

Entrei no quarto de Amy, e meu coração veio à boca. Ela não estava dormindo. Estava sentada na beirada da cama, o rosto lívido, lutando para respirar. Gritei lá pra baixo, para Jevan, enquanto me atrapalhava com meu celular, desesperado para encontrar o número do dr. Ettlinger. Quando consegui falar, ele disse que estaria ali em cinco minutos, mas que, nesse meio-tempo, deveríamos chamar uma ambulância. Jevan discou o número de emergência, enquanto eu lutava para conseguir que Amy respirasse. Seu estado era terrível: ela chiava como um asmático e emitia sons guturais. Foi apavorante — eu tinha temido esse momento, esperando e rezando para que nunca chegasse, e no entanto ali estava ele. Comecei a agir instintivamente. Tirei Amy da cama e coloquei-a no chão, em posição de recuperação. Foi estranho — durante todo o tempo em que a estava ajudando, tive a sensação de que observava outra pessoa. Então, o dr. Ettlinger chegou e assumiu.

A respiração de Amy estava piorando. Em geral, fico muito calmo em situações de emergência — mas desta vez eu estava entrando em pânico. O dr. Ettlinger queria colocar alguma coisa em sua garganta para ajudá-la a respirar, mas alertou para a possibilidade de que talvez danificasse suas cordas vocais.

— Vá em frente! — gritei para ele. — Faça o que tiver de fazer.

Antes, porém, que ele pudesse fazer qualquer coisa, chegaram os paramédicos, subindo as escadas correndo como se fosse uma pequena unidade de assalto. Empurraram-me para poder passar e começaram a trabalhar com Amy. Juntamente com o dr. Ettlinger, estabilizaram sua respiração, mas disseram que ela precisava ir imediatamente para o hospital. Perguntaram-me se ela havia consumido drogas. Eu não sabia, mas não podia descartar a hipótese.

Levar Amy para o hospital significava carregá-la diante dos paparazzi, muitos dos quais tinham tornado "O Lado de Fora da Casa de Amy" sua segunda casa. Eu disse aos paramédicos que iria afastar os paparazzi enquanto eles colocavam Amy na ambulância. E fizemos isso com muito menos trabalho do que eu esperava — alguns dos paparazzi aparentavam uma preocupação genuína. A ambulância afastou-se, sirenes ligadas e luzes azuis piscando, e eu segui em meu táxi. Chegamos ao University College Hospital mais ou menos às 20h15.

Amy foi levada às pressas, e eu fiquei para trás, esperando e pensando no que tinha acabado de acontecer. Às 19h30, Jevan tinha ido ver como Amy estava, e eu cheguei logo depois, o que significava que Jevan provavelmente não teria ido vê-la de novo por outros 55 minutos. Graças a Deus, eu tinha chegado naquela hora. Se não tivesse, acho que Amy teria morrido.

Fiquei andando para lá e para cá. Ninguém me dizia nada. Continuei perguntando o que estava acontecendo. Disseram que o médico viria falar comigo assim que pudesse.

Eu estava enlouquecendo. Havia uma placa com a proibição do uso de celulares, mas eu precisava falar com Jane e liguei para ela. Ela me acalmou um pouco e perguntou se eu queria que ela telefonasse para Janis. Respondi que eu ligaria quando tivéssemos mais informações; mas liguei para Raye e disse para ele lidar com a imprensa. Ele falou imediatamente com Chris Goodman na Outside Organization.

Nada acontecia. Arranjei uma confusão tão grande que, no final, os seguranças ameaçaram me expulsar dali. Depois de um tempo, veio uma enfermeira me dizer que eu podia ver Amy.

— Como ela está? — perguntei, desesperado por qualquer notícia.

A enfermeira resmungou alguma coisa e saiu apressada. Na minha imaginação fértil, estava convencido de que ela não se sentia à vontade para me dizer que Amy estava muito mal.

Eu não sabia o que esperar, e todo o meu corpo tremia quando entrei no quarto. Amy estava no leito, dormindo com uma máscara de oxigênio sobre o rosto. Estava ligada a uns cem tubos, e uma máquina monitorava seu coração. O médico estava lá e disse que teria uma ideia melhor de seu estado quando visse os resultados dos exames de sangue. Não consegui saber mais nada. Seu bipe estava tocando e ele se foi, deixando-me sozinho com Amy.

O que tinha acontecido então? Outra convulsão? Uma overdose? Eu não fazia ideia, mas ela estava viva, e eu rezei para que ficasse boa.

Peguei sua mão. O que tinha acontecido com minha menininha? Ela estava indo tão bem, e agora, isso. Eu estava perdendo as forças. Larguei a mão dela e servi um copo d'água de um jarro que estava ao lado da sua cama. Minhas mãos tremiam tanto que, quando o copo chegou à minha boca, a maior parte da água tinha entornado na minha camisa.

Sentei com dificuldade numa cadeira perto da cama e apoiei a cabeça nas mãos, sem saber o que mais eu poderia fazer para ajudar

Amy, se ela sobrevivesse; e o que faria se, Deus me livre e guarde, ela não sobrevivesse.

Minha cabeça latejava; e, quando levantei, senti as pernas bambas; inspirei profundamente várias vezes e me dei uma bronca. Tomei outro copo d'água e sentei. Eram 22h45, e eu me preparava para uma longa vigília.

Estava morto de cansado e, por mais que me esforçasse para permanecer acordado, acabei cochilando. O estrondo de um trovão me acordou pouco antes da meia-noite. O relâmpago iluminou todo o quarto, enquanto a chuva açoitava as janelas, mas Amy continuava dormindo. Fosse pelo trovão e pelo relâmpago, fosse pelas sombras que dançavam nas paredes, senti como se estivesse num filme de terror.

Por fim a chuva parou, e eu me recompus. Precisava ir ao banheiro; mas, como não queria deixar Amy, cruzei as pernas e me afundei de novo na cadeira.

Mais ou menos à meia-noite e meia, Amy acordou. Levantou a cabeça do travesseiro, olhou em volta e afastou a máscara de oxigênio.

— Estou morta de fome, papai — disse ela, simplesmente. — Que tal uma porção de frango frito? — Ela olhou para mim com uma expressão meio estranha e perguntou: — Papai? Por que é que você está chorando?

Eu me debulhava em lágrimas.

Quando me recompus, contei-lhe o que tinha acontecido. Ela não se lembrava de nada. Perguntei se ela tinha usado drogas, mas ela não quis falar sobre isso, e eu não poderia forçar a barra. Aí ela pensou por um instante e disse que se lembrava de ter pedido remédio para dor de cabeça a alguém; não conseguia se lembrar se tinha tomado os comprimidos ou não.

Parece que tinha havido um entra e sai de gente em sua casa o dia inteiro.

— Vai ver que alguém me passou alguma coisa na moita, papai — sugeriu ela. De propósito ou por engano, pensei. A última lembrança que lhe ocorria era a de estar ouvindo música em seu quarto.

Pensei em perguntar ao médico se Amy podia comer alguma coisa; mas, como era provável que a resposta fosse não, decidi não ter esse trabalho.

Havia uma filial da KFC aberta 24 horas, bem perto do University College Hospital, e foi para lá que me dirigi. Do lado de fora do hospital havia montes de paparazzi; na volta, um deles me perguntou qual era a gravidade do estado de Amy. Mostrei-lhe a embalagem de frango frito.

— É grave a este ponto!

Como nós dois adorávamos frango frito, comprei baldes; e à 1h15 da manhã Amy e eu estávamos devorando tudo. Ela parecia bem e se lembrava um pouco mais do que tinha acontecido. Alguém lhe tinha dado temazepam, um ansiolítico. Descobrimos depois que Amy tinha tido uma reação adversa a ele, que tinha causado o acesso. Depois que comemos, Amy disse que se sentia bem e queria ir para casa. Disse-lhe que eu ia verificar se era possível, o que fiz, embora soubesse qual seria a resposta: o hospital queria mantê-la internada em observação.

15

Quem não está com nada ainda usa droga pesada

No dia seguinte, saiu a notícia de que Amy tinha sido levada para o hospital, e recebi muitos telefonemas e mensagens de pessoas desejando-lhe melhoras. Amy estava com o astral alto, e por volta da hora do almoço Andrew a levou para casa, onde ficou sob os cuidados de Jevan até que eu chegasse para levá-la a uma consulta com o dr. Tovey. Ela ficou enrolando para se aprontar, e eu já estava ficando contrariado. Não queria gritar com ela depois do que tinha passado na noite anterior; mas, como eu já estava tendo problemas com os médicos de Amy, não queria que ela faltasse à consulta. Os médicos não paravam de se contradizer um ao outro. Um dizia que Amy deveria ser tratada numa clínica, o outro afirmava que seria melhor para ela receber tratamento em casa. Eu não sabia em quem acreditar. Como se não bastasse, Amy não gostava da maioria de seus médicos, e eu estava pensando em começar de novo com outra equipe. Eu confiava neles, mas era imperioso que Amy também confiasse. Já que o dr. Tovey estava receitando o Subutex, decidi que, por enquanto, seguiria seu conselho. No final, ele concordou em vir até a casa de Amy para examiná-la e prescrever mais Subutex.

Passados alguns dias, Amy deveria ver o dr. Tovey outra vez, mas não conseguiu sair de casa. Ela sabia que tinha Subutex apenas para mais três dias. Claro, eu poderia ter pedido que ele viesse novamente até a casa de Amy, só que eu não queria facilitar demais as coisas para ela. Achava importante que ela tomasse alguma iniciativa por sua recuperação. Tinha percebido que ela se sentia vulnerável na rua, onde paparazzi e tentações estavam à espreita, mas para mim ela não deveria se esconder do mundo dentro de casa.

Durante a primeira semana de agosto, Janis sofreu um pequeno acidente de carro e ficou hospitalizada no Barnet General Hospital, zona norte de Londres. Felizmente, não foi nada muito grave, mas Amy, Alex e eu fomos visitá-la. Fiquei animado de ver que Amy conseguiu sair de casa para isso. Parecia que, quase todos os dias, acontecia alguma coisa de ruim na minha família, e isso estava cobrando seu preço em minha saúde. Eu estava ansioso, era rude com as pessoas, e a pobre Jane era quem aguentava o rojão. Eu precisava de um tempo, mas estava com muito medo de me afastar, temendo que algo terrível viesse a acontecer se eu não estivesse por perto. Esse sentimento permaneceu comigo pelos três anos seguintes; e, no final, posso dizer que estava certo.

Mais adiante naquela semana, Amy faltou à visita que faria a Blake porque não conseguiu sair da cama. Estava agitada e com raiva de si mesma, até que Jevan lhe deu o último Subutex. Ela se acalmou rapidamente, e tivemos uma tarde agradável juntos, procurando na internet imóveis que ela poderia alugar no campo. Sair de casa era um verdadeiro problema. Ela queria se apresentar no V Festival, em Leeds, e em Chelmsford, na semana seguinte, e eu sabia que ela precisava se preparar. Acontece que ela não conseguia encarar sequer a ideia de uma caminhada. Registrei mentalmente que deveria colocar Raye de sobreaviso para cancelar suas apresentações, e comecei a me perguntar se o fato de Amy não querer sair de casa não seria sinal de algo mais grave.

Uns dois dias depois, Amy deveria visitar Blake de novo — ele tinha sido transferido para a prisão Edmunds Hill, em Suffolk, a pouco mais de 100 km e a uma hora e meia de carro de Londres —, mas ela ficou acordada até as 2h da madrugada e, uma vez mais, não conseguiu se levantar de manhã. Ela e Andrew saíram atrasados e, quase na metade do caminho, ao perceberem que não chegariam a tempo, fizeram o retorno e voltaram para casa.

Jevan ligou mais tarde naquele dia: havia um traficante perambulando do lado de fora da casa. Liguei para o segurança e lhe disse que não deixasse o homem entrar. Quando cheguei, não se via o traficante em lugar algum, e Jevan já tinha ido para casa. Amy estava sozinha, abandonada por seus "amigos" agora que não estava usando drogas. Estava se sentindo solitária e queria sair, mas não conseguia se persuadir a deixar a casa. Era de cortar o coração vê-la daquele jeito. Ela sempre teve um temperamento forte, sempre no centro de todos os eventos, e agora estava calada e sozinha. Senti muita pena. Consegui animá-la um pouco, porém, com algumas das minhas histórias preferidas da adolescência e alguns "mitchellismos", não demorando muito para que ela risse.

Contei-lhe que, depois que meu pai faleceu, um amigo dele, Sammy Soroff, veio me ver.

— Ele me disse: "Estou aqui por causa do dinheiro que seu pai, Alec, me deve." Eu não tinha ideia do que ele estava falando e era apenas um rapaz, de modo que não sabia o que fazer. Sammy disse: "Seu pai e eu fomos ao norte fazer uns negócios, e eu paguei toda a conta. Seu pai nunca me pagou. Quero meu dinheiro." Aí fiquei realmente preocupado: como é que eu iria lhe devolver o dinheiro? Eu disse que encontraria uma forma de pagar a dívida um dia. E até hoje não paguei.

Amy ficou fascinada, e eu soube que tinha capturado sua atenção quando ela perguntou:

— Quanto você deve ao tio Sammy, papai? Eu lhe dou o dinheiro.
— Ah... cerca de 40 libras — respondi, rindo. Ela entendeu e riu também.

Eu acreditava que fazer Amy sair de Camden Town talvez a ajudasse a recuperar a segurança; também sabia que toda a família dela ficaria mais feliz se ela se afastasse daquele ambiente. Por isso, passados uns dias, comecei a procurar casas. Olhei alguns lugares bem razoáveis, todos na periferia de Londres — Rickmansworth, Hemel Hempstead e Hadley Wood. Achava que qualquer um desses seria fantástico, mas Amy estava mais preocupada com como conseguiria sua próxima dose de Subutex.

Conversei com Raye acerca da possibilidade de Amy não poder cantar no V Festival, mas ele decidiu deixar para tomar a decisão no último minuto. Raye também tinha recebido uma proposta para que Amy fizesse um grande show no Rio na véspera do Ano Novo.

— Neste exato momento, ela se recusa a deixar Camden — disse eu. — Como você acha que vamos conseguir com que vá ao Rio?

No final das contas, Raye conseguiu persuadi-la a ir num ônibus de turismo para o V Festival. Ela subiu ao palco com cerca de meia hora de atraso, mas se apresentou muito bem. No dia seguinte, atrasou-se de novo, mas Raye disse que foi muito bem recebida pelo enorme público. Ele achou que ela estava estupenda naquela noite e que foi um sucesso. Depois de assistir à apresentação na TV, eu diria que foi mediana.

Assim que Amy voltou para Prowse Place, os mesmos problemas ressurgiram. Ela continuava ansiosa com a ideia de sair, e o dr. Tovey teve de ir vê-la em casa para prescrever mais Subutex. Certo dia, ela planejava ir à academia para fazer algum exercício mais que necessário, mas chegou à porta da frente e não conseguiu sair. Seu estado mental piorava dia a dia. A maioria de seus médicos tinha lavado as mãos a seu respeito, já que ela se recusava a lhes dar ouvidos. Eu estava perdendo a confiança rapidamente no tratamento que ela estava fazendo, e precisava me inteirar de novas ideias e novos métodos. Liguei para alguns colegas e pedi socorro a todo mundo. Amy também estava tendo brigas com muitos amigos. Soube por Jevan que Geoff tinha estado na casa novamente, embora não tivesse entregado droga alguma a Amy; e Lauren lhe dava broncas pela forma como ela estava lidando com a recuperação. Alguns dos amigos não viciados de Amy não lhe prestavam apoio. Ela estava sempre sozinha, e eles não reconheciam seu esforço de entrar no programa de substituição de drogas que parecia estar ajudando em sua recuperação. Em suma, eles tinham sua própria opinião sobre como Amy deveria enfrentar aquilo, e eu tinha a minha. Nós concordamos em discordar.

Como se não bastasse, descobri que, ao longo dos últimos meses, Amy tinha usado seu cartão de débito para sacar 7 mil libras de sua conta. Eu tinha certeza de que se tratava de pagamento de drogas — o que mais poderia ser? Tentava convencer a mim mesmo de que era alguma dívida antiga, só que mais tarde naquele dia Andrew me ligou dizendo que um novo traficante tinha conseguido entrar na casa. Aparentemente, Amy tinha chamado o traficante e o recebeu à porta da frente como se fosse um velho amigo. "Receio que Amy tenha voltado para as drogas", escrevi em meu diário naquela noite. "Lá vamos nós... de novo."

Poderíamos arrumar uma forma de impedir que Amy sacasse dinheiro, mas se ela ainda estivesse determinada a conseguir drogas, daria um jeito. Por fim, confrontei-a sobre a questão e disse saber que aquela quantia enorme tinha sido gasta com drogas. Ela ficou uma fera, e tivemos uma ligeira discussão, mas no fim admitiu que havia pago as dívidas de drogas de outras pessoas e me garantiu que aquilo não aconteceria nunca mais.

Ainda tínhamos o problema das apresentações que ela teria de fazer. Haviam mais três que já estavam agendadas, e ela deveria focar no novo álbum. A primeira apresentação era na França. Raye tinha conseguido que Amy saísse de casa, e estavam juntos no Eurostar quando Blake telefonou da prisão para Amy e lhe disse para não fazer o show. Parecia que ela faria qualquer coisa que ele dissesse. Ele disse que ela estava sendo coagida a fazer o show e que não deveria ir. Quando o trem estava para sair da estação, Amy saltou, pulou uma barreira e entrou num táxi para Prowse Place. O não comparecimento de Amy lhe custou 150 mil euros.

Depois disso, Raye cancelou a apresentação dela na entrega dos prêmios da GQ. Amy não estava bem, mas ficou possessa, dizendo que estava em condição suficiente para ir. Não estava. E culpou todo mundo, menos a si própria, por sua incapacidade de se apresentar. Ela me disse que estava totalmente entediada com sua vida e que queria se mudar de Camden Town. Contudo, quando eu disse que tinha alguns imóveis que eu gostaria que ela visse, sua resposta foi que não estava pronta para isso. Saí e chutei o muro. Meu plano tinha sido encontrar um lugar onde ela tivesse bastante espaço e privacidade para escrever e gravar em casa, para que, quando não saísse, pelo menos estivesse trabalhando. Eu queria que ela superasse o tédio, encontrando uma nova inspiração, longe de Camden. Foi imensamente frustrante ela sequer avaliar as opções.

Eu estava preocupado também com a possibilidade de que Blake reivindicasse parte do dinheiro de Amy. Ele me dissera mais uma vez que decididamente queria o divórcio e que me enviaria uma permissão de visita para que pudéssemos discutir o assunto. Se Blake fosse ao tribunal, poderia obter uma quantia de Amy quando de seu divórcio. Eu queria evitar isso, mas a contadora de Amy, Margaret Cody, disse que seria muito difícil obter um mandado de proteção para impedir que Blake pusesse as mãos no dinheiro de Amy. E, se conseguíssemos, poderíamos desagradar Amy. Tínhamos de encontrar uma alternativa.

No dia seguinte, quando vi Amy, tanto sua aparência como sua voz pareciam muito melhor. Num dia, ela estava à beira da morte, e, no outro, estava bem. Continuava firme no tratamento com Subutex, porém eu suspeitava de que ela também estivesse fazendo uso de outra coisa.

A última apresentação agendada de Amy era na ilha de Wight. Amy era responsável pelos custos de produção, de pessoal, por sua banda, viagens e outras despesas, que somavam umas 96 mil libras. Ela receberia 150 mil libras pelo show. Se ela, de novo, não comparecesse, ainda assim as 96 mil libras teriam de ser pagas. Tive medo de Blake lhe telefonar no último instante dizendo-lhe para não ir. Felizmente, ela subiu ao palco, apesar da meia hora de atraso, e o show transcorreu muito bem.

Aquele foi o último de seus shows ao vivo por um período previsível. Eu estava contente, mas não conseguia saber como Amy se sentia em relação a isso e não tinha a menor ideia de como ela preencheria o vazio. Pelo menos, as apresentações tinham-na mantido ativa quando estava ficando tão deprimida e solitária. Agora ela deveria passar o tempo inteiro trabalhando em seu novo álbum, mas eu acreditava que poderíamos estar entrando num período perigoso. Parecia que a dependência de Amy às drogas estava diminuindo, e eu me sentia incrivelmente otimista com aquilo — ela sempre tomava o Subutex —, mas eu achava difícil compreender por que ela ainda usava drogas se o Subutex estava funcionando. Fiz-lhe essa pergunta incontáveis vezes, mas ela não tinha uma resposta. Mais tarde descobri, ao conversar com outros dependentes em recuperação, que quase sempre o caminho é esse.

* * *

Com as coisas melhorando com Amy, Jane e eu saímos para um descanso mais que necessário em Tenerife. Quando voltamos, novos problemas haviam surgido: Blake estava se apresentando novamente.

Ele seria libertado com uma pulseira eletrônica. Fiquei arrasado, mas Amy estava muito satisfeita, dizendo que faria com que ele se tratasse com Subutex e que o ajudaria a se livrar das drogas. Eu sabia que, se ele e Amy ficassem juntos de novo algum dia, o Subutex passaria a ser o primo pobre, e os dois voltariam para as drogas num piscar de olhos. Enquanto isso, Amy ainda não sabia que ele pretendia se divorciar dela. Se sabia, não dizia uma palavra a respeito. Eu queria Blake fora de cena, mas, se ele persistisse no divórcio antes de Amy ficar limpa, o mais provável era que ela reagisse muito mal e voltasse ao ponto de início — ou pior. Era um beco sem saída, realmente.

Blake não foi libertado na data prevista porque a polícia estava preocupada com as atividades relacionadas a drogas em Prowse Place, pois era esse o endereço que constava em sua ficha. Disseram a ele que poderia ser libertado se fosse morar no endereço de Georgette, mas ele respondeu que preferia ficar na prisão. Quando ouviu aquilo, Amy ficou eufórica e me disse que queria encontrar uma nova casa imediatamente. Teve, então, uma ideia realmente fenomenal: queria que Blake, ao ser libertado, fosse morar em minha casa. Fiquei completamente embasbacado. Ela não conseguia entender por que me recusei.

Depois de uns dias, tivemos algumas notícias boas. Raye conversou com o advogado de Blake e descobriu que ele só seria solto depois de cumprir toda a pena, em 6 de setembro de 2009, dali a um ano inteiro. *Devia* ser tempo suficiente para Amy se livrar totalmente das drogas, pensei. Eu precisaria enfrentar a decepção dela, mas conseguiria lidar com a situação, se aquilo significasse mais doze meses sem Blake. Sua decepção durou pouco. Já no início de outubro ela parecia bem e praticamente não falava em Blake. Continuava muito magra, mas tinha a aparência muito mais saudável, e Jevan confirmou que não havia mais visitas de traficantes.

Combinei de encontrar Russell Brand para falar sobre Amy, e fui até a casa dele, em Hampstead, zona norte de Londres. Ele é um dependente em recuperação e me deu alguns conselhos muito úteis sobre a condição de Amy. Ficou impressionado pelo fato de ela estar se mantendo firme com o Subutex, e me apresentou ao seu conselheiro de reabilitação, Chip Somers. Marquei uma hora com ele imediatamente. Minha conversa com Russell me deixou otimista com a possibilidade de o fim da estrada talvez estar muito perto. Grande parte ia depender de Amy voltar ou não para Blake, mas o tempo estava do nosso lado agora, e ela parecia estar enfrentando bem a situação.

Encontrei-me com Chip Somers na Focus 12, clínica de reabilitação de drogas e álcool, em Bury St. Edmunds, Suffolk, e fiquei bastante impressionado com o trabalho que ele fazia. Se ao menos pudesse levar Amy para lá, pensei, aquele seria um bom lugar para ela ficar, agora que parecia estar se aproximando da reta final.

As frustrações diárias, porém, continuavam, com Amy faltando aos compromissos e Blake convencendo-a a não fazer as coisas. Por fim, fiquei saturado e lhe dei uma bronca. Ela berrava, e ficamos os dois muito alterados. Não consigo lembrar o que ela disse no calor do momento, mas afinal Amy prometeu:

— Vou cumprir meu próximo compromisso, papai, mas está realmente difícil ficar sem Blake. Será que você pode parar de ficar falando nele o tempo todo?

— Eu poderia, meu bem — disse eu —, mas não gosto desse domínio que ele tem sobre você. — Lembrando da conversa recente com Chip Somers e de seu conselho sobre como tratar um viciado em recuperação, continuei: — Você tem de aprender a dizer para si mesma: "Não, eu sou responsável. Vou assumir o controle do que acontecer na minha vida."

— Eu sei, papai — disse Amy, levando a mão à testa. — Eu sei que Blake me manipula, mas eu meio que gosto, e sei que tenho de parar com isso.

Ela não parava de falar sobre os bons tempos que tiveram e como se amavam. Salientei que, naquilo que ela chamava de bons tempos, sempre houve drogas envolvidas. No início, ela disse que não era verdade, mas, então, depois de pensar um pouco, concordou. Perguntei a ela o que ia fazer a respeito de Blake. Ela respondeu que o amava e que realmente não conseguia ver nada além disso. Senti muita pena dela.

Mesmo tendo prometido, Amy não compareceu à consulta seguinte com o dr. Tovey. O Subutex estava acabando rápido e, uma vez que ela parasse de tomá-lo, não demoraria muito para ter crises de abstinência. Tentei telefonar, mas ela se recusava a atender. Aquilo não era comum. Fiquei me perguntando se ela havia repetido nossa conversa para Blake e se ele a tinha proibido de falar comigo. Fui vê-la. Ela tinha ficado sem o Subutex e estava passando por momentos realmente difíceis. Afinal, consegui convencê-la a me deixar levá-la ao dr. Tovey, que prescreveu mais Subutex.

* * *

Enquanto tudo isso se desenrolava, a pressão da imprensa era constante. Quando Jane e eu estávamos em Tenerife, recebi uma ligação de Phil Taylor, do *News of the World*. O jornal estava publicando duas matérias sobre Amy, e ele queria que eu comentasse. A primeira era de Georgette, afirmando ser uma vergonha que Amy tivesse faltado a tantas visitas para ver Blake, e a segunda dizia que Amy se encontrava em prisão domiciliar por estar num estado terrível, falando sozinha e sofrendo de incontinência. Era inacreditável. É claro que neguei tudo. Agora Phil Taylor estava de novo na área. O *News of the World* publicaria uma reportagem que condenava Blake e sua família, e ele queria saber minha reação. Como naquela época eu acreditava que a melhor forma de combater Blake e sua família, e proteger Amy, seria em público, através da imprensa, falei com ele. Queria que o mundo soubesse que sempre havia alguém do lado de Amy. Olhando em retrospectiva, isso foi um erro. Não fez nenhum bem a nenhum de nós, e me arrependo da forma como conduzi as coisas, mas naquela época estava furioso.

Vinha também recebendo muitos telefonemas anônimos. Eram chamadas não identificadas, e a mulher, cuja voz parecia familiar, praguejava e vociferava ao telefone comigo. Avisei ao meu advogado, Brian Spiro, e ele procurou a polícia sobre o caso das mensagens de texto e cartas anônimas.

Passados alguns dias, fui chamado pela Polícia de Kent para falar com mais detalhes sobre a carta anônima antissemítica, as mensagens de texto ofensivas e as ligações anônimas. Disseram-me que aquilo era mais do que simples assédio e que a polícia estava tratando do assunto como um caso muito grave. A carta tinha sido enviada para análise pela perícia.

Em 18 de outubro, Amy telefonou para dizer "Eu te amo, papai". Aquilo me deixou imensamente animado. Quando nos falamos de novo mais tarde, ela disse que queria que eu a ajudasse com alguns croquis que ela estava criando para uma coleção de roupas que Fred Perry estava interessado em produzir. Eu já tinha conhecimento do projeto fazia um tempo e fiquei contente por ela estar começando a trabalhar naquilo. A ideia era que Amy criaria e desenharia as roupas e Fred Perry produziria a Coleção Amy Winehouse. Amy era uma artista muito talentosa e adorava criar e desenhar roupas. Fred Perry podia ver que ela tinha estilo no seu sentido mais puro e original, e acreditava que a coleção venderia bem. A coleção foi lançada em 10 de outubro de 2010 e foi muito bem recebida. A colaboração entre Amy e Fred Perry foi um grande sucesso, e eu guardo como um tesouro os desenhos originais.

Não sei de onde ela tirava suas ideias. Deve ter passado horas folheando revistas de moda, tanto as atuais como de estilo clássico, mas acredito que sua fonte real de inspiração estava nas ruas. Quando saía, estava sempre olhando tudo, atentamente, observando indivíduos que tinham criado o próprio visual. Se visse alguém usando algo que a interessava, aproximava-se da pessoa e perguntava onde tinha comprado. E fazia isso onde quer que estivesse, não apenas em Camden. Eu estava junto na Espanha quando ela abordou desconhecidos para lhes fazer perguntas.

O projeto de Fred Perry foi uma boa distração, mas as coisas começavam a se abater sobre Amy novamente. Ela estava se esforçando muito para vencer as drogas, mas com certeza ainda não tinha conseguido. Em dado momento, ela sugeriu vir morar comigo e Jane por um tempo, mas na última hora mudou de ideia.

Uma vez mais, ela estava lutando para sair de casa, e não demorou muito para que o Subutex acabasse e ela tivesse crises de abstinência. Só que dessa vez, no lugar de fazer o mesmo que tinha feito antes, recorrendo às drogas, ela quis se internar na London Clinic. Era um grande avanço. Ela estava realmente assumindo o controle. Eu a levei, e ela foi examinada imediatamente. Fora a crise de abstinência e uma infecção nos pulmões, não havia nada de errado. E foi confirmado que ela não fizera uso de drogas recentemente. Seus seguranças ficaram no hospital e receberam instruções de que não haveria nenhuma visita ou telefonema sem minha permissão, a menos que o visitante soubesse a senha, que eu somente daria a pessoas autorizadas. A senha dessa vez era o nome de minha mãe, Cynthia.

Nos dias seguintes, Blake me ligou repetidas vezes pedindo a senha. É óbvio que não disse. Por isso, ele começou a perturbar, telefonando para o hospital e destratando as enfermeiras porque elas não transferiam a ligação para Amy. Senti-me mal pelo que estávamos fazendo as enfermeiras passarem, mas fiquei muito contente de elas não se intimidarem. Eu com certeza não queria que Blake falasse com Amy porque estava preocupado que ele a convencesse a sair do hospital.

Depois de alguns dias, Amy estava muito bem, e todos os resultados dos exames eram muito melhores do que os médicos esperavam. Ela tinha a aparência mais saudável e desfrutava de bons momentos com as visitas que eram permitidas e que pareciam estar lá noite e dia.

Levei comida de delicatéssen para ela um dia, na hora do almoço. Ela ficou beliscando e acabou esvaziando o prato.

— Papai, eu estava falando com alguém daqui sobre comida e essas coisas, e acho que tive problemas com isso nos últimos anos. Terá sido por causa das drogas? Não tenho certeza, mas pode ter sido, não pode?

Gostei de ela ter falado nisso porque, como disse, todos nós reparamos como ela tinha emagrecido. Eu atribuiria às drogas, mas sugeri que perguntasse a um médico.

Depois de uma semana, ela deixou a London Clinic e parecia ter ganhado peso. Como o dr. Tovey estava satisfeito com seu progresso, levei-a para Prowse Place. Mais tarde naquele dia, ela me ligou dizendo que estava preocupada com uma erupção que tinha aparecido de repente em seu corpo. Providenciei para que o dr. Ettlinger fosse vê-la e imediatamente Amy perguntou se podia se internar novamente na London Clinic. Soube depois que ela tinha dito a Jevan que queria voltar para lá, mesmo antes de ter percebido a erupção. Ela tinha ficado em casa apenas algumas horas, mas estava claro que se sentia segura na London Clinic, longe da tentação das drogas. Duvidei que aquilo tivesse alguma coisa a ver com a erupção.

Apesar do desejo de Amy de voltar para a London Clinic, recebi uma ligação dois dias depois, em que fui informado de que ela havia saído do hospital às 21h30 da noite anterior, sem ter retornado. Amy tinha voltado para Prowse Place para se drogar. Vinte e quatro horas mais tarde, ela voltou para a London Clinic. Parecia estar usando a clínica como um hotel. Àquela altura, porém, eu já havia conversado com vários dependentes em recuperação e conselheiros de reabilitação, que me disseram ser bastante comum os dependentes, mesmo aqueles que estavam perto de se livrar das drogas, terem recaída; de modo que a notícia sobre Amy não me deixou tão mal. Suponho que eu estava me tornando mais informado sobre todo o processo, e com isso minha reação já não era tão desesperada a cada coisinha que surgisse de repente. O essencial era que Amy queria ser ajudada.

* * *

No dia 5 de novembro de 2008, Blake saiu da prisão, alguns meses antes do previsto. Sua liberdade estava condicionada à sua internação no Life Works, um centro de reabilitação em Woking. É claro que ele pediu a Amy para pagar as diárias da clínica, e mandou um formulário para que ela assinasse quando ela estava na London Clinic. Surpreendentemente, ela se recusou.

— Não vou pagar, papai. Estou uma fera com ele. Ele que vá para onde quiser, eu não vou pagar.

Fui às nuvens. Esse era o grande desdobramento pelo qual eu vinha esperando. Vivia apreensivo com a maneira como Amy reagiria quando Blake saísse da prisão, e não podia ter esperado nada melhor.

Passaram-se alguns dias quando saiu nos jornais uma declaração de Blake, que teria dito: "Quando eu me encontrar com Amy, vou logo tirar sua calcinha." Tive vontade de matá-lo ao ler aquilo.

Quando saiu da London Clinic, Amy ainda não tinha concordado em pagar as diárias da clínica para Blake, e por isso ele resolveu me atormentar. Mandou-me uma mensagem de texto: "Podemos ser amigos?" Respondi: "Não." Ele também vinha tentando falar com Amy, só que ela não atendia suas ligações, o que me deixou muito contente. Se Blake não encontrasse uma forma de pagar a internação na clínica nos próximos dias, voltaria para a prisão. Infelizmente, um dia antes de ele ser mandado de volta para a prisão, Amy pagou as contas, dizendo que devia isso a ele e chamando sua reabilitação de "estada num hotel". Pelo menos, ela não estava iludida.

Amy parecia continuar longe das drogas, mas eu vinha recebendo um monte de telefonemas de amigos dela por conta de suas bebedeiras. Ela tinha saído dançando pelas ruas de Camden bem cedo de manhã, e o Blake americano disse que foi o pior estado em que tinha visto Amy em meses. Liguei para ela para falar sobre isso, mas ela gritou comigo, e eu desliguei na sua cara.

Dias depois, Amy teve outra recaída. Tinha se trancado do lado de fora de Prowse Place e ido para Jeffrey's Place. Fiquei com o coração nas mãos: todo dependente de drogas em Camden parecia saber onde ficava aquela casa. Depois, Amy admitiu que tinha usado drogas enquanto esteve lá, mas me garantiu que tinha sido uma única vez. Eu não tinha tanta certeza.

A montanha-russa continuou dias depois, quando Amy estava em sua melhor forma e me fazendo rir muito. Eu tinha sido bem idiota de deixar alguém me convencer a aplicar Botox na testa — por três dias depois de tomar a injeção, eu não conseguia mexer minhas sobrancelhas. Amy me olhou e deu um suspiro.

— Não quero que você gaste seu dinheiro em drogas, papai — disse ela. Amy tinha um senso de humor incrível e, quando estava com aquele humor, gostava das velhas histórias da minha infância no East End. Durante aquelas poucas horas, drogas, Blake e todos os outros problemas com os quais estávamos lidando ficaram a milhões de quilômetros de distância. Era igualzinho ao que costumava ser. Naquela noite, escrevi em meu diário: "Eu realmente acho que desta vez estamos chegando ao fim da viagem com as drogas. Rezo para estar certo."

No dia seguinte, Amy falou com Blake ao telefone e saiu para uma bebedeira, indo a vários pubs de Camden e bebendo com quem quer que estivesse lá. Ficou tão mal que acabou passando a noite na London Clinic, porque não parava de vomitar. Blake estava ligando para todo mundo a fim de descobrir onde Amy estava. Ele me ligou, mas é claro que eu não lhe diria. A última coisa de que precisávamos era Blake atormentando Amy nesse período crucial da recuperação dela.

No dia seguinte, Blake compareceu ao tribunal para a audiência do recurso de sua sentença. O recurso foi rejeitado, e tenho de dizer que fiquei animadíssimo, embora soubesse que aquilo não era o fim. Naquela noite, escrevi em meu diário: "*Ele* me telefonou e disse que deixaria Amy, se aquilo fosse salvá-la — baboseira de sempre, mas eu realmente acredito que as coisas estão chegando ao final com ele, embora no hospital Amy tivesse me mostrado uma carta que ele lhe mandara. Sem mencionar o divórcio, ele dizia que os dois eram como Bonnie e Clyde, e estavam destinados a ficar juntos para sempre." Blake estava dizendo uma coisa para Amy e outra para mim. Aquilo estava longe de terminar.

No dia seguinte, recebi um telefonema dele, perguntando-me se eu o ajudaria, financeiramente, a alugar uma propriedade. Respondi que só faria aquilo se ele desse entrada no divórcio. Ele me garantiu que faria isso e disse que seu advogado entraria em contato conosco para confirmar.

Eu ainda estava vendo imóveis para Amy como parte do esforço de tirá-la de Camden Town. Naquele dia, fui com a amiga de Amy, também cantora, Remi Nicole e com Jevan ver uma linda casa em Hadley Wood, Hertfordshire, e mostrei a Amy o folheto com todas as fotos. Amy ficou entusiasmada, e minha recompensa por semanas procurando um imóvel foi um abraço carinhoso.

— Parece perfeita, papai.

Pouco tempo depois disso, Blake foi entrevistado pelo *News of the World*. Pensei que fosse admitir, finalmente, estar se divorciando de Amy, mas ele foi além do que eu podia esperar. Segundo a matéria, ele teria dito:

> Arrastei Amy para as drogas, e sem mim não há qualquer dúvida de que ela jamais teria seguido por esse caminho. Arruinei uma coisa linda. Cometi o maior erro da minha vida ao usar heroína na frente dela. Eu a apresentei à heroína, ao crack e à autoflagelação. Eu me sinto mais do que culpado.

Ele admitia que tinha transformado Amy numa drogada, mas não mencionou que estivesse se divorciando dela. Em lugar disso, passou a bola para ela:

> Farei qualquer coisa por ela — e isso inclui sair de sua vida. Se Amy quiser o divórcio, não vou brigar com ela por nada. Vai ser o dia mais triste de minha vida.

Blake estava tentando passar uma imagem de mártir, e não houve nenhuma alusão a como Amy estava se saindo em sua batalha para se livrar das drogas. Naquele mesmo dia, recebi a seguinte mensagem de texto dele:

> Você está tentando comprar o divórcio de sua filha. Pare de esconder o dinheiro de Amy. Quero um contrato.

Ele estava atrás de alguma coisa por escrito — talvez a propriedade para a qual ele queria minha ajuda financeira —, antes de concordar com o divórcio. Respondi dizendo para ele não entrar mais em contato comigo.

Amy ficou péssima depois de ler a matéria, pisando no chão com violência e batendo portas. Andrew contou-me que ela tinha combinado com um traficante para ir lá mais tarde, mas eu consegui impedir isso. Ela estava no mais completo estado de negação, insistindo que Blake não tinha na verdade dito o que saiu no *News of the World*, que deturparam o que ele disse e as palavras eram do jornalista. Quando lhe perguntei como sabia daquilo, ela disse que Blake tinha lhe contado.

Não tive escolha a não ser mostrar a Amy a mensagem que eu tinha recebido de Blake.

— Não quero magoar você, meu bem, mas você tem de saber a verdade.

Ela ficou pasma e com os olhos fixos no texto que estava no meu telefone, tentando entender o que estava acontecendo. Acho que foi aí que finalmente a ficha caiu e ela percebeu que Blake vinha mentindo para ela e que tudo o que interessava a ele era o dinheiro dela. Foi um duro golpe, e temi que ela recorresse às drogas numa tentativa de aliviar a dor.

— Eu amo Blake, papai — disse ela, por fim. — Vou amá-lo haja o que houver.

Isso me deixou apreensivo, mas ela continuou:

— Estou mais forte agora, e isso que ele diz para você só me faz querer ficar limpa e largar as drogas. Então, vou ajudá-lo a ficar limpo também. É isso o que eu quero.

Nunca entendi por que Amy era tão apaixonada por Blake. Não era como se ele tivesse trazido muita coisa positiva para sua vida, ou pelo menos assim me parecia. Apenas drogas e infelicidade. Talvez Amy tivesse querido viver novas experiências, como fazem muitas pessoas em seus 20 e poucos anos, só que ela escolheu o homem errado para viver essas experiências. Ele a levou para um caminho do qual ela não conseguiria voltar com facilidade. Esse é o único ponto que eu nunca consegui entender sobre minha filha. Gosto de pensar que conhecia Amy melhor que qualquer pessoa no mundo. Conseguia me identificar com muitos aspectos dela, porque ela sempre me lembrava de como eu era. Mas essa era a única parte que não fazia sentido para mim — nunca fez.

Obviamente, assim que fui embora, Amy e Blake fizeram as pazes e ela disse para ele voltar para casa quando saísse da clínica de reabilitação.

* * *

No início de dezembro, Amy estava de volta à London Clinic, e eu soube que Blake não tinha passado num teste antidrogas na clínica de reabilitação. Disseram-nos que ele seria mandado de volta para a prisão, mas o que ouvi em seguida veio dos nossos rapazes da segurança na London Clinic: ele tinha fugido da clínica de reabilitação e aparecido no hospital exigindo ver Amy.

— Vá se apresentar à polícia — disse-lhe eu quando o segurança me passou o telefone.

Ele disse que iria, mas suplicou para ver Amy antes disso. Contra todo o meu bom senso, concordei que ele poderia passar algum tempo com ela. Que erro cometi! Para meu espanto, menos de uma hora depois o segurança de Amy me telefonou dizendo que eles achavam que Blake tinha dado drogas a ela.

Seria impossível alguém querer inventar uma história dessas. Lá estava ele num dia dizendo que queria salvá-la; e, no dia seguinte, dando drogas a ela. Eu sabia que dependentes tinham recaídas, mas esse homem me dissera que gostava de ser dependente. O que pensei dele naquele momento é impublicável.

Fui direto para o hospital, mas, quando cheguei, Blake tinha ido embora. Perguntei a Amy sobre as drogas que ele tinha lhe dado e fiquei muito aliviado quando ela as tirou de debaixo do travesseiro.

— Papai, não sou tão burra assim — disse ela, entregando-as para que eu jogasse tudo no vaso sanitário. Fiquei emocionado porque ela estava mantendo o controle de sua recuperação, mas não conseguia deixar de me perguntar se ela tinha usado um pouco. Queria acreditar em suas negativas, mas meu cinismo tinha nascido de uma longa experiência.

Quando Amy soube que Blake tinha ido se apresentar à delegacia de polícia de Shoreditch, ficou contente e, o que foi frustrante, ainda mais dedicada a ele. Era como se ele fosse uma espécie de herói. Ela me disse que dali em diante eles teriam um relacionamento completamente livre de drogas.

No dia 4 de dezembro de 2008, fiz 58 anos. Passei a maior parte do dia com Amy na London Clinic. Ela falou muito sobre voltar ao estúdio para trabalhar, o que considerei um excelente sinal. Só que Amy me conhecia bem demais.

— Você acha que eu usei um pouco daquela droga que Blake me trouxe, não é, papai?

— Você usou? — Fui direto, porque estava cansado daquele jogo.

— Eu não sou burra, papai — respondeu ela. — É claro que não.

Era evidente que eu não parecia convencido, porque ela continuou:

— Eu juro. Olha, se você quiser, eu juro... Juro, sobre cem Bíblias, que não usei.

— Tudo bem, querida — disse eu, sorrindo. — Acredito em você.

E acreditei mesmo. Ela estava realmente melhorando. Tudo o que eu tinha de fazer era me certificar de que não houvesse mais recaídas. Falar é fácil, mas minha garotinha estava mais forte agora, e eu sabia que conseguiríamos, se todos nós trabalhássemos juntos.

Três dias depois, Amy envolveu-se numa discussão com outro paciente. O dr. Glynne ficou muito aborrecido com o comportamento dela e me avisou que, se aquilo ocorresse novamente, seria obrigado a pedir a Amy que deixasse o hospital.

Nesse meio-tempo, eu havia progredido bastante na casa de Hadley Wood. Amy poderia se mudar para lá até a terceira semana de janeiro, mas eu só deixaria que ela se mudasse caso concordasse com minhas condições (coisa que eu tinha aprendido em reuniões com conselheiros de reabilitação — o método de incentivos e punições): nenhuma droga em casa; teste semanal de urina para confirmar que ela não tinha usado drogas; e seguranças, 24 horas, todos os dias da semana.

— Obrigada, papai. Não vou decepcionar você — disse Amy, dando-me um abraço apertado e concordando com todas as regras.

Respondi que se ela não obedecesse às regras estaria decepcionando a si mesma, não a mim. Contudo, eu estava indo tão bem com minhas regras que acrescentei outras: nada de se comportar mal no hospital e nada de fazer drama. Eu estava dando as cartas, e ela disse que tudo bem.

Àquela altura, Amy não se importava de chamar a London Clinic de casa, mas estava desanimada. Por isso, eu a levava a uma academia no Strand mais ou menos de dois em dois dias, o que parecia estar ajudando. Era bom ver sua resistência e sua saúde melhorando. Mais tarde, íamos às vezes comer alguma coisa no restaurante de Joe Allen, em Covent Garden, que Amy adorava. Tínhamos ido lá muitas vezes no passado, depois de seus primeiros shows, e só o fato de estar lá nos trazia um monte de boas recordações.

Em meados de dezembro, as coisas começaram a desmoronar de novo quando o *News of the World* publicou uma matéria enviada por Georgette. Afirmava que um homem próximo a Amy tinha oferecido 5 mil libras a Blake para que ele contratasse um assassino profissional para matar o traficante que fornecia drogas a Amy. A reportagem era tão ridícula que chegava a ser risível, mas era uma verdadeira vergonha que as pessoas insistissem em inventar histórias sobre Amy, e que o *News of the World* não parasse de publicá-las.

Depois fiquei sabendo que Georgette tinha dito ao jornal que o homem próximo a Amy era eu. Não sabia se acreditava ou não nisso. Quem me informou foi o editor, mas o *News of the World* tinha tantos antecedentes de mentir para mim e de manipular histórias que não era impossível eles terem inventado aquilo também, só para provocar uma resposta da minha parte. Eu realmente não sabia em que acreditar. Mas, se fosse verdade, eu precisava encontrar um meio de impedir que aquela mulher usasse a imprensa daquela maneira. O jornal pagava a Georgette a cada vez que ela surgia com outra história "exclusiva" sobre Amy, e eu estava preocupado com o que mais o jornal escreveria. Meu advogado acrescentou a alegação de Georgette à lista crescente de queixas que ele já havia fornecido à polícia de Kent.

Mantive Amy longe de tudo isso, é claro. Ela estava muito entediada e desesperada por algo novo, mas ainda lidava bem com sua recuperação. E àquela altura ela estava apadrinhando uma cantora de 13 anos de idade chamada Dionne Bromfield. A imprensa frequentemente se referia a Dionne como afilhada de Amy, o que não era verdade: Amy tinha conhecido Dionne quando esta fez 11 anos, mas reconheceu o talento e na mesma hora quis ajudá-la. Não fiquei tão contente assim, porém, quando me pediram para assinar um cheque de 13 mil libras para pagar o aluguel do estúdio para Dionne. As contas do hospital e com os seguranças já eram astronômicas, e achei aquilo um absurdo. Mas Amy estava determinada a ajudar Dionne. Acreditava que a menina tinha um talento natural incrível, e acabou conseguindo me fazer mudar de opinião. Foi um dinheiro bem empregado. Em setembro de 2009, Dionne tornou-se a primeira artista a ser contratada para o selo de Amy, Lioness Records. Amy abriu a companhia só para contratar Dionne. O nome vinha de um pingente de leoa que minha mãe tinha dado a Amy.

— Quando eu estava pensando no nome que daria ao selo, peguei o cordão e soube na mesma hora que seria Lioness — disse-me Amy —, em homenagem à vovó.

No dia 19 de dezembro, Amy deixou a London Clinic e voou para St. Lucia para umas férias. Levou consigo Andrew, Jevan e, é claro, seu bom amigo Subutex. Eu tinha ficado um pouco nervoso com o fato de Amy viajar, mas acreditava que ela era forte o suficiente àquela altura para resistir às tentações, e fiquei mais tranquilo porque os rapazes estavam com ela. Nós nos falávamos praticamente todos os dias enquanto ela estava na ilha, e ficou logo evidente que ela estava adorando o lugar. Recebi ainda montes de mensagens de texto de Andrew e de Jevan, confirmando que ela estava bem, embora tivesse bebido demais em uma ou duas ocasiões.

Certa tarde, ao passar pela estação King's Cross, vi um pequeno grupo de viciados amontoados — eu reconhecia os sinais agora, infelizmente. Senti muita pena deles e me perguntei como aqueles jovens tinham entrado no mundo das drogas. Sabia o que tinha feito Amy começar aquilo: Blake. Para abandonar as drogas para sempre, ela teria de aceitar aquele fato desconfortável.

Na véspera do ano-novo, Ray e eu almoçamos juntos para discutir os planos de Amy para 2009. Havia muito interesse de várias partes do mundo em contratar Amy para shows ao vivo, mas nós decidimos ver como ela estava quando chegasse de St. Lucia antes de fazermos qualquer plano. Estávamos a anos-luz de onde estivéramos no ano anterior, não apenas Amy como eu também: eu tinha aprendido muito mais do que jamais poderia imaginar sobre dependência química e recuperação, e tinha começado a experimentar um novo respeito por aquelas pessoas que dedicavam a vida a trabalhar nessa área. Comecei também a perceber que, para a maioria das pessoas, a dependência é uma doença — uma doença que precisa de tratamento, como qualquer outra.

Felizmente, quando terminou o ano de 2008, parecia finalmente que estávamos perto de ter Amy livre das drogas para sempre. Era inegável que ela estava melhor até mesmo do que poucos meses antes. Eu não tinha nenhuma ilusão de que ela estivesse curada, mas St. Lucia parecia estar lhe fazendo um bem enorme. Ela queria continuar lá o máximo de tempo que fosse possível, o que todos nós consideramos uma excelente ideia.

"Vamos esperar que 2009 seja melhor do que 2008", foram minhas palavras finais do ano de 2008 no diário. "As coisas já estão muito mais promissoras. Amy se esforçou muito para se livrar das drogas. Sou um homem de sorte por ter uma família tão maravilhosa."

16

"Não tem graça nenhuma"

QUANDO CHEGOU O ANO DE 2009, embora estivesse claro que Amy continuava a se recuperar, eu estava preparado para que o sensacionalismo em torno dela continuasse. Os tabloides não apresentavam aos leitores o quadro complexo da recuperação de Amy. Preferiam repisar suas recaídas. Era difícil para o grande público compreender que de uma forma geral ela estava melhorando. Se eu tive um desejo para 2009, além de saúde e felicidade para Amy e para o resto da família, foi que os jornais a tratassem com mais justiça. Ela também tinha de cumprir sua parte naquilo tudo, e eu estava determinado a ajudá-la a encontrar forças para isso.

O fato de Amy estar gostando tanto de St. Lucia era música para meus ouvidos, e eu queria encorajá-la ao máximo a ficar lá. O único problema era que o Subutex estava acabando. Falei com o dr. Tovey, e ele me deu uma receita. Jevan, que agora estava em Londres, voltou a St. Lucia com o Subutex. Como eu iria ao encontro de Amy dali a quinze dias, falei de novo com o dr. Tovey, e ele me deu outra receita, para que eu pudesse levar o medicamento comigo.

A estada de Amy em St. Lucia não transcorreu sem problemas. No dia 9 de janeiro, Jevan me ligou para dizer que eles teriam de se transferir para outro hotel por causa de queixas contra Amy e suas bebedeiras. Aquilo não demorou a chegar à imprensa, e no domingo seguinte o *News of the World* publicou uma matéria dizendo que Amy passava a maior parte do tempo bêbada e incomodando os hóspedes do hotel em que estava. Disseram ainda que Amy tinha dormido com o jogador de rúgbi Josh Bowman, que passava férias na ilha. Ela teria supostamente dito: "Josh é melhor do que Blake na cama." O único ponto bom na história era que Amy estava feliz e livre das drogas.

Por coincidência, Blake me telefonou para dizer que queria decididamente o divórcio, e no dia seguinte nossos advogados receberam os papéis dos advogados dele. Eu não queria que Amy acabasse tomando conhecimento disso através de outra pessoa, então liguei para ela. Como não pareceu ficar muito chateada, dei-lhe uma bronca por causa da bebida, e ela me disse que iria diminuir. Era difícil acreditar no que ela dizia, mas ao menos quando eu estivesse lá nós poderíamos ter uma conversa olho no olho.

Quando cheguei a St. Lucia, não acreditei ao ver como Amy parecia tão bem — estava bronzeada e tinha até ganhado peso. Fazia muito tempo que eu não a via tão feliz, e ela ficou contente em me ver, assim como eu em vê-la. Estava torcendo para passarmos juntos umas férias agradáveis, pai e filha — eu tinha deixado em Londres meu papel de intermediário entre Amy e seus problemas. Gostei de seu *look* de "moradora da ilha" — *top* e short —, mas quando fomos jantar naquela noite ouvi alguns muxoxos dos outros hóspedes por causa do seu modo de vestir. Ela não lhes dava a menor atenção. Era sempre simpática e adorava brincar com as pessoas, fazendo-as rir. O problema era que esperava que todo mundo entrasse na dela. Até aí, nada demais; só que algumas pessoas não gostam dessas coisas. A maioria do pessoal que estava jantando ali naquela noite não se importou com as brincadeiras de Amy, mas tive de ter uma conversa com um homem que foi grosseiro ao se referir a ela.

O hotel era público demais. Alguns dias depois, fui acordado por um telefonema de um repórter do jornal *The Sun*, que queria saber da minha reação às fotos que ele tinha de Amy engatinhando pelo chão do bar do hotel, supostamente implorando às pessoas que lhe dessem bebida. A verdade era que Amy estava fazendo mais uma de suas brincadeiras. Sei disso porque estava lá. Por que motivo ela iria implorar bebida quando havia um monte em nossa mesa? Como sempre, a imprensa queria encarar qualquer cena dela do pior ângulo possível.

Depois daquilo, saímos do hotel. Eu havia alugado uma mansão espetacular para todos nós. Amy gostou mais de lá por ter mais privacidade. Nos dias seguintes ela mal bebeu, e somente uma vez exagerou. Nessa ocasião, começou a falar sobre Blake. Eu disse: "Silêncio, Amy", da forma como eu fazia quando ela era pequena. Acabamos rindo, e ela não mencionou Blake de novo naquela noite.

Enquanto estávamos na mansão, Amy foi a outro hotel para usar a academia. Andrew me ligou para avisar que o lugar estava lotado de paparazzi. Saí voando para lá e mandei todos embora. A imprensa não deixava Amy em paz, e um tabloide publicou que, quando Amy esteve no hotel, ela estourou 10 mil libras em bebidas numa única noite. Se tivessem se dado ao trabalho de pesquisar, teriam descoberto que o *resort* onde Amy estava hospedada tinha todas as despesas incluídas, o que significava que ninguém pagava pelo que bebia.

A reportagem podia estar errada, mas a bebida de fato se tornava um problema sério para Amy. Naquela noite, ela ficou embriagada na mansão. Fiquei satisfeito por não haver nenhum sinal de drogas, mas fui dormir pensando que agora eu tinha mais uma coisa com que me preocupar.

Na manhã seguinte, graças à sua impressionante capacidade de se recuperar, Amy estava maravilhosa. Pediu desculpas e prometeu não beber por dois dias. Passados alguns dias, voltei para casa, mas

Amy permaneceu em St. Lucia, transferindo-se para outra mansão. Fiquei nervoso por deixá-la depois de ter visto o quanto ela estava bebendo, mas precisava estar em casa para tocar a vida. Não poderia passar todo o tempo em St. Lucia, ao contrário de minha filha, que tinha como trabalhar em qualquer lugar.

No dia 24 de janeiro, Raye viajou para St. Lucia e me deixou tranquilo, dizendo que me diria como Amy estava e se tinha começado a trabalhar com Salaam Remi. Contudo, o *News of the World* estava para publicar uma matéria na qual Georgette dizia que Amy estava bancando o vício em drogas de Blake. Depois de investigar um pouco, descobri que a história de Georgette talvez fosse proveniente de cartas de Amy para Blake, que Georgette teria entregado ao *News of the World*.

Lá vamos nós outra vez, pensei. Já era difícil termos de lidar com a luta de Amy, mas a batalha contínua com Georgette nos jornais era extenuante. Pelo menos eu sabia que Amy estava melhorando, mas não estava claro o que apaziguaria Georgette, se é que alguma coisa conseguiria esse feito. A batalha na mídia não tinha trégua. Nunca mais tive notícias diretamente dela, já que, depois da mensagem ofensiva que recebi na primavera de 2008, a polícia lhe fez uma advertência oficial para me deixar em paz.

Como sempre fazia toda vez que surgia algum problema com Georgette, falei com nossos advogados, John Reid e Simon Esplen. Eles estavam otimistas quanto às cartas, dizendo que eram propriedade intelectual de Amy, e, se o *News of the World* as publicasse, estaria infringindo os direitos autorais dela. Aquilo poderia também ser invasão de privacidade. Caso as cartas fossem publicadas, processaríamos Georgette e o jornal. Tanto Simon como John estavam confiantes em nosso êxito. O escritório deles, Russells, cuidaria do caso de Georgette, e outro escritório de advocacia, Schillings, ficaria incumbido do *News of the World*. O Russells escreveu para Georgette sobre as cartas de Amy. Não obteve nenhuma resposta. Por fim, Simon Esplen me disse que o prazo para Georgette se manifestar havia se esgotado, e por isso eles iniciariam um processo contra ela.

Em meados de fevereiro, voltei a St. Lucia, levando outra receita de Subutex comigo, pois Amy tinha dito que o dela já estava no fim. Quando Andrew veio me encontrar no aeroporto, disse que Amy tinha consumido todo o Subutex, teve uma crise de abstinência e estava no hospital. Fui direto para lá. Amy estava dormindo, mas acordou logo que ouviu minha voz. Tomou dois comprimidos de Subutex imediatamente e meia hora depois estava bem. Jantamos juntos naquela noite, e ela estava no seu estado habitual, espalhafatoso, falando muito de Blake e dizendo que daria seu Subutex a ele. Não fiz nenhum comentário, mas como percebi que ela também falava sobre rapazes que tinha conhecido na ilha, esperei que aquilo fosse mais significativo que sua conversa sobre Blake.

Na noite seguinte, fomos a um caraoquê na cidade. Amy e eu cantamos *Garota de Ipanema* e nos divertimos muito, mas, à medida que a noite avançava, ela acabou bebendo demais. Quando uma frequentadora embriagada agarrou seu braço, querendo arrastá-la até o palco para cantar com ela, Amy como que rugiu com a mulher, e eu tive de tirá-la dali às pressas. Por pior que seu comportamento tivesse sido, ele era mais previsível do que tinha sido quando ela estava tomando drogas. Passei-lhe um sermão e disse que aquilo tinha de parar. Como sempre, ela prometeu se comportar, mas não acreditei em sua promessa. Naquela noite, escrevi em meu diário: "Quatro meses atrás, todos os dias eram ruins; agora, só muito de vez em quando e somente quando ela bebe demais. Então, acho que está havendo progresso."

Em fins de fevereiro, voltei para pegar as chaves da nova casa de Amy, em Hadley Wood, uma casa grande que era um pequeno avanço em comparação com a de Prowse Place. Dias depois, Blake saiu da prisão para se internar no Centro de Reabilitação Phoenix Futures, em Sheffield, no norte da Inglaterra. Quando soube da notícia, Amy disse que tinha de voltar para casa imediatamente. Disse a ela que não havia nenhum voo antes de 6 de março, o que era mentira, só que eu queria retardar sua volta até que tivesse inventado um jeito de manter os dois longe um do outro. Não funcionou: ela mesma providenciou seu voo de volta para casa.

Poucos dias depois de seu retorno, Amy foi presa por ter supostamente socado o olho de uma fã, nos bastidores do baile do Prince's Trust, seis meses antes. Ela tinha ido ao baile para apoiar Dionne Bromfield, que estava em seu primeiro grande show. A polícia acusou Amy de agressão física, mas a liberou mediante fiança. Ela deveria se apresentar ao Tribunal de Primeira Instância de Westminster no dia 17 de março.

Dormi na casa de Hadley Wood na véspera do dia em que Amy deveria comparecer ao tribunal para ajudá-la a se preparar. Graças à eterna impontualidade de Amy, chegamos atrasados ao tribunal, e aparentemente centenas de paparazzi estavam esperando do lado de fora. Amy declarou inocência, mas causou uma impressão desrespeitosa, e seu advogado ficou muito aborrecido com ela. O caso foi adiado para outra data ainda naquele ano. Amy foi liberada sob fiança e sem quaisquer restrições, o que significava que poderia voltar a St. Lucia se quisesse. Isso era bom, mas eu estava cada vez mais preocupado com seu hábito de beber. Ele estava realmente fugindo ao controle, e a imprensa tinha começado a chamá-la de "Amy Wino" ou simplesmente "Wino", o que achei muito desagradável.*

**Wino* é uma redução do sobrenome Winehouse, que destaca o termo *wine*, vinho. Seria um insulto, como "Amy Pinguça". [*N. da T.*]

Eu não sabia naquela ocasião se Amy estava planejando voltar ou não a St. Lucia. Como achava difícil falar com Amy quando ela bebia, não conversamos sobre isso, mas eu estava adorando que ela estivesse evitando Blake. Parecia determinada a se manter afastada, mas ele não parava de telefonar. Em geral, ela simplesmente não queria falar com ele. Ele ligava, e ela apenas evitava atender e voltava a dormir. É claro que, quando ele conseguia que ela atendesse, sempre havia problemas.

Na opinião de Raye, Amy bebia tanto assim porque as conversas com Blake a deixavam muito aborrecida. Ela teve de cancelar uma sessão com Mark Ronson no estúdio por estar bêbada demais. Entretanto, melhorou no dia seguinte e trabalhou com Salaam Remi na casa de Hadley Wood.

Liguei para saber como tinha ido o trabalho com Salaam. Ela não me disse, porque queria se queixar dos paparazzi que estavam do lado de fora da casa. Combinou com os vizinhos da casa ao lado que pularia a cerca do quintal e sairia pela porta da frente da casa deles para fugir dos fotógrafos, mas o tiro saiu pela culatra quando os jornais conseguiram as fotos que queriam, de Amy presa na cerca.

— Isso não é engraçado, papai, pare de rir — disse ela.

Eu não conseguia.

— Aquelas fotos, Amy, você devia ver. Você está tão engraçada presa naquela cerca...

— Não tem graça nenhuma. Para mim chega. Estou voltando para St. Lucia. E você não vem porque está rindo de mim.

Fiquei feliz de saber que Amy estava planejando sair de cena novamente, e mais feliz ainda porque conseguiu fazer piada comigo. Provoquei-a.

— Compro só uma passagem, então?

No fim, ela foi com seus amigos Tyler e Violetta Thalia. Isso me preocupou, porque eu sabia que Tyler estava bebendo muito. Não conseguia deixar de ficar pensando se aquilo não seria um padrão já conhecido: quando ela consumia drogas, cercava-se de drogados, e agora... Eu não sabia nada sobre Violetta.

Amy escolheu uma boa ocasião para viajar. No dia 12 de abril, o *News of the World* publicou a matéria "Blake engravida viciada em drogas". A reportagem dizia que uma mulher chamada Gileen Morris tinha dito ao jornal que Blake a tinha engravidado quando estavam os dois no Centro de Reabilitação Phoenix Futures, em Sheffield. Ela disse ao jornal que Blake ia "lhe dar apoio". O jornal continuava: "Quanto à estrela de *Back to Black*, ela disse: 'Se Amy quiser ser a madrasta, não tenho nada contra, desde que ela fique livre das drogas e da automutilação.' Essas revelações sórdidas vão prejudicar os esforços de Blake para levar metade da fortuna de Amy, no valor de 10 milhões de libras, com base na alegação de infidelidade por parte da cantora."

Minha preocupação era que, ao saber da história, Amy surtasse.

Uns dois dias depois, Amy ligou, embriagada, de St. Lucia. Achei que ela não tinha visto o *News of the World*, porque me disse que estava na dúvida do que daria a Blake de aniversário, que seria dali a dois dias. Ela estava bêbada no dia seguinte, também, e em vários dias depois daquele. Mas, quando Andrew me telefonou de St. Lucia, eu soube que realmente havia acontecido alguma coisa. Amy tinha se internado num hospital por não estar se sentindo bem depois de vários dias bebendo muito.

Por incrível que pareça, esse momento marcou mais uma virada na vida de Amy. Ela não pôs um freio em suas bebedeiras (embora fosse o que eu desejava), mas, daquele momento em diante, toda vez que não se sentia bem, ia para o hospital. Quando estava viciada em drogas, era quase impossível fazer com que pisasse num hospital, e de repente ela estava indo por conta própria. No dia seguinte, quando me telefonou, estava com a voz ótima. Toda aquela história fez com que eu me perguntasse se ela tinha se internado porque sabia que no hospital não poderia beber. Vai ver esse era seu jeito de se afastar da bebida. Dias depois, ela saiu do hospital, mas Tyler foi internado por intoxicação alcoólica.

Raye foi até St. Lucia para resolver as coisas. Por mais que eu quisesse ir, não pude. Alguns meses antes, tinha sido abordado por uma companhia de produção independente, a Transparent Television, a respeito de um documentário que estavam fazendo sobre famílias que enfrentavam problemas com dependência química, que seria transmitido no Channel 4. Queriam saber se eu estava interessado em ser o apresentador. Acabei me encontrando com Jazz Gowans e Richard Hughes, que explicaram que o documentário não era especificamente sobre Amy e que eu faria entrevistas com famílias acerca de sua experiência em lidar com parentes dependentes. Era exatamente esse o meu interesse, e eu queria que o público soubesse das tristezas e dos dilemas com os quais essas pessoas convivem. Concordei em participar do documentário.

Raye telefonou e me pôs em dia quanto ao estado de Amy e de Tyler. Desde que se conheceram, os dois eram inseparáveis. Sempre achei que aquilo era bom, mas agora talvez não fosse.

Peguei um avião para St. Lucia no final de abril de 2009, com Jazz e Richard, que foram comigo para fazer filmagens por lá. Dei de cara com Tyler, que pegava o avião de volta para casa. Estava muito abatido e pálido, era nítido que a bebida tinha causado estragos. Ele continuava bem-apessoado, mas fiquei preocupado com seu aspecto e lhe disse isso. Quando cheguei à mansão, Amy ficou contente em me ver, mas estava meio alta. À medida que o dia foi avançando, ela parecia cada vez mais embriagada. Como não a vi bebendo, presumi que tivesse escondido as garrafas.

Toda vez que bebia, parecia se envolver em confusão. No *resort*, foi grosseira com um casal britânico que tinha lhe pedido que posasse com eles para uma foto na praia. Naquela noite, não quis ficar perto dela, porque me senti deprimido. Estava óbvio para mim que Amy havia substituído um vício por outro. Preferi passar meu tempo com Andrew, Anthony e Neville, os seguranças, que estavam em St. Lucia com Amy, para conversar com eles sobre o problema dela com a bebida. Disseram que podiam fazer muito pouco para impedi-la de beber, mas me garantiram que estavam sempre de olho e que a tiraram de várias situações desagradáveis.

Na semana seguinte, Amy deveria se apresentar no Festival de St. Lucia. Quando voltei para Londres, encontrei-me com Raye e lhe disse que duvidava que Amy tivesse condições de cantar. Raye, que estava seguindo para St. Lucia, disse que avaliaria quando chegasse lá e cancelaria o show se fosse necessário.

Acabou que Amy estava sóbria para a apresentação no festival ao ar livre, mas surgiram outros problemas, que, pelo menos dessa vez, não tinham nada a ver com drogas e álcool. Para começar, chovia torrencialmente, e por esse motivo ocorreram problemas técnicos. Além disso, Amy cantou quatro músicas e não quis cantar mais — estava saturada de cantar as mesmas velhas canções.

Fiquei um pouco surpreso ao ouvir aquilo, mas enquanto a escutava tive uma sensação de que havia algo mais. Como disse, Amy não era uma cantora das mais seguras; e, se algo desse errado, como ela se esquecer da letra, sua confiança ia pelos ares pelo resto do show. Segundo Raye, foi exatamente o que aconteceu. Amy esqueceu a letra de uma das músicas, parou de cantar, e a banda começou a música de novo, o que a deixou arrasada. Então, desabou uma chuvarada, e Raye estava no palco tentando secar o chão. Ele estava preocupado, pois é assim que as pessoas são eletrocutadas no palco. Ele disse a Amy para sair, e ela obedeceu na hora, sem o menor problema. Na verdade, depois do tropeço na letra da música, acho que ficou aliviada.

Ela parecia bem quando nos falamos mais tarde ainda naquele dia.

— Não tomei um gole de bebida nesses dois últimos dias, papai. Você não está orgulhoso de mim?

Respondi que sim. E ela me disse que estava feliz de Blake estar se divorciando dela.

— Quero conhecer outra pessoa, papai. Quero me apaixonar de novo, casar de novo, e quero ter filhos, papai, muitos filhos.

— Que bom, querida. E sua música?

Eu gostava dessa sua fantasia, mas naquele momento era só fantasia, nada mais. Sabia que ela não tinha esquecido Blake, pelo menos não ainda. Agora, o melhor seria ela se concentrar totalmente em compor e cantar. Tudo o mais viria naturalmente.

— Claro, também quero isso — respondeu. — Quero cantar coisas novas.

Raye tinha proposto uma turnê pelo Brasil, mas, depois do Festival em St. Lucia, viu que não poderia seguir em frente enquanto Amy não tivesse novas músicas para cantar. As do *Back to Black*, tirando *Rehab*, ainda a deixavam deprimida. Quando contei a Raye o que Amy tinha dito sobre o divórcio, e sugeri que, finalmente, ela tinha superado o caso Blake, ele se surpreendeu. A impressão dele era de que nada havia mudado nesse particular. O estado mental de Amy mudava de um dia para o outro, dependendo do momento em que você estivesse conversando com ela.

Enquanto todos nós tínhamos impressões conflitantes sobre o que Amy conseguiria fazer ou não, ela continuava indo bem em St. Lucia, e as informações que seus seguranças me davam eram encorajadoras. Embora ela continuasse a beber, não era todo dia, e quando bebia não se embriagava. Os jornais ainda publicavam reportagens sobre isso, mas de nada adiantava lhes dizer que ela não estava bebendo tanto quanto antes.

Foi interessante o fato de Amy começar a passar bastante tempo na academia; e para mim todos aqueles exercícios eram incrivelmente úteis. Quando nos falávamos, ela reiterava que não queria ver Blake nunca mais, e aquilo, é claro, era o que eu desejava ouvir. Alguns amigos iriam passar uns dias com ela. Enquanto estiveram lá, Amy disse que se divertiu muito, diminuíra a bebida e se sentia muito melhor com isso. Naquele meio-tempo, o Subutex estava fazendo sua parte: não havia nenhum sinal de crise de abstinência.

Certa noite, ela me telefonou:

— Papai, quero que você saiba que nunca mais vou me drogar.

Vou ser sincero: quando fui para a cama naquela noite, tive uma pequena crise de choro. Finalmente, pensei. E o melhor de tudo era que daquela vez ela estava dizendo a verdade.

17

Encalhados

Fui novamente a St. Lucia no dia 26 de junho, e Amy foi se encontrar comigo no aeroporto. Quando chegamos à mansão, ela me pegou pela mão e me levou até a praia.

— Venha comigo, papai. Alguém está precisando de nossa ajuda. Espero que você tenha trazido muito dinheiro.

Como havia diversas contas a pagar em St. Lucia, eu tinha levado 8 mil dólares em dinheiro. Amy conduziu-me pela praia até chegarmos a um homem idoso chamado Julian Jean-Baptiste, sentado à sombra de uma pequena árvore. A mim parecia que ele estava morrendo.

— George precisa de nossa ajuda, papai — disse Amy. Ela o chamou de George, não sei por quê.

Fui apanhado de surpresa e não sabia direito o que dizer. Decidi, então, começar do zero.

— Oi, George, qual é o problema?

— Estou sofrendo muito. Minha hérnia se rompeu.

Em consequência disso, literalmente não podia se mexer, mas esse era só o início dos problemas. Sua família não tinha como pagar o tratamento, e foi mais ou menos como se ele tivesse sido deixado ali na praia para morrer. Pude ver um enorme calombo na barriga de George, e sua dor estava estampada em seu rosto. Era triste de ver.

— George — disse Amy, ajudando-o a se levantar —, nós vamos levar você a um hospital imediatamente.

Como George não conseguia andar, nossos seguranças o carregaram até o carro, e nós o levamos ao hospital Tapion. Durante todo o trajeto, George gemia de dor, e Amy lhe fazia um carinho na cabeça, dizendo que ele ia ficar bem.

Chegamos ao hospital, o mesmo em que Amy tinha estado quando teve uma convulsão semanas antes. Ela se certificou de que ele teria o melhor tratamento possível e instruiu o médico a não permitir que George saísse do hospital enquanto não estivesse bem; explicou ainda que nós pagaríamos a conta. Perguntei ao médico quanto seria tudo, e ele disse que a cirurgia e os cuidados pós-operatórios ficariam em aproximadamente 5 mil dólares. Paguei a conta do hospital, despedi-me de George, e voltamos para a mansão.

Chegando lá, Amy pediu que eu fosse com ela ver outro cara na praia.

— Se esse cara tiver um rompimento de hérnia, está sem sorte — eu disse. — Só me restaram 3 mil.

O sujeito não estava doente: tinha sete cavalos, que alugava para turistas passearem pela praia. Amy disse que lhe devia dinheiro. Eu me apresentei e perguntei quanto Amy devia. Para meu espanto, sua resposta foi 15 mil dólares. Amy tinha descoberto que as crianças do lugar, que sempre brincavam na praia, não tinham dinheiro para alugar os cavalos. Então, ela alugou todos os cavalos, sete dias por semana, do nascer ao pôr do sol, durante um mês, e deixou as crianças andarem a cavalo de graça, dizendo ao homem:

— Meu pai vai lhe pagar da próxima vez que vier aqui.

Eu disse ao homem que só tinha 3 mil dólares.

— Tudo bem! — respondeu ele.

Havia apenas umas quatro horas que eu estava em St. Lucia, e os 8 mil dólares já tinham sumido. Mas cada centavo valeu a pena: Amy estava tão feliz por termos podido ajudar aquelas pessoas!

Tivemos um jantar muito agradável juntos, só nós dois. Amy tinha começado a recuperar peso e estava muito bem. Minha única preocupação foi que ela bebeu muito naquela noite; e, embora não estivesse bêbada, quando nos despedimos estava bem perto disso.

Daí a alguns dias, voltei para casa. Pouco tempo depois de eu ter voltado, Raye e eu fomos a uma audiência preliminar da acusação feita contra Amy de agressão física no Baile do Prince's Trust. O caso da promotoria parecia fraco, mas nossa maior preocupação era quanto à instabilidade de Amy. Depois da audiência, nosso advogado me disse que, quando Amy estivesse no tribunal, deveria mostrar respeito, senão o juiz poderia declará-la culpada. Quando contei a Amy o que ele disse, ela respondeu:

— Não se preocupe, papai. Mostrarei respeito e vou me comportar. Você sabe que posso fazer isso se quiser.

Isso me deixou ainda mais preocupado, especialmente porque parecia que ela tinha andado bebendo.

Amy voltou para casa no dia 13 de julho; e, quando conversamos sobre o iminente comparecimento ao tribunal, ficou claro que ela estava bastante nervosa. Tudo o que tinha de fazer era dizer a verdade, ser respeitosa e gentil, eu lhe disse, e, com um pouco de sorte, a justiça prevaleceria.

Na véspera da audiência, já sabendo de longa data que ninguém consegue fazer com que Amy seja pontual, reservei hotel para nós dois, o Crowne Plaza Hotel, em Buckingham Gate, no centro de Londres, para garantir que no dia seguinte ela não chegaria atrasada ao Tribunal de Primeira Instância de Westminster. Apesar de todo o meu planejamento, chegamos atrasados.

Amy estava bastante nervosa quando o tribunal ouviu a dançarina de teatro de revista Sherene Flash afirmar que Amy tinha lhe dado um murro no olho direito, depois de ela ter lhe pedido uma foto enquanto estavam nos bastidores do baile do Prince's Trust. Amy contou ao tribunal que tinha se sentido intimidada e amedrontada por Flash se inclinar em sua direção e colocar o braço ao seu redor, e negou ter-lhe dado um murro na cara.

— Eu a empurrei para longe de mim — disse Amy. — Eu queria que ela se afastasse. Foi mais como um aviso de "Me deixa em paz, estou com medo de você". Eu só queria que ela se afastasse. Fiquei assustada. Pensei: as pessoas estão malucas hoje em dia, estão simplesmente grosseiras e malucas, ou não sabem beber. Eu não sabia o que ela estava fazendo. Ela pulou em cima de mim e pôs o braço em volta de mim. Ela só estava embriagada. Acho que aquilo me intimidou. De repente, do nada, ela me abraça, o rosto colado ao meu, e vejo uma câmera na minha frente. Acho que ela exagerou na intimidade comigo, e aquilo me deixou constrangida. Fiquei apavorada. Eu não sou Mickey Mouse, sou um ser humano.

No dia seguinte, Amy foi declarada inocente e, ao pronunciar seu veredicto, o juiz da comarca Timothy Workman disse: "Tendo ouvido o depoimento de todas as testemunhas, não posso afirmar categoricamente que esse fato não foi um acidente. Arquive-se o processo, e a ré está dispensada."

Enquanto tudo isso se desdobrava, continuava a costumeira enxurrada de matérias sobre Amy na imprensa. Em 19 de julho, o *News of the World* publicou uma matéria dizendo que Blake queria 6 milhões de libras no acordo do divórcio. O jornal *The Sun* seguiu na mesma linha, publicando uma reportagem em duas partes, de autoria de Blake. A primeira parte era o de sempre: como Blake salvou a vida de Amy — nada de novo, apenas Blake se engrandecendo. Entretanto, na segunda parte ele afirmou que Amy tinha roubado cocaína de Kate Moss — tive certeza de que Kate Moss não ficaria feliz quando lesse aquilo.

Voltei ao Focus 12 no dia 22 de julho, e Jazz e Richard me filmaram numa reunião de pais. Eu estava começando a aprender o quanto era difícil obter ajuda para a dependência se você não pudesse pagar.

Jane e eu fomos à Espanha passar uns dias, e quando chegamos de volta à Inglaterra, no início de agosto, Amy parecia bem e sóbria, embora eu tivesse ouvido uma porção de histórias de ela ter perdido o controle enquanto estive fora. Fui vê-la em Hadley Wood e a encontrei fazendo exercício em sua bicicleta; fiquei cansado só de ficar olhando. Ela me disse que não bebia fazia alguns dias e estava se sentindo melhor por isso. E, apesar de Blake ter ligado para ela muitas vezes, ela não tinha falado com ele. Telefonei imediatamente para Brian Spiro e lhe pedi que escrevesse ao advogado de Blake mandando-o parar de telefonar para Amy. Essa fase de sua recuperação era extremamente precária; e, se havia uma coisa que parecia ser capaz de atrapalhar, era Blake.

Blake não saía de cena, tentando sem parar entrar em contato com Amy e até conseguindo que ela aceitasse se encontrar com ele no Hawley Arms, em Camden, onde ele não apareceu. Em meados de agosto, uma reportagem no *News of the World* afirmou que ele tinha dito que Amy queria voltar com ele. O jornal escreveu uma manchete que deve ter durado menos de um segundo para ser criada: "Back to Blake".* Liguei para Amy, sob um pretexto qualquer, e toquei no assunto de ela voltar com Blake. Ela não queria falar sobre aquilo, e eu não consegui uma resposta direta. No dia seguinte, a mesma coisa.

— Uma hora você não quer falar com Blake — disse eu —, e na outra você combina de se encontrar com ele. Só me diga o que você quer fazer.

---

*Alusão ao seu álbum *Back to Black*, "De volta ao Blake". [*N. da T.*]

Ela era esperta e sabia exatamente com o que eu estava preocupado.

— Papai, eu nunca mais vou usar drogas, se é nisso que você está pensando — disse ela, rindo.

Amy estava mantendo a palavra quanto às drogas. Mas a bebida continuava a ser uma preocupação para mim. No final de agosto, ela se juntou aos Specials no palco, no V Festival em Chelmsford, em Essex, e cantou algumas músicas com eles. Estava fantástica, na aparência e na voz; e até onde eu consegui ver, não havia bebidas no palco. Após o show, Amy disse que tinha se divertido e ficado sóbria o tempo todo.

Na segunda-feira seguinte, encontrei o Blake americano, que tinha estado com Amy no V Festival. Aparentemente, um dos antigos traficantes que a atendiam tinha falado com ela, mas, mantendo a palavra, ela não fez nenhum negócio com ele. Eu disse a Blake que aquilo não me surpreendia, mas que me perguntava se Amy teria andado bebendo naquele final de semana. Ele disse que ela não tinha tocado numa gota antes da apresentação, mas que depois "entornou", nas palavras dele.

*　*　*

Amy sabia que, quando eu estava na casa dos 20, tinha cantado quase profissionalmente. Depois que me casei e que vieram as crianças, fui diminuindo cada vez mais as apresentações. Mas sempre tive intenção de voltar, e Amy vivia me encorajando a fazer isso. Ela repetiu muitas vezes que eu deveria fazer um álbum. Foi assim que, quando Tony Hiller, um compositor e produtor de imenso sucesso, me procurou com a mesma ideia, Amy disse: "Vai em frente, papai." Sua opinião sobre minha maneira de cantar foi de grande valor para mim sob todos os aspectos. Da mesma forma que minha mãe havia sido a maior fã de Amy, parecia que Amy era a *minha* maior fã.

Fomos juntos ao apartamento de Tony numa noite quente de verão para falarmos sobre o álbum, e Amy encontrou uma prateleira cheia de prêmios Ivor Novello.

— Quantos você tem, Tony? — perguntou. Ele disse que eram seis. — Aaah, eu só tenho três. — Amy nunca foi de se gabar, mas sempre se orgulhou de seus prêmios Ivor Novello.

Quando terminamos, levei Amy ao restaurante *kosher* Reubens, onde comi muito, como sempre, e ela também, o que me deixou contente. Chegamos a falar sobre o divórcio, que deveria se oficializar no dia 28 de agosto; mas, quando vi que ela estava ficando aborrecida, mudei de assunto. Mesmo assim, ela ficou pensando em outra coisa; e, pude ver, não prestou atenção a nada do que eu dizia.

— Papai — ela me interrompeu. — Blake ligou hoje dizendo que queria se encontrar comigo num quarto de hotel. Eu não fui — acrescentou rapidamente, quando viu minha expressão se anuviar —, porque não gostei de alguma coisa nesse telefonema. Tinha alguma coisa esquisita, uma armação ou algo do gênero, e eu lhe disse que não iria.

— O que fez você ficar desconfiada? — tive de perguntar.

— Não sei, papai — respondeu. Calculei que ela sabia, mas não ia me dizer. Embora estivesse contente por ela não apenas ter se recusado a encontrar Blake, como também ter me contado, tinha certeza de que ela ainda nutria um sentimento muito forte por ele.

Estava certo.

Quando Blake saiu da prisão, foi com a condição de que não deixasse Sheffield. Mas ele vinha com frequência a Londres para ver sua nova namorada. Amy não sabia, até que por fim Blake contou. Suspeito de que ele só tenha contado porque os jornais souberam da história, e ele queria contar a ela antes que ela soubesse pelos jornais.

Por essa época, meu amigo dr. Phil Rich, psicólogo clínico e terapeuta comportamental, que também trata de pacientes alcoólatras, tinha vindo dos Estados Unidos passar férias. No dia 8 de setembro, estava com ele quando recebi um telefonema de Andrew. Ele me disse que Blake estava na casa de Hadley Wood. Phil e eu pegamos meu táxi e fomos direto para lá.

Chegamos por volta das 10h30 da manhã. Amy estava na cozinha, usando apenas camiseta e calcinha. Os seguranças estavam acostumados a vê-la pela casa daquele jeito e não reparavam, mas Amy ficou chocada ao me ver e começou a gritar.

— Ah, não... Ah, não...

— Onde ele está? Cadê o Blake? — perguntei.

— Não, papai, não, papai — continuou ela, gritando.

— Ele está lá em cima, na cama — disse Andrew.

Enquanto eu subia as escadas, Amy agarrou minha perna e acabei por arrastá-la comigo enquanto ela gritava.

— Não, papai, não, papai... Não bata nele, papai.

Consegui chegar ao andar de cima, com Amy a reboque, e, inacreditavelmente, lá estava ele, deitado na cama de Amy. Eu o segurei e disse:

— Sai da cama e dá o fora!

Atrás de mim, Amy continuava gritando.

— Não, papai, não, papai, não, papai.

— Amy não quer que eu vá — disse ele, depois de se levantar.

— Não me interessa o que Amy quer. *Dá o fora!* — berrei.

Amy continuava gritando, e eu lhe disse que aquilo não tinha nada a ver com ela. Eu realmente queria que Blake me agredisse, para que eu pudesse ter uma justificativa para partir para cima dele. Tentei provocá-lo.

— Você e sua família não prestam — disse eu, pensando que ele com certeza ia me agredir por causa disso.

Mas ele não me agrediu. Tenho de dar o braço a torcer: ele se manteve frio como uma pedra de gelo. Não sei se foram as drogas que fizeram com que ele ficasse assim, mas, de qualquer jeito, ele me desafiou.

— Posso tomar um banho? — perguntou ele, então.

— Não — respondi. — Simplesmente saia daqui agora, porque, se não sair, vai ter encrenca.

Fiquei lá enquanto ele se vestia, com Amy ainda gritando comigo. Ele desceu a escada, Amy e eu atrás; e, quando abriu a porta da frente, onde havia um degrau para a varanda, ele se voltou, perguntando:

— Como vou chegar até a estação?

— *Andando*, droga — respondi.

— Mas ela fica a mais de um quilômetro e meio daqui.

— Azar o seu!

E aí ele teve a cara de pau de virar para Andrew e pedir a ele:

— Pode me dar uma carona até a estação, amigo?

Com essa, eu mesmo lhe dei uma carona direitinho: dei-lhe um chute no traseiro, com toda a força, e ele caiu por cima do degrau. Amy quis ir até ele, mas eu a impedi e bati a porta.

Foi uma cena terrível, mas não demorou muito para Amy se acalmar. Depois de cerca de dez minutos, era como se nada tivesse acontecido. Amy relaxou e ficamos conversando numa boa. Finalmente, quando já tínhamos esquecido o assunto, ela me disse:

— Papai, vamos ao East End.

Eu ainda estava quente com tudo o que tinha acontecido, e ela agora queria ir ao East End!

— Amy, você hoje está realmente querendo acabar comigo — disse a ela. — Não dá.

Ela veio e me abraçou com força. Como eu podia recusar alguma coisa depois disso?

— Ora — disse ela. — Vamos ver onde a vovó e o vovô Alec cresceram, essas coisas.

Ela subiu para se vestir, e depois de um tempo eu fui atrás para ver se ela estava bem. Ela estava ao telefone com um de seus amigos, dizendo:

— É, meu pai botou Blake daqui para fora e deu um chute no traseiro dele... Meu pai estava uma fera, foi fantástico.

Ela se gabava do que eu tinha feito e parecia contente com o que aconteceu. Desci a escada sem fazer barulho; e, quando Amy finalmente apareceu, ela, Phil e eu partimos para o East End.

Mais ou menos na metade do caminho, Amy começou a transpirar, arquejar e tremer. Phil soube logo do que se tratava.

— Ela está entrando em crise de abstinência de álcool. Você precisa dar uma bebida a ela, para amenizar a fissura.

— Você está brincando? — perguntei.

— Ela precisa de uma pequena quantidade de álcool. Isso resolve o problema.

Amy estava muito mal, e eu não estava em posição de discutir. Parei, então, o táxi e comprei uma garrafinha em miniatura de vodca. Ela tomou a bebida e não é que funcionou mesmo?

Fomos até Albert Gardens, demos uma volta pelo parque no meio da praça e fomos a Ocean Estate, pertinho dali, onde os avós de Phil haviam morado. Voltamos a Albert Gardens, e, àquela altura, a notícia de que Amy estava lá já tinha se espalhado, e havia muita gente por perto. Amy deu autógrafos e posou para fotos. Fiquei encostado no táxi, observando-a, feliz com seus fãs.

— Adoro quando as pessoas veem Amy assim — disse a Phil. — Elas normalmente só conseguem vê-la nos jornais, e ela não é nada daquilo. Ela é fantástica.

Amy olhou para mim e sorriu; ela estava mostrando às pessoas ao seu redor, ali onde nossa família, seus avós, tinha vivido em Albert Gardens.

— Eles moravam no número 39, meu tio Percy morava no 13...

E então ela me jogou um beijo exagerado. Amy estava em sua melhor forma, e não havia nenhum sinal de crise de abstinência. O que tinha começado como um dia traumático estava terminando bem, afinal de contas. Estava se tornando um dia inesquecível no bom sentido.

* * *

À medida que se aproximava o vigésimo sexto aniversário de Amy, o problema com o álcool parecia estar regredindo. Ela havia ficado mais sóbria do que embriagada nas últimas semanas, o suficiente para sentirmos uma segurança muito maior no que ela era capaz de fazer. Especialmente depois de Amy dizer a Raye que queria retornar aos Estados Unidos, para trabalhar com seus produtores, e então "Quem sabe? Talvez fazer alguns shows por lá". Raye levou-a para uma entrevista na embaixada americana, que incluía um exame de sangue, mais com esperança do que com expectativa real. A entrevista correu bem, e ele disse que teríamos uma decisão dentro de duas semanas. Em geral, Amy estava se mantendo relativamente tranquila, tocando violão em seu quarto e na maior parte do tempo permanecendo longe da bebida.

No dia 9 de setembro de 2009, John Reid me disse que seu escritório tinha recebido uma carta dos advogados de Blake com uma notícia incrível. No final de agosto, Georgette tinha sido notificada de nosso processo contra ela por sua suposta violação de direitos autorais das cartas de Amy. Agora, Blake estava se propondo a retirar todas as reivindicações contra Amy — mas apenas se concordássemos em desistir de nossa ação contra Georgette por violação de direitos autorais. Quando falei com Amy a respeito do acordo, ela concordou na hora.

Concluímos o trato com Blake perto do fim de setembro. Ele concordou em não reivindicar nada de Amy, e nós concordamos em não ir adiante com nossa ação contra Georgette. Azar o dele, que não sabia que, antes dessa sua proposta, teríamos lhe oferecido 250 mil libras num acordo de divórcio com quitação plena e definitiva. Ele acabou não recebendo nada. Meu diário o descreve sucintamente: "É um paspalho." Em 5 de outubro, eu disse a Amy que nossos advogados tinham confirmado que o divórcio era agora definitivo. Ela me disse que dois terços dela estavam felizes com aquilo, o restante não estava. Nunca consegui que ela me explicasse exatamente o que quis dizer, mas presumo que fosse porque ele tinha alugado um apartamento recentemente em Sheffield com o dinheiro que recebeu vendendo histórias para a imprensa.

Embora todos nós esperássemos que Blake tivesse ficado para trás, eu não tinha nenhuma ilusão de que as coisas melhorariam totalmente. Perto de seu aniversário, Amy passou por uma sequência de dias de bebedeira. Por fim, internou-se na London Clinic para se desintoxicar. Ela ficaria lá por três dias, mas no dia seguinte um repórter do jornal *The Sun* me disse que tinha ouvido dizer que Amy estava na London Clinic por conta de uma overdose. Logo desfiz o engano.

Enquanto estava na London Clinic, Amy passou por exames ginecológicos, e os resultados revelaram células pré-cancerosas no colo do útero. A notícia parecia pior do que realmente era, e nos disseram que se tratava de algo relativamente simples de ser controlado. Garantiram a Amy que aquilo não a impediria de ter filhos.

Mais tarde, quando a visitei no hospital, ela me disse que estava pensando em aumentar os seios, e que tinha conversado sobre isso com um médico naquela tarde. Tyler também estava lá e me disse que, quando estavam em St Lucia, Amy tinha falado sobre isso algumas vezes, comparando-se constantemente com as outras moças na praia. Embora eu não seja a favor de cirurgia plástica *per se*, não me importei com Amy se submeter a essa. Tendo ouvido as histórias de

Tyler, achei que aquilo até poderia aumentar sua autoestima e acabar com suas dúvidas, coisa que sempre acreditei ter se originado com seu consumo de drogas e sua separação de Blake. Amy submeteu-se ao procedimento de implante nos seios, na London Clinic, no dia 8 de outubro. Depois disso, ela parecia muito bem, e sua autoconfiança aumentou, como eu tinha esperado.

Infelizmente, Raye teve de dar a notícia de que tinha sido negado mais uma vez o visto para Amy entrar nos EUA. Os exames de sangue revelaram presença muito grande de álcool e maconha em seu organismo. Decidi não conversar sobre isso com ela antes de sua apresentação em *Strictly Come Dancing*, que estava marcada para poucos dias depois. Ela se apresentou para dar uma força à sua protegida, Dionne Bromfield, que cantou no show com Amy nos *backing vocals*.

Após o show, Amy dirigiu-se ao veterano apresentador, Sir Bruce Forsyth:

— Eu tinha muito medo de você, porque você era um vilão em *Se minha cama voasse*.

Sir Bruce tinha feito o papel de Swinburne, um pequeno contraventor que andava sempre com uma faca, no filme de 1971, ao qual Amy assistiu inúmeras vezes quando era pequena. Não tenho certeza se Sir Bruce se sentiu lisonjeado em ser lembrado por Amy como um pequeno contraventor armado de uma faca.

Quando eu finalmente disse a Amy que ela havia sido reprovada no teste antidrogas para obter o visto americano, ela ficou chateada, mas confessou:

— Eu tinha bebido um pouquinho, papai, e havia um pessoal lá em casa. Eles estavam fumando, e ficamos ligadões a noite toda.

No dia 25 de outubro, um domingo, na casa de Hadley Wood, Amy deu para o irmão Alex uma festa de aniversário, que não acabou bem. Simplesmente no meio da festa, Amy — que tinha bebido demais — pediu a todos que fossem embora. Amy e Alex tiveram uma briga, e eu falei com ela.

— Isso já está ficando chato. Você pode estar cheia de me ouvir batendo sempre na mesma tecla, mas lhe digo o seguinte: está cansativo e repetitivo para Alex e para sua mãe, para Jane e para mim, termos que passar sempre pelas mesmas coisas com você, agora que você deu para beber além da conta.

Amy pediu desculpas a Alex por ter arruinado a festa dele.

Quando Alex foi embora, Amy me disse que bebeu porque estava contrariada por seu pedido do visto americano ter sido recusado. Eu lhe disse que aquilo era obra dela; e, se quisesse de verdade um visto americano, teria de parar de beber e fumar maconha.

No dia 26 de outubro, Amy participou do Q Awards, no Grosvenor House Hotel, em Londres. Infelizmente, aquele também não foi seu melhor momento. Os organizadores do evento haviam reservado uma suíte para ela no hotel para garantir que ela não chegaria atrasada. Mesmo assim, ela se atrasou, e quando deveria apresentar o prêmio de Artista Mais Criativo, em companhia do cantor de reggae Don Letts, ninguém conseguia encontrá-la. Exatamente no momento em que Don Letts anunciava o prêmio para os Specials, Amy chegou bêbada. Ela foi abrindo caminho entre as pessoas e subiu com dificuldade ao palco, no meio do discurso de agradecimento dos Specials. Quando eles terminaram, Amy agarrou o microfone.

— Sei que vocês já estiveram um milhão de vezes nesta premiação, mas vamos aplaudir os Specials para valer.

Isso resultou apenas num aplauso discreto por parte do público Ela continuou a ser inconveniente a noite inteira e interrompeu o tempo todo o discurso de agradecimento de Robert Plant, o veterano vocalista do Led Zeppelin. Como eu disse, não foi uma ocasião boa.

No dia seguinte, fui entrevistado sobre os acontecimentos da noite anterior, no *This Morning*, um programa matutino da TV.

— Amy manteve-se saudável durante o último ano — disse eu.

— Não existe recuperação total. É um processo de recuperação. Uma recuperação lenta e gradual. Se olharmos para onde estávamos um ano atrás, veremos que estamos hoje num planeta diferente. Estamos num tempo e num espaço diferentes, e Amy está uma pessoa diferente. Todos nós estamos. Todos nós estamos nos recuperando.

Os dias seguintes trouxeram um constante entra e sai entre a London Clinic e os pubs de Camden. Achei que poderiam ser instaladas portas giratórias na Clinic. Toda vez que eu via Amy quando ela não tinha bebido, eu lhe dava os parabéns, porque tinha aprendido que era a coisa certa a fazer. Tentei ser o mais otimista que eu conseguia ser com ela. Conversamos sobre ela se internar de novo na London Clinic, mas Amy achou que estava conseguindo lidar bem com o problema do álcool em Hadley Wood.

Contudo, Amy continuou bebendo e acabou pegando um resfriado fortíssimo. Embriagada, tomou um excesso de antigripais e passou muito mal. Nas primeiras horas de 16 de novembro, Andrew levou-a para a London Clinic, onde foi internada de novo. Quando cheguei lá, Amy estava completamente desorientada e parecia péssima, apesar de o dr. Glynne ter me garantido que não era nada sério. Como já mencionei antes, o poder de recuperação de Amy era impressionante, mas, embora ela estivesse se sentindo muito melhor no dia seguinte, dessa vez quis ficar na London Clinic por mais alguns dias.

Fui visitá-la no dia seguinte, e ela parecia muito bem. Amy era uma menina incrível, e eu teria feito qualquer coisa por ela, mas às vezes ela queria que eu fizesse algumas coisas para ela que para mim eram difíceis.

— Papai, preciso de lingerie — disse ela.

— Tudo bem. Vou à Marks & Spencer e compro — respondi.

— Não, papai, não na Marks. Vá à Agent Provocateur.

A loja de lingerie ousada? Engoli em seco.

— Você está de brincadeira! Não posso entrar lá.

Basta dizer que Amy deu seu jeitinho e acabei indo à Agent Provocateur, em Soho, o que, para dizer o mínimo, achei meio estranho. Como eu ficaria constrangido ao dizer "Quero comprar calcinhas para minha filha", disse que eram para minha mulher.

Amy ficou encantada com minhas compras, mas foi um erro eu ter lhe contado como fiquei constrangido. Ela adorava a ideia de me deixar envergonhado e sabia direitinho como me provocar. Tinha feito isso muitas vezes ao longo dos anos, e dessa vez minha resposta habitual — "Não me peça isso, Amy, peça às suas amigas" — não funcionou. No dia seguinte, ela me mandou de novo à loja para comprar um baby-doll.

Amy era fantástica com os enfermeiros e os pacientes da London Clinic. Ela considerava importante conhecer as pessoas. Eu entrava e ela dizia: "Aquele lá é o Dave. Ele operou a coluna... Susan está aqui há seis semanas, mas vai para casa amanhã." Coisas desse tipo. Amy conhecia as histórias de todos os enfermeiros. Ela tinha uma excelente memória quando estava sóbria e se lembrava de todas as coisas de que eles gostavam ou não gostavam, os nomes dos filhos e suas músicas favoritas. Na verdade, uma vez que Amy aprendesse um nome ou uma data, nunca mais esquecia. Ela tinha um jeito fantástico com as pessoas, e os enfermeiros e pacientes a adoravam. Vários pacientes que estiveram no hospital com Amy entraram em contato comigo depois que ela faleceu para me dizer o quanto ela os havia animado.

Enquanto estava na London Clinic, Amy decidiu remover uma tatuagem de ás de espadas do dedo. Tinha feito o desenho quando estava com Alex Clare, e Blake jamais tinha gostado dela. O *News of the World* decidiu que ela estava removendo a tatuagem porque ela e Blake tinham voltado. O jornal publicou a notícia de que Amy e Blake tinham ficado noivos e deveriam se casar no início de 2010. Não respondi ao jornal; mas, quando visitei Amy novamente, perguntei-lhe sobre isso. Amy e Blake não estavam noivos, mas achei provável que o jornal tivesse razão quanto a Blake estar por trás da decisão dela de remover a tatuagem. Ela não confirmou nem negou, o que me convenceu de que eu estava certo.

Então ela me disse que queria fazer uma cirurgia no nariz — alegou que queria diminuir o tamanho dele, que detestava seu formato e que não suportava se olhar no espelho. Isso me tirou do sério. Compreendi os motivos que a levaram a querer aumentar os seios, mas aquilo era ridículo. Quando saí dali, me senti infeliz e deprimido.

Amy deixou a London Clinic no dia 25 de novembro, e no dia seguinte fui vê-la na casa de Hadley Wood. Ela me disse que estava se sentindo só, deprimida, que queria estar com Blake e não queria mais morar em Hadley Wood. Eu lhe disse com todas as letras como sua família se sentia a respeito de Blake, mas me dispus a fazer alguma coisa quanto à casa. Se ela quisesse voltar para Camden, eu poderia ver isso para ela. Ouvir o nome de Blake novamente me deixou com o astral muito baixo: eu tinha pensado que Amy estivesse começando a partir para outra, mas tinha de admitir que ela ainda amava Blake.

Telefonei para a dra. Romete naquela tarde e conversamos muito sobre o alcoolismo de Amy. Quando compreendi algumas coisas, fui para a internet e pesquisei sobre o Alcoólicos Anônimos (AA) e outras abordagens para ajudar na recuperação de alcoolistas.

No dia seguinte, Andrew levou Amy para ver Blake em Sheffield. E no outro, Amy disse a Raye que estava tudo acabado entre ela e Blake. Da mesma forma que o humor de Amy, seu relacionamento com Blake parecia mudar diariamente, e para mim era difícil acompanhar isso. Um dia ela resolvia que estava tudo terminado entre os dois, e no seguinte ficava horas ao telefone conversando com ele.

Quando soube que eles estavam supostamente juntos de novo, foi a gota d'água. Fui direto para Hadley Wood, onde Amy e eu tivemos uma discussão horrorosa por causa desse assunto. Foi uma das piores brigas que jamais tínhamos tido. Eu disse coisas terríveis, e me arrependi delas assim que acabei de falar. Eu mal consigo escrever as palavras que vociferei contra ela.

— A escolha é sua — gritei. — Se você for com ele, está se arriscando a perder sua família.

Claro, a verdade era que teríamos ficado do seu lado não importava o que ela decidisse, mas àquela altura entendi aquilo como um retrocesso desastroso. Aos olhos de Amy, Blake era incapaz de agir errado, mesmo com as inúmeras histórias que ele estava vendendo para a imprensa naquela época. Ela estava determinada a voltar com ele, e havia muito pouco que qualquer um de nós pudesse fazer a respeito. Contudo, Amy e eu nunca conseguimos ficar com raiva um do outro por muito tempo, e logo deixamos a briga que tivemos para lá. Infelizmente, não conseguíamos nos livrar de Blake com a mesma facilidade.

18
I'll cry if I want to

No início de 2010, eu não conseguia pensar em outro assunto a não ser no relacionamento de Amy e Blake — os problemas que ele trazia, o escândalo que causava e a inegável possibilidade de que ele ficasse na vida de Amy para sempre. A relação dramática entre Blake e Amy era constante e exaustiva. Eu ficava tão enredado nos acontecimentos do dia a dia que não conseguia enxergar um palmo adiante do nariz. "Vivo na esperança de que um dia isso termine", escrevi em meu diário, pela enésima vez, no dia 1º de janeiro. Agora percebo que naquela época eu não tinha a menor noção do que me aguardava logo adiante. Eu nem mesmo tinha começado a considerar qual seria o resultado para todos nós quando Amy finalmente largasse a dependência que tinha por Blake.

Entretanto, o novo ano começou com boas notícias. Amy me ligou no dia 1º de janeiro para me desejar um feliz ano novo e disse que não tinha tomado nem uma única dose de bebida na virada do ano, muito embora estivesse festejando com amigos. O Librium que tinha acabado de ser prescrito para ela a estava deixando cansada, mas ela parecia decidida a se manter sóbria.

— Continue insistindo — disse-lhe. Sem dúvida valia a pena sentir algum cansaço, se isso significasse que ela não bebesse.

— Papai, estou saturada de Hadley Wood — disse ela. — Não quero mais ficar aqui. É muito chato. Quero voltar para Camden. É lá que me sinto bem.

— Entendi, Amy, estou trabalhando nisso — disse eu. — O que acha de eu reservar para você uma suíte num hotel no West End por enquanto? O que acha do Langham?

Ela sempre tinha gostado dos hotéis tradicionais do West End, e a perspectiva a deixou animada de imediato. Ela não perguntou por que eu não tinha feito progresso algum na busca de uma nova casa para ela, o que foi bom para mim. Eu vinha me demorando deliberadamente porque queria mantê-la longe de Camden mais um pouco, só até ela se sentir forte o suficiente para resistir às tentações. Eu também vinha comparecendo a reuniões do AA, conversando com as pessoas sobre sua experiência de recuperação da dependência do álcool, e me reunindo com o resto da família com regularidade para conversar sobre qual era a melhor maneira para continuarmos a ajudar Amy.

A situação com Blake parecia uma reminiscência ameaçadora de como o ano anterior tinha terminado — brigas constantes entre os dois, que resultavam em Amy alegar que queria acertar os ponteiros com ele e que poderia fazê-lo largar as drogas. As manchetes nos tabloides diziam que ela e Blake iam voltar a se casar, que estavam usando drogas de novo. Ela não parava de ir a Sheffield para vê-lo, apesar de sempre voltar de mau humor.

Eu não fazia ideia do que resultaria dessas reuniões, mas ela o estava visitando muito. Com isso em mente, criei uma nova estratégia para lidar com Blake: eu me disporia a me encontrar com ele, para ver se poderíamos resolver nossas diferenças.

Eu não queria fazer isso, podem acreditar em mim; mas eu não queria perder Amy. Meus amigos estavam preocupados com o fato de eu estar me esgotando, enquanto lidava com ela e com seu ciclo de dependências — Blake, as drogas, o álcool —, mas eu lhes garanti que a única hora em que me sentia exausto era quando Amy e eu estávamos longe um do outro. Quando estava perto dela, eu tinha a energia e a garra para encarar todos os seus demônios. Amy gostou quando eu lhe disse que queria ver Blake e me assegurou que falaria com ele para marcar tudo. O que nunca aconteceu.

Pouco depois disso, Amy teve uma enorme briga com Blake pelo telefone. Disse que foi porque havia outra garota lá com ele enquanto eles estavam se falando. Ela ficou deprimida e estava nitidamente de ressaca. Mais tarde naquele dia, ela decidiu ir a Sheffield para vê-lo. Isso me perturbou. Será que Amy se manteria forte, ou sucumbiria ao que quer que fosse que a atraía nele?

Fui acordado às quatro da manhã no dia seguinte, com um telefonema.

— Estou falando com Mitch? — perguntou a voz. — Você não me conhece, mas eu me chamo Danny. Estou ligando porque alguém tem de lhe contar. Amy teve uma overdose.

Eu ainda estava sonolento, e de início mal consegui registrar as palavras. Então de repente me ocorreu o pior: será que Blake lhe tinha dado mais drogas, será que Amy tinha bebido demais, ou tinha tido outra convulsão? Pronunciei as palavras que nenhum pai quer dizer:

— Ela morreu?

— Não — respondeu ele. — Ela está no Royal Oak Hospital, em Paddington.

Nada disso fazia o menor sentido. Andrew tinha me ligado anteriormente para confirmar que ele e Amy estavam a caminho de Sheffield. Como ela poderia estar num hospital em Londres? Não existe nenhum Royal Oak Hospital em Paddington. Quando comecei a despertar, percebi que essa ligação de Danny era provavelmente uma brincadeira cruel. Era óbvio que ele não sabia que Amy estava em Sheffield.

I'LL CRY IF I WANT TO • 273

Fiquei enojado e chocado, mas, antes que pudesse organizar meus pensamentos, liguei para Amy. Como ela não atendeu, telefonei para Andrew, acordei-o e lhe disse para fazer com que Amy me ligasse de imediato. Dentro de alguns instantes, ela estava falando comigo, garantindo que estava tudo bem, que não tinha acontecido nada e que a ligação era um trote.

Depois disso, como não consegui voltar para a cama, fui para o andar de baixo e me sentei, olhando pela janela. Eu não conseguia entender o que levaria alguém a dar um telefonema daquele tipo. Que espécie de pessoa faria uma coisa daquelas? Já era ruim o suficiente ser alvo de tanta violência por parte da imprensa, e eu já estava farto de mensagens anônimas e porcarias desse tipo. Agora isso. Enquanto estava ali sentado, fui me sentindo cada vez pior até que de repente — algo raro de me acontecer — me levantei e precisei ir correndo ao banheiro, onde vomitei.

Algumas horas mais tarde, Amy ligou para me dizer mais uma vez que estava bem, e para verificar se eu também estava.

Uma noite, quando estava bêbada, ela me disse que Blake estava de novo indo fundo na heroína. Ela o tinha visto se drogando quando esteve em Sheffield. E deve ter percebido minha ansiedade porque, sem que eu lhe perguntasse nada, foi logo falando.

— Papai, você sabe que eu nunca mais vou me envolver com drogas pesadas. — Eu sabia disso, sim. Minha maior preocupação naquele momento era que ela parasse de beber.

Em fevereiro, Amy foi à Jamaica passar um tempo trabalhando com Salaam Remi no estúdio de gravação. Aqueles eram ainda os primeiros dias para ela em suas composições para um terceiro álbum. Amy era feroz na autocrítica e demoraria para apresentar as músicas para esse álbum muito mais do que tinha demorado para os dois primeiros. Ela experimentava e descartava uma ideia após a outra. Esse trabalho me dava esperanças de que talvez, só talvez, não levasse muito tempo para Amy se afastar definitivamente de Blake. Em períodos como esse, quando ela estava trabalhando, ele parecia totalmente excluído do seu pensamento.

Enquanto Amy esteve fora, encontrei uma casa nova para ela em Camden Square. Ela estava louca para voltar para Camden Town — aquele lugar era o verdadeiro chão para Amy em Londres, e eu tinha encontrado a casa perfeita: uma linda construção do início do século XIX, com seu próprio terreno. A casa precisava de uma boa obra, pois na época estava dividida em seis apartamentos, de modo que precisaríamos demolir seu interior. Ela tinha um potencial incrível para todas as exigências de Amy: uma academia, um estúdio de gravação, muitos quartos e um belo jardim. Sem nem mesmo ver a casa, Amy me disse para comprá-la.

Quando voltou da Jamaica, eu a levei lá pela primeira vez. Ela simplesmente adorou e começou a fazer planos para a reforma dos interiores. A má notícia era que a obra levaria tempo e o contrato de aluguel da casa de Hadley Wood estava prestes a vencer. Ela precisava encontrar outro lugar para morar, e rápido. Amy ainda era dona do apartamento em Jeffrey's Place, mas não queria ir para lá porque lhe trazia lembranças desagradáveis. Por isso, no início de março, sabendo que Amy queria estar perto do centro de Londres, encontrei para ela um excelente apartamento para alugar em Bryanston Square, no West End.

Par a par com suas sessões de trabalho com Salaam Remi, ela também tinha recomeçado a trabalhar com Mark Ronson em Londres. Em meados de março, Jane e eu a levamos para almoçar no restaurante Reubens, onde comemos a valer. Eu estava felicíssimo por ela estar trabalhando no que sabia fazer melhor, e era sensacional estarmos conversando sobre isso, em vez de dançando em torno dos seus problemas. Amy disse que as ideias de músicas para o novo álbum estavam se desenvolvendo mais do que na Jamaica, embora ainda não houvesse nenhuma faixa pronta. Como era típico de Amy, ela se recusou a falar muito comigo sobre sua música porque o trabalho não estava terminado.

— Você vai ter de esperar, papai — disse ela. — Mas posso lhe dizer que Mark e eu estamos trabalhando com aquele som de conjuntos femininos dos anos 1960. Ainda gosto daquilo. E de mais algumas coisas. E na Jamaica me interessei de novo pelo reggae, e Salaam e eu fizemos alguma coisa por esse lado também.

Daí a um dia ou dois, Amy insistiu que eu saísse com ela para uma farra de compras na Selfridges.

Ela não tinha tomado nenhuma bebida havia três dias e me revelou que queria entrar para um curso intensivo de direção. Que Deus nos proteja, pensei. Quando terminamos as compras, tive uma atitude um pouco atrevida. Eu sabia que ela não ia usar metade das coisas que tinha comprado — já tínhamos passado por situações semelhantes. Por isso, sem que ela soubesse, levei um monte de peças para devolver. Antes, Amy nunca teria percebido as roupas que estavam faltando, mas ela logo me telefonou.

— Papai, eu deixei uma bolsa da Selfridges no seu táxi ontem? — perguntou ela. — Estou sentindo falta de algumas peças. — Aleguei não saber de nada, mas acho que ela sabia o que eu tinha feito, porque me forçou a levá-la de volta à Selfridges para comprar exatamente as mesmas roupas de novo. Fiquei satisfeito por ela ter se dado conta da falta das roupas.

Em fins de março, Amy começou a gravar uma faixa para o álbum comemorativo do 75º aniversário de Quincy Jones — *Q: Soul Bossa Nostra*. Amy tinha conhecido Quincy na apresentação em homenagem a Nelson Mandela, e os dois tinham se mantido em contato. Ao longo dos três dias seguintes, Amy gravou *It's My Party*, uma faixa que eu conhecia bem, que tinha sido originalmente um grande sucesso de Lesley Gore em 1963. Quincy tinha produzido o original, e atribui-se a ele o crédito de ter descoberto Lesley Gore. Foi uma honra enorme ele ter convidado Amy para gravar essa canção. No último dia da gravação, fui me encontrar com Amy no estúdio Love 4 Music em Islington, norte de Londres.

A música tinha voltado a desempenhar um papel maior na vida de Amy, mas ela não deixava de ter seus retrocessos. Alguns dias antes, Amy tinha recomeçado a beber de modo preocupante. Raye e eu tentamos conversar com ela sobre isso, mas ela não quis nos dar ouvidos. Só queria falar sobre Blake e sobre o fato de ele estar usando metadona. Mas, quando apareci no Love 4 Music, fui apanhado de surpresa: Amy estava disposta a falar dos seus problemas. Ela me disse que ia dar um jeito na vida e que queria se internar na London Clinic para tirar o álcool do organismo. De modo igualmente importante, disse-me que não queria mais nada com Blake. Ela achava que seria mais fácil romper com ele cara a cara. Por isso, iria a Sheffield no dia seguinte com Neville, um dos seguranças.

Neville levou Amy de carro a Sheffield; mas, em vez de voltar no mesmo dia, ela passou a noite lá. Fiquei preocupado e achei que precisaria eu mesmo ir lá buscá-la. Amy acabou voltando no dia seguinte e me disse que tudo estava terminado entre ela e Blake. Mas meu prazer inicial desapareceu quando eu soube como Blake tinha recebido mal o rompimento. Ele ficou realmente abalado e tinha recorrido a drogas enquanto Amy estava com ele, embora ela tivesse tentado dissuadi-lo. O único aspecto positivo era a minha certeza de que Amy não tinha consumido nada.

De imediato, providenciei a internação dela na London Clinic para se tratar do alcoolismo. Tudo parecia ir tão bem — mas uma semana depois ela saiu da clínica, foi a um bar das proximidades e se embriagou. Esse era o problema: enquanto ela não admitisse que era uma alcoolista, continuaria a se iludir achando que poderia tratar da dependência sozinha. Àquela altura, Amy bebia havia tanto tempo que já era uma segunda natureza para ela. Ela voltou para a clínica às três da manhã, cantando e gritando. Mais uma vez, estava usando a clínica como hotel. O problema era diferente, mas voltávamos ao mesmo ciclo.

Era claro que nada estava terminado. Alguns dias depois, Blake apareceu em Londres, Amy abandonou todos os seus planos e se embriagou mais uma vez. Tive muita vontade de impedi-la, mas eu sabia, pelo aconselhamento especializado que tinha recebido, que a única pessoa que poderia forçar Amy a parar de beber era Amy. Por isso, nunca mandei que parasse. Eu simplesmente lhe dizia quais seriam as consequências se ela não parasse; e tentava lhe dar o maior apoio possível na ajuda a se livrar da dependência, catando os caquinhos cada vez que ela escorregava.

— Isso só vai terminar de um jeito, e não vai ser bom — disse eu a Amy. Era para ela ter voltado para a London Clinic, mas ela disse que não queria mais ficar lá.

No dia seguinte, Amy levou um tombo no apartamento por estar bêbada, machucando muito o olho e a bochecha. Quando fui vê-la mais ou menos às 19 horas, ela não parava de falar sobre como devia estar com Blake, mas não podia, porque ele se recusava a largar as drogas; e que queria convencê-lo a procurar ajuda para lidar com sua dependência. Eu lhe disse que ela estava perdendo tempo e devia pensar em obter ajuda para seu alcoolismo, em vez de se preocupar com Blake. Mas senti que minhas palavras eram em vão. Ela não daria atenção a nada que eu dissesse, se não fosse o que ela queria fazer naquela hora. Eu simplesmente precisava, de algum modo, encontrar forças para encarar a situação, um dia após o outro.

Alguns dias depois, consegui convencer Amy a voltar a se internar na London Clinic. O plano era que ela passasse quatro ou cinco dias se desintoxicando, antes de sua viagem de férias ao Caribe; mas, depois de uns dois dias ela decidiu que não queria viajar. Queria se concentrar em livrar Blake das drogas. Disse-me que se sentia protegida na Clinic. Era como um porto seguro para ela, o único lugar em que podia receber ajuda. Ela queria ficar.

No dia seguinte, eu ia fazer uma apresentação na Hay Hill Gallery, em Mayfair, e o dr. Glynne tinha dado permissão a Amy para sair do hospital e comparecer. Foi uma noite incrível, e Amy e eu improvisamos um dueto — foi realmente especial, minha filha e eu no palco juntos, fazendo o que nós dois adorávamos, e a plateia também adorou. No final de nossa última música, olhei para Amy e vi lágrimas no seu rosto.

— Qual é o problema? — perguntei.

— Ah, papai, adoro quando você canta — disse ela, rindo de si mesma. — Fico tão feliz que choro.

Amy voltou para a London Clinic, mas algumas noites depois foi a uma festa com sua amiga Violetta e se embriagou. Por motivos que não se esclareceram, Amy e Violetta passaram aquela noite no apartamento de Jeffrey's Place, e no dia seguinte os seguranças me ligaram para avisar que Blake estava lá. Quando cheguei, ele já tinha ido embora, provavelmente com medo do que eu poderia lhe dizer. Mas Amy estava bêbada e chorosa por Blake ter surgido sem avisar. Ela não fazia ideia de que ele estava em Londres, mas de um jeito ou de outro ele tinha conseguido seguir seus passos.

Eu estava consternado por Blake ter estado lá, mas pareceu que seus atos brotavam do desespero. Talvez se Amy pudesse mantê-lo a certa distância por tempo suficiente, ele acabaria seguindo em frente.

Amy tinha voltado para a London Clinic; e, quando fui visitá-la, recebi notícias realmente animadoras. Ela me contou que uma tarde, algumas semanas antes, tinha conhecido um cara fantástico e tinha realmente gostado dele. Os dois marcaram um encontro na semana seguinte. Sem querer dar importância demais a isso, não fiz muitas perguntas, mas ela me disse que o nome dele era Reg.

Foi só mais tarde que Amy me contou toda a história de como tinha conhecido o diretor de cinema Reg Traviss. Os pais dele tinham um pub em Devonshire Street, perto de Bryanston Square, e Reg estava sentado do lado de fora, uma tarde, fumando um cigarro, quando Amy e Andrew passaram. Amy lançou um olhar na direção de Reg e continuou andando. Reg sabia quem ela era, mas não retribuiu o olhar porque, como me disse depois, não quis deixá-la constrangida. Amy ainda virou a cabeça para dar uma segunda olhada em Reg e seguiu por Devonshire Street.

Uns quinze minutos depois, Reg estava no pub com alguns amigos quando Amy e Andrew entraram. Reg na época não sabia, mas Amy vinha frequentando o pub com certa regularidade ao longo dos últimos meses e também se exercitava na mesma academia à qual o irmão e a mãe de Reg iam. Ela se aproximou para falar com o irmão dele. Reg foi chegando descontraído ao balcão; e Amy, atrevida como ela só, disse "Gostei dos seus sapatos". Eram uns mocassins cor de couro cru, de um modelo retrô, que teriam agradado a Amy, mas agora acho que ele poderia estar usando chuteiras e ela teria arrumado um jeito de começar uma conversa.

Ao longo das semanas seguintes, Amy foi ao pub algumas vezes e bateu papo com Reg. Era um ponto de encontro conveniente para eles, já que ambos moravam perto dali; e o pub não era daqueles com música estridente, onde todos enchem a cara. É um pub simpático, tranquilo, tradicional, onde é tão provável ver um cliente tomando café e comendo um sanduíche quanto bebendo uma cerveja.

Um dia, Reg não estava lá, e Amy deixou um bilhete com o número de seu telefone para ele poder ligar para ela, o que ele fez. Seria impossível alguém ser mais diferente de Blake do que Reg. Ele é diretor de cinema; mas, com seu cabelo primorosamente penteado para trás com brilhantina e as estilosas roupas retrô, ele se parece mais com um astro do cinema americano da década de 1950. Amy achou que ele tinha a aparência de meu pai Alec e seus irmãos. Talvez tenha sido essa a origem da atração.

Na noite anterior a seu primeiro encontro marcado com Reg, estive com Amy — ela estava ótima e muito empolgada por estar saindo com ele. De início, tomei cuidado para não atribuir significado demais ao caso. É claro que eu estava desesperado para ela seguir em frente e deixar Blake para trás; mas não queria inflar nada além das proporções naturais. Todo esse tempo, Blake não tinha parado de ligar para ela, mas Amy lhe dissera que os dois deviam começar a sair com outras pessoas, já que seu relacionamento estava encerrado. Não era só que Amy estivesse indo a um primeiro encontro com outro cara. Ela estava se despedindo de Blake.

O primeiro encontro de Amy com Reg tinha transcorrido bem, e eles planejavam voltar a se ver; mas, quando Amy chegou em casa naquela noite, Blake ligou para ela e os dois tiveram uma briga. Eu não poderia ter desejado uma reação melhor de Amy. Blake lhe disse que estava usando heroína por via endovenosa; mas Amy não se deixou envolver com a história, preferindo lhe dizer que, apesar de sentir muita pena dele, não cogitaria uma reconciliação. Senti alívio e orgulho por ela se manter tão firme.

Não posso dizer que Reg foi a única razão pela qual Amy teve condições de dispensar Blake, mas creio que ele teve muito a ver com isso. Quando conheci Reg algumas semanas depois que ele e Amy começaram a sair, pude ver por que ela gostava dele. Ele era tudo o que Blake não era; e seu jeito carinhoso, tranquilo e educado era sedutor. Ele também parecia ter uma boa noção de como tratar de questões relacionadas a Blake. Reg compreendia que Amy precisaria falar sobre Blake, e gostava quando ela o fazia. As coisas não estavam indo muito bem para Blake, e ele não parava de perturbar Amy. Ele estava morando em Sheffield, mas sempre que precisava de ajuda, fosse em dinheiro, fosse um ombro amigo, ele telefonava para Amy.

Reg proporcionava um apoio tremendo e era muito paciente dada a situação.

Em certa ocasião, Blake queria vir a Londres para se encontrar com Amy. Ela não sabia ao certo se deveria vê-lo ou não. E, quando pediu um conselho a Reg, ele sugeriu que ela fosse se encontrar com Blake para enterrar aquele assunto. Amy pediu a Reg que fosse com ela; e, embora realmente não tivesse vontade de ir, ele disse que iria. Na sua opinião, a conversa seria mais fácil se ele não estivesse lá. E uma preocupação sua era a de que Blake e Amy se sentissem inibidos na sua presença para dizer o que fosse necessário dizer. Depois de várias conversas, Amy disse a Reg que Blake queria conhecê-lo. Nada disso fez diferença, afinal. Quando Amy e Reg foram ao encontro, Blake não deu as caras.

No final, Reg ajudou a tirar Blake da cabeça de Amy, de uma vez por todas. Estar com Reg mudou todo o seu jeito de encarar Blake. Como me disse, ela acabou se dando conta do quanto ele era imaturo. Ela achava que ele a via mais como sua mãe do que como sua ex-mulher. Mesmo assim, para Amy tinha chegado a hora de cortar seus laços com ele. Ela mudou o número do telefone, e o contato foi se perdendo. A última vez em que se falaram, Blake pediu a Amy que lhe enviasse um vale postal de duzentas libras. Reg sugeriu que ela concordasse, somente com a condição de ele nunca mais procurá-la; e, até onde Reg e eu tivemos conhecimento, ele nunca mais a procurou.

Eu tinha dedicado tanto tempo e energia a me preocupar com Blake e sua influência sobre Amy... Eu o tinha culpado pelos problemas dela com as drogas. Vinha esperando por esse momento havia tanto tempo, e ele finalmente tinha chegado. Por mais estranho que pareça, não senti nada. Talvez porque agora eu tivesse a bebida com que me preocupar. E a situação era diferente da sua dependência das drogas: agora não havia ninguém que eu pudesse culpar por isso.

Não há dúvida de que Reg foi uma influência estabilizadora na vida de Amy, e eu sei que eles falavam em se casar. Também sei que, se Amy tivesse engravidado, e Reg me disse que em duas ocasiões ela achou que isso tinha acontecido, eles teriam se casado imediatamente — o que poderia ter salvado sua vida.

* * *

Com Blake fora de cena, e Reg participando da vida de Amy, a impressão era a de que mais um obstáculo tinha sido vencido na sua recuperação. Amy parecia muito mais forte e estava determinada a melhorar. Mesmo assim, ainda bebia muito. Sob muitos aspectos, minha sensação era a de que ela estava ultrapassando o limite de qualquer ajuda.

No dia 11 de maio, Amy deveria ir a uma reunião com Lucian Grainge na Universal, para falar sobre o progresso das gravações e quanto tempo ainda faltaria para o lançamento de um novo álbum. Entretanto, bebeu demais e não pôde ir. Em meados de maio, ela já estava de volta à London Clinic. Quando chegou lá, tinha passado o dia inteiro vomitando, e o dr. Glynne me chamou para dizer que estava chocado com a aparência de Amy. Ela alegava que estava com uma virose e que era esse o motivo pelo qual estava vomitando; mas eu lhe disse com todas as letras que não acreditava nela e que sabia que era alguma coisa ligada à bebida. Nós discutimos.

— Não tenho mais paciência com você — disse eu a Amy. — Quando você era drogada, eu não podia lhe dizer nada porque você não teria me ouvido, não teria prestado atenção; mas agora você pode me ouvir muito bem. Estou farto da mesma coisa todos os dias. Você quer se embriagar, ou não quer? Você precisa parar de mentir para si mesma e para todos os que a cercam. Precisa dar ouvidos a seus médicos. — E fui embora dali.

Amy me ligou mais tarde para pedir desculpas e, como estava sóbria, tivemos uma conversa razoável sobre a bebida. Àquela altura, porém, eu achava que conversar era uma perda de tempo: ela já tinha ultrapassado o ponto em que ela poderia se ajudar, e eu simplesmente não sabia o que fazer a partir dali.

Amy ficou uma semana na London Clinic. Durante esse período não bebeu, nem saiu do hospital. Mas na semana seguinte, já em casa, ela parecia ter perdido de novo o controle: uns dias estava bêbada, outros estava sóbria. Era impossível saber qual Amy eu iria encontrar quando telefonava. A presença de Reg fazia com que ela reduzisse a bebida; mas, quando ele não estava, ela bebia muito mais. Some-se a isso o fato de os alcoolistas serem trapaceiros quanto a seus hábitos, como tinham me informado. Se eles quiserem que você acredite que não estão bebendo ou que estão bebendo menos do que o volume real, eles descobrem um jeito. Amy continuou a beber todos os dias até 10 de junho, quando mais uma vez foi internada na London Clinic.

— Eles carimbaram seu cartão de fidelidade? — perguntei. Eu estava tão saturado que precisei fazer um comentário sarcástico; mas na realidade eu estava furioso.

Não parava de imaginar que tínhamos chegado ao fundo do poço, mas ela me provava repetidamente que eu estava errado. A situação era diferente daquela da época em que ela consumia drogas pesadas. As drogas eram ilícitas, dispendiosas e exigiam privacidade. O álcool estava disponível à vontade do freguês; e ela podia beber onde e quando quisesse, na maioria das vezes sem críticas públicas. Resultado: sua falta de inibição quanto à bebida era ainda mais um problema. A questão estava se tornando muito séria; e, se ela continuasse, sua doença poderia acabar matando nós dois.

Amy permaneceu sem beber por dez dias depois que deixou a Clínica, mas eu tinha a sensação de que uma recaída estava provavelmente muito próxima.

No dia 20 de junho, eu me apresentei no Pizza on the Park, uma das melhores casas de jazz de Londres. Tive a honra de ser o último artista a se apresentar naquele palco porque, infelizmente, depois de 30 anos, o lugar encerrou suas atividades. A casa estava lotada para minha apresentação. Muitos dos meus amigos e parentes estavam lá naquela noite, entre eles Amy com Reg. Ela estava maravilhosa e, ao final da noite, juntou-se a mim para cantar três duetos, para grande prazer da plateia. Foi uma noite extraordinária, a apresentação foi um arraso e, para completar, Amy permaneceu sóbria o tempo todo.

Em 1º de julho, Amy, Jane, Reg e eu fomos ver Tony Bennett cantar no Royal Albert Hall, em Knightsbridge. Ele estava absolutamente fantástico. Depois do show, fomos aos bastidores cumprimentá-lo e todos concordamos que ele era não só um artista esplêndido, mas também um cara extremamente simpático.

Na noite seguinte, Amy e eu fomos ver Tony Bennett de novo, dessa vez na Roundhouse, em Camden Town. Na noite anterior, eu lhe dissera que Amy e eu iríamos assistir ao seu segundo show, e ele nos convidara para jantar depois da apresentação. Eu realmente estava na maior expectativa. Ele deveria subir ao palco às 20h45. Por isso, fui apanhar Amy em Bryanston Square às 19h para garantir que não chegássemos atrasados. Eu conhecia minha filha no que dizia respeito a se aprontar para sair. Amy disse que ainda não estava bebendo; mas, depois que tomou sua medicação, todo o seu modo de agir pareceu mudar. Ela simplesmente não parava de andar como uma barata tonta e não se aprontava. Eu já estava ficando uma fera com ela, e só fomos sair do apartamento às 21h15. E, a essa altura, suspeito que ela já tivesse tomado um gole.

Quando chegamos, Tony Bennett já estava no palco cantando; e à medida que entramos, todos se viraram para olhar para Amy. Como se isso já não fosse suficientemente desagradável, enquanto nos dirigíamos para nossos lugares, Amy começou a bater palmas e a assobiar com os dedos na boca.

— Silêncio, Amy — disse eu. Foi muito constrangedor. Por fim, nós nos sentamos, mas Amy continuou a atrapalhar: levantava-se no meio das músicas, batendo palmas ou assobiando em momentos inadequados. — Se você não se sentar e ficar em silêncio, vou embora — disse-lhe eu. Mas ela se recusou a parar, e eu fui embora.

— Você só está querendo estragar minha noite — gritou Amy, quando saí, atraindo ainda mais atenção para si mesma.

Depois do show, Amy foi mais uma vez aos bastidores, e Tony Bennett lhe perguntou onde eu estava. Ela lhe disse a verdade. Nós tínhamos nos desentendido e eu tinha ido embora. Não sei ao certo, porém, se ela lhe contou o motivo do desentendimento. Fiquei muito irritado com Amy naquela noite. Eu sabia que era a bebida que a fazia ter aquele tipo de comportamento; mas, embora aquilo talvez não tivesse tido tanta importância numa boate barulhenta, naquela noite não tinha sido nem adequado nem aceitável.

Cerca de uma semana mais tarde, Amy me telefonou para fazer uma surpresa encantadora. Tinha se reunido com seu conjunto numa sala de ensaios, pela primeira vez havia algum tempo.

— Ouve só, papai. Compus algumas músicas, e nós gravamos algumas de improviso hoje. — Ela ligou o aparelho de MP3 que tinha usado para gravá-las e me fez ouvir ao telefone fragmentos de umas duas músicas. Não consegui pegar muita coisa, além de um som animado de reggae. Disse-lhe que o som estava sensacional, porque sabia o quanto minha aprovação era importante para ela na época. Não estava claro para mim por que minha opinião fazia tanta diferença naquela ocasião, quando não tinha feito em outras horas. Simplesmente tentei suprir sua necessidade. Ela então me disse que tinha tomado uns drinques na noite anterior, mas não tinha se embriagado e que naquele dia não tinha consumido nenhum álcool.

— Você está se saindo muito bem, Amy. Parabéns — disse eu.

— É, obrigada, papai — respondeu ela.

* * *

No início de agosto, o problema de Amy com a bebida ainda era uma grande dor de cabeça, mas eu precisava de um descanso. Com a presença de Reg e com Amy canalizando sua natureza obsessiva para seu relacionamento, senti que agora podia dedicar algum tempo à minha querida mulher e a cuidar um pouco de mim mesmo. Jane e eu fomos passar férias na Espanha.

Enquanto estive fora, ouvi muitas histórias sobre o comportamento de Amy quando bêbada. A imprensa estava tendo um período de grande atividade. No dia 3 de agosto, um jornalista entrou em contato com Raye para dizer que tinha visto Amy bêbada em Soho às 10h da manhã. No dia seguinte, recebi um telefonema em que me disseram que Amy, embriagada, tinha saído correndo de um táxi sem pagar a corrida. Dois dias depois, saiu uma matéria no jornal *The Sun*, segundo a qual Amy tinha insultado o Rei dos zulus, acompanhada de fotos de Amy dormindo no colo de Reg no meio de um discurso que o rei tinha proferido na inauguração de um restaurante zulu.

Enquanto Jane e eu estávamos na Espanha, comecei a passar muito mal. Quando chegamos de volta, fui levado direto para o hospital. Eu estava com septicemia e me sentia péssimo. Fizeram um exame de ressonância magnética, que revelou a necessidade de extirpar minha vesícula biliar. O exame também mostrou que eu tinha a síndrome de Mirizzi, uma complicação rara que significava que a técnica de laparoscopia não poderia ser usada, e que eu teria de ser submetido a uma cirurgia aberta. Mas ela só poderia ser realizada depois que a septicemia tivesse sido debelada. Durante meus nove dias no hospital, Amy e Alex vieram me ver diariamente. Eles ficavam lá desde o início da manhã até tarde da noite. Não sei se foi o fato de eu estar doente, ou se foi a conversa que Reg teve com ela depois do seu comportamento no restaurante zulu, mas Amy ficou sóbria por quase duas semanas, o que me deu uma alegria imensa.

Na semana seguinte, ela estava bebendo de novo. Alex e a namorada Riva tinham ficado noivos recentemente e iam dar uma festa no final de agosto para comemorar. Eu esperava estar bem para poder comparecer e adiei minha cirurgia para depois da comemoração, mas me preocupava com o possível estado de Amy na festa. Falei com ela a respeito disso, e ela me prometeu que pararia de beber quatro dias antes e não beberia na ocasião. Ela realmente queria estar presente. Eu lhe disse que não acreditava que ela conseguiria.

No dia marcado, Amy concordou em se encontrar comigo para eu poder avaliar seu estado de sobriedade. Ela sabia que, se eu detectasse indícios de bebida nela, não permitiria que ela comparecesse. Eu a vi de tarde, e ela não tinha bebido, de modo que lhe disse que poderia ir à festa.

Quando chegou, ela estava um pouquinho alta. Não estava bêbada, mas era evidente que tinha tomado alguma coisa. Ela me disse que precisou de um gole para evitar uma crise de abstinência, mas não consumiria nenhuma bebida na festa. Ela cumpriu sua palavra; mas, quando se levantou para cantar, não estava muito bem, e eu ouvi algumas pessoas dizendo, aos sussurros, que ela estava bêbada. Eu estava fraco demais, pelo tempo passado no hospital, para reagir como faria normalmente, mas fiquei decepcionado com seu comportamento.

Não muito tempo depois, voltei à London Clinic para me preparar para a cirurgia, marcada para o dia seguinte. Eu estava muito nervoso, mas os médicos me garantiram que eu não tinha com que me preocupar. No final, eles estavam certos, e a operação foi bem-sucedida. Fiquei no hospital por onze dias e, também nessa internação, Amy veio me visitar diariamente. Nem uma única vez, cheguei a achar que ela tivesse bebido; nem mesmo quando os tabloides tentaram causar confusão, publicando matérias a respeito de uma possível traição por parte de Reg. O erro que os jornais fizeram foi o de sugerir que a traição teria ocorrido numa data em que, na realidade, ele e Amy estavam juntos em casa. Ela encarou o assunto de uma forma que me deixou realmente otimista quanto à sua recuperação. Ela ainda estava bebendo, mas achei que a cada vez ficava períodos mais longos sóbria.

Quando a vi no final de setembro, ela estava maravilhosa. E pelo menos dessa vez estava preocupada comigo, e todo o peso que eu tinha perdido enquanto estive doente.

— Eu venci a bebida, papai — disse-me ela, com orgulho. Mas não era tão simples assim. Já tínhamos passado por esse tipo de situação com as drogas. Eu sabia que ela precisava encarar um dia de cada vez e tentar não se colocar em circunstâncias que a levassem a beber. Contei-lhe que eu tinha conhecido um homem numa reunião do AA, quando estava investigando modos de ajudá-la; e ele tinha se apresentado como um alcoolista que não tinha bebido uma gota de álcool havia 30 anos.

— Isso é uma coisa que você vai ter de observar para sempre, Amy.

— Você se preocupa demais, papai — disse-me ela. — Vai dar tudo certo.

No início de outubro, eu tinha mais uma apresentação numa boate na City. Amy disse que gostaria de me ver ensaiar. Combinei de apanhá-la; mas, quando cheguei a seu apartamento naquela tarde, ela estava bêbada e não tinha dormido. Insistiu em me acompanhar de qualquer modo, e eu relutei, mas consenti. Entretanto, isso significou que chegamos um pouco tarde, e Amy ficou para a apresentação, em função do atraso do ensaio. Quando comecei minha primeira música, Amy subiu ao palco e ficou parada ali bem do meu lado, todo o tempo em que cantei. Depois das minhas cinco músicas, deixei que ela cantasse duas, que foram muito boas. Mais tarde, eu lhe disse que ela não deveria ter subido ao palco comigo, mas ela não conseguia entender o motivo. Na sua opinião, ela estava me dando apoio. Mas eu me senti um pouco constrangido com ela parada ali. Eu lhe disse que ela não teria agido daquela forma, se estivesse sóbria. A impressão que deu foi de pouco profissionalismo. Fomos forçados a concordar em discordar.

No mês seguinte, fiquei uns dias fora de Londres fazendo algumas apresentações. Enquanto estive fora, Amy não bebeu; e a cada vez que eu falava com ela, me sentia mais otimista quanto a sua recuperação. Eu sabia que ela voltaria a beber, mas começava a achar que ela realmente queria vencer o alcoolismo, que agora ela reconhecia abertamente. Tinham me ensinado que esse era um passo importantíssimo no caminho para a recuperação. Eu estava orgulhoso dela. Sabia que era difícil, mas estávamos avançando, mesmo que devagar.

Depois que voltei, Amy foi a Barbados trabalhar com Salaam Remi por toda a semana seguinte. Ela tinha dias bons e ruins com a bebida. Segundo os seguranças, ela estava bebendo, mas não estava bebendo de cair, nem perturbando as pessoas. Infelizmente, o trabalho de gravação não rendeu quase nada.

Quando terminou em Barbados, ela viajou para St. Lucia, onde bebeu muito mais. Quando me ligou no dia 4 de dezembro para me desejar um feliz aniversário, ela parecia sóbria. Por isso, perguntei-lhe pela bebida.

— Estou me esforçando ao máximo, papai — disse ela. — Mas tem dias que fica tão difícil... — Fez-se um longo silêncio. Eu sabia que, se a deixasse seguir por esse rumo, nós dois acabaríamos chorando. Por isso, mudei de assunto. Falamos da obra em andamento na casa de Camden Square, de suas novas gravações, de minhas apresentações, da cicatriz de minha operação, de Alex e Riva, Reg, Jane e de um milhão de outras coisas. Ficamos ao telefone mais de duas horas, o que foi um ótimo presente de aniversário. Só mais uma vez durante a ligação, ela chegou a ponto de cair no choro, mas conseguiu se controlar no último instante.

Cerca de uma semana depois, ela voltou para casa e continuou a beber. Não permiti que comparecesse à minha festa de aniversário de 60 anos, porque ela já estava bêbada durante o dia. Por fim, ela e eu tivemos uma briga terrível quando fui vê-la em Bryanston Square. Eram 10h da manhã e ela já estava embriagada. Relembrei-lhe que ela deveria viajar para a Rússia no dia seguinte para algumas apresentações e que ela não conseguiria pegar o avião se não se decidisse a parar de beber, pelo menos até a hora da partida. Voltei a Bryanston Square mais tarde, e Amy tinha bebido tanto que não conseguia falar. Liguei para a dra. Romete, que a examinou e sugeriu que eu a levasse para a London Clinic, o que fiz. Ela não foi internada, e mais ou menos três horas depois eu a levei de volta para casa. A essa altura, Amy estava sóbria e decidida a ir à Rússia.

É difícil acreditar, mas ela conseguiu chegar à Rússia, e dois dias depois Raye me ligou para dizer que a apresentação tinha sido fantástica e que Amy tinha estado "absolutamente esplêndida". Ela também tinha conseguido manter sob controle seu hábito de beber; muito embora, sendo a Rússia como é, todos tivessem tentado lhe dar doses de vodca. Quando falei com ela, Amy estava exausta em termos físicos, mas ainda mentalmente empolgada com a viagem.

Quando de sua volta, Raye e eu tivemos uma conversa. Nós dois estávamos animados com o fato de Amy ter conseguido não beber antes de subir ao palco — tinha sido esse seu método costumeiro para controlar o nervosismo antes de cada apresentação. Cantar ao vivo sempre seria uma parte importante de sua carreira, de modo que Raye e eu ficamos felizes por ela ter encontrado um jeito de enfrentar a situação sem recorrer à bebida.

No dia de Natal, Jane e eu fomos fazer uma visitinha a Amy em Bryanston Square, antes de partirmos para o almoço de Natal na casa da mãe de Jane. Amy tinha sido convidada, mas ela achava que, como estava se desintoxicando, a tentação de beber talvez fosse forte demais, e decidiu ficar em casa. Durante todo o período de festas, Amy não bebeu, o que a deixou bem orgulhosa. Eu também fiquei orgulhoso. Foi um feito incrível, principalmente porque ela estava com amigos que bebiam.

Na véspera de Ano Novo, Amy me telefonou para me dar mais notícias positivas. Ela ainda não tinha bebido; e ela e Reg tinham conversado sobre casamento. Fiquei maravilhado. Parecia um final perfeito para aquele ano. Eu sabia que os problemas ainda não tinham ficado para trás, mas Amy tinha decididamente melhorado, e as coisas estavam indo na direção certa. Eu nunca tinha acreditado que ela um dia se livrasse de Blake, mas aqui estava ela falando de casamento com Reg. Com o ano se encerrando, era difícil não achar que tudo estava se encaixando perfeitamente.

"Sinto que, de maneira geral, 2010 foi um ano melhor que 2009 e um ano muito, muito melhor do que 2007 e 2008", escrevi em meu último registro no diário. "É grande a expectativa pelo que 2011 nos reserva."

19

Body and Soul

ANIMADA POR SEU SUCESSO na Rússia, Amy passou os primeiros dias de 2011 ensaiando para sua viagem iminente ao Brasil. No dia 4 de janeiro, ela me ligou.

— Estou pronta para me apresentar... E estou sóbria desde o início do ano, ha ha... — Eu não podia imaginar Amy embarcando num avião sem que houvesse algum drama de última hora; mas, pelo menos dessa vez, não aconteceu nada e ela de fato chegou ao aeroporto com antecedência.

No dia seguinte, ela ligou para dizer que tinha chegado bem e me contar como o Brasil era bonito. O primeiro show foi no dia 8 de janeiro e eu falei com Raye antes. Amy não tinha bebido uma gota que fosse desde sua chegada ao Brasil. Eu esperava que ela não precisasse de um trago antes de subir ao palco naquela noite; e, para minha alegria, Raye confirmou que ela só tinha bebido água o tempo todo. O espetáculo tinha sido fantástico, e Amy tinha se apresentado como a estrela que o público esperava. As críticas da imprensa ao primeiro show de Amy no Brasil, no Summer Soul Festival, em Florianópolis, foram sensacionais.

Apesar de Amy não ter cantado nenhuma canção inédita, ela apresentou dois *covers* novos que estava pensando em incluir em seu terceiro álbum. Como acontecia com seus cadernos de letras, ela armazenava notas sobre qualquer música nova que ouvisse ou que lhe indicassem e que fosse do seu agrado. Ela não se importava de cantar um *cover* desde que gostasse da música e pudesse lhe imprimir sua própria marca. As duas que ela escolheu nesse caso foram de Little Anthony and the Imperials: *I'm On The Outside Looking In* e *Boulevard Of Broken Dreams*. Esta última foi a canção composta para o filme *Moulin Rouge* de 1934, tornada popular por Tony Bennett, não o sucesso do Green Day de 2004.

Amy fez cinco shows no Brasil, o último em 16 de janeiro. Falei com ela depois da apresentação, que ela disse ter sido muito, muito boa. Ela também me contou, orgulhosa, que ainda não tinha bebido nada e que fazia mais de duas semanas que não consumia nenhuma bebida alcoólica. Fiquei muito satisfeito ao ouvir isso e comentei com Jane:

— Para ser franco, achei que ela não ia conseguir. Não quis dizer nada antes, porque não é bom que ela ache que eu ainda tenho minhas dúvidas com relação a quanto tempo ela vai conseguir se manter sóbria; mas eu não achava que ela fosse chegar até aqui.

Mesmo assim, eu não conseguia dizer aos outros que estava otimista, porque sabia que não aguentaria mais decepções.

Quando Amy voltou ao Reino Unido, falamos ao telefone por mais de uma hora, com ela me contando tudo sobre o Brasil. Ela estava totalmente sóbria e reiterou seu desejo de continuar assim. Eu tinha ido ver a casa de Camden Square, e a obra estava encerrada. A casa estava incrível, e nós conversamos sobre quando ela poderia se mudar para lá. No dia seguinte, estive com Amy, e ela estava com ótima aparência. Tinha até mesmo ganhado algum peso enquanto esteve fora. Pedindo desculpas, ela me disse que tinha tomado um trago ou dois na noite anterior. Não a repreendi: era de se esperar. Relembrei-lhe que o processo era semelhante àquele de quando ela estava largando as drogas. Naquele período, ela teve recaídas em inúmeras ocasiões. É triste, mas eu agora tinha um bom conhecimento dos hábitos dos dependentes. Era perfeitamente natural tropeçar no processo de ficar limpo.

O que era frustrante era que sempre havia riscos que acompanhavam as recaídas. Um dia, bem cedo de manhã, recebi um telefonema do Blake americano, que estava nos EUA. Ele estava conversando com Amy no Skype, quando ela teve uma convulsão. Liguei imediatamente para a segurança do hotel Langham, onde Amy ainda estava hospedada, e eles correram para seu quarto. Quando chegaram lá, ela estava bem; e, como a maioria das pessoas que passam por essa experiência horrível, ela não tinha nenhuma lembrança do acontecido. Eu disse a Amy que ia até lá, mas ela tentou me convencer de que não era necessário: ela estava bem e ia dormir. Fui lá, mesmo assim. Quando cheguei, Amy estava dormindo, e eu a acordei. Como ela não me pareceu muito bem, levei-a à London Clinic, onde foi internada para observação, muito embora não tivesse andado bebendo.

Fazia muito tempo que eu considerava arriscado Amy se desintoxicar sem supervisão médica; e, depois de sua convulsão mais recente, ela concordou. No dia seguinte, estive com a dra. Romete, que disse que a desintoxicação de Amy poderia levar a convulsões, às quais ela já era propensa de qualquer forma. Pedi-lhe que tentasse elaborar um plano para Amy se desintoxicar com supervisão médica.

Pela manhã, Amy estava bem melhor. Atribuí isso ao fato de ela estar num "porto seguro", a London Clinic, onde ela quis ficar nesse meio-tempo. Ao longo da semana seguinte, ela continuou a se sentir bem lá, e eu a visitava quase todos os dias. Quando recebeu alta, eu a apanhei e fui com ela à Selfridges comprar alguns itens essenciais para a casa de Camden Square, para onde ela se mudou naquele dia. Seus seguranças tinham se mudado para lá uma semana antes.

Estacionei o táxi em frente à casa, e Amy subiu decidida a escada até a porta da frente, deixando-me sozinho para lutar com as compras. Ela corria de um cômodo para outro, dizendo-me qual bolsa largar onde; e estava mais empolgada do que eu tinha visto havia séculos.

— Ponha aquela sacola ali, para descer para a sala de ginástica, papai — gritou ela por cima do ombro.

Ao lado da sala de ginástica, ficava seu estúdio. Amy tinha mandado fazer a cozinha no térreo, com vista para a frente da casa, num belo estilo retrô, toda em preto e branco com uma mesa preta. Acompanhei Amy quando ela entrou na sala de estar, que era enorme. Numa extremidade, havia uma encomenda especial feita por ela: um *jukebox* no estilo vistoso dos anos 1960.

— Ah, bom — disse eu, implicando com ela. — Quando eu estiver saturado de você, posso dar um chute no *jukebox*, não posso?

Amy foi correndo na direção do aparelho, que estava sobre rodízios e foi rolando para o canto, quando então ela se jogou diante dele para protegê-lo de mim.

— Não, papai, não — disse ela, rindo.

Percorremos o resto da casa juntos; e, quando saímos do seu estúdio, percebi que ela estava segurando o violão que tínhamos comprado na Espanha, no que parecia ter sido outra vida. Fiquei feliz de vê-la. Podia ser que Amy começasse de novo a compor a sério. Quando chegou minha hora de ir embora, ela me deu um abraço.

— Obrigada por comprar a casa para mim, papai.

Liguei para ela uns dois dias depois e, quando ela atendeu, pude ouvir que ela estava dedilhando a guitarra, com o fone encaixado no ombro. Ela parecia diferente, num bom sentido.

— Eu sei que você na verdade não me queria de volta em Camden, papai — disse ela. — Sei que você achava que esse lugar era errado para mim, mas tenho de lhe dizer uma coisa: sinto que este é o meu lugar. — Eu ia me defender, mas ela prosseguiu. — Obrigada, mais uma vez, por resolver tudo isso para mim, papai. Ligo para você outra hora, porque estou trabalhando.

O mesmo se repetiu ao longo de mais alguns dias. Ela estava sempre ocupada demais para conversar por muito tempo, o que era maravilhoso. Eu não a via se concentrar desse jeito desde aquela época na Espanha, quando ela se trancou e compôs uma boa parte de *Back to Black*. Criar música — sua maior paixão — parecia estar lhe fazendo um bem maior do que qualquer outra coisa que tivéssemos tentado.

Entretanto, um dia, no início de fevereiro, fui a Camden Square na hora do almoço e descobri que ela já tinha bebido bastante. Não estava bêbada, mas se tivesse tomado mais duas doses, teria ficado.

— Vamos tomar um chá — disse eu, e levei o chá para ela na sala de estar. Minha vontade era de lhe passar um sermão, mas eu sabia que isso seria errado naquele momento. Preferi comentar:

— Não se preocupe, essas coisas acontecem.

— Ontem à noite, não fui para a cama, papai — respondeu ela. — Quando parei de trabalhar, não consegui dormir e precisei de alguma coisa que me ajudasse a relaxar.

— Vai ver que agora você consegue dormir, querida — disse eu, pondo uma coberta sobre ela no sofá. Falei com Anthony, o segurança, para que ele ficasse de olho nela e fui embora. Escrevi no meu diário: "Estamos de volta à estaca zero, ou isso aqui foi só um acidente de percurso? Ela não demonstrou nenhum remorso por ter bebido hoje. Fizemos tanto progresso e não *podemos* morrer na praia."

Apesar de retrocessos como esse, pareceu-me que o padrão das bebedeiras tinha mudado. Amy estava pondo o trabalho em primeiro lugar, e seus períodos de abstinência eram mais longos. É claro que ela teria recaídas, mas no todo parecia estar assumindo o controle das coisas.

Enquanto Amy se preparava para uma apresentação em Dubai, ela me disse que, mais uma vez, tinha se mantido livre do álcool para o show. Mas não durou. Depois da apresentação, Raye me enviou uma mensagem de texto, dizendo que não tinha sido maravilhosa. Problemas técnicos tinham feito com que o fone de ouvido de Amy não funcionasse, o que significou que ela não ouvia a própria voz. Outros problemas técnicos fizeram com que parte do público, principalmente as pessoas no fundo, não conseguisse ouvir muito bem. E, depois de três músicas, parte da plateia foi embora. Como se esses pontos negativos não bastassem, Raye também me contou que Amy tinha bebido uns bons goles antes de se apresentar. "Que desastre", escrevi no meu diário naquela noite. "Exatamente quando eu achava que o trabalho a ajudaria com o problema da bebida, acontece uma coisa dessas. Com problemas técnicos ou não, ela não pode subir ao palco bêbada."

De modo surpreendente, quando Amy voltou de Dubai, parecia estar razoavelmente bem, apesar da decepção do show e do seu retrocesso com a bebida. Em pouco tempo, ela já tinha passado quatro dias sem beber. Riva ia vê-la todos os dias, e a amiga de Amy, Naomi, tinha se mudado para lá. Amy, Riva e Naomi se davam muito bem. Tyler me contou que Amy tinha dito que estava farta de se embriagar e que queria parar de uma vez de beber. Quando a vi de novo, ela reiterou para mim essa vontade. Eu sabia que estava falando sério. Mas sabia também que era provável que ocorressem outras recaídas antes que ela finalmente parasse de beber.

Mesmo assim, agora que Naomi estava morando com Amy, e Riva ia lá todos os dias, comecei a sentir um otimismo cauteloso quanto a Amy parar de beber. Tanto Naomi como Riva relataram no dia 2 de março que Amy não bebia havia seis dias. Eu mesmo tinha visto que ela não estava bebendo, mas Naomi e Riva me tranquilizaram.

No dia seguinte, Raye levou Amy à embaixada americana para ser entrevistada, com o intuito de obter um visto para os EUA. Ele depois me disse que tudo correu bem e que dessa vez estava otimista quanto à concessão do visto.

Quando estive com Amy, ela se abriu comigo a respeito de Reg. Eles não estavam se vendo, pelo menos por enquanto, e ela estava realmente chateada com isso. Falamos sobre seu relacionamento; eu compreendi como ela estava se sentindo por não vê-lo. Reg vinha trabalhando muito e tinha passado muito tempo fora, rodando um filme em locações em Scarborough, North Yorkshire.

— Vou lhe dizer uma coisa — disse-lhe. — É isso o que você deveria fazer. Quando ele voltar, trate de conversar com ele e diga exatamente como se sente.

— Ele sabe que eu o amo, papai — interrompeu Amy. — Não paro de lhe pedir que se mude para cá.

— Qual é o problema, então? Isso é ótimo. — Eu estava satisfeito por eles dois.

— Ele não vem, papai. Não quer que as pessoas achem que é um aproveitador. — Ao contrário de Blake, pensei eu, mas não disse nada. — Mas eu não me importo, papai — prosseguiu ela —, porque ele não é. Você sabe disso.

— Eu sei. Todos nós gostamos do Reg. Ele é gente fina. Você precisa insistir com ele e vai acabar conseguindo, querida.

Um aspecto mais positivo era o fato de Amy não estar bebendo, apesar de eu me preocupar com a possibilidade de ela voltar a beber, enquanto Reg ainda estava fora. Ela não voltou... bem, não naquele dia.

Em retrospecto, o dia 6 de março pareceu ser mais um ponto crucial para Amy. Riva me telefonou de Camden Square para dizer que Amy estava bêbada e se autoflagelando. Jane e eu fomos imediatamente à casa. Quando chegamos, Amy não estava muito embriagada, mas tinha se cortado. Ela disse que era uma reação retardada ao fato de não estar vendo Reg e uma resposta a alguma coisa que tinha acontecido com Blake. Fiquei desanimado, mas, assim que tive a notícia de que Amy tinha se cortado, soube que o nome dele surgiria. Mais ou menos uma semana antes, ele tinha sido preso pela polícia de Leeds, acusado de arrombamento e de porte ilegal de arma de fogo. Amy estava convencida de que o fato estava ligado às drogas.

Riva falou em tentar enquadrar Amy numa internação, mas eu lhe disse que teríamos de deixar esse assunto se desenrolar sozinho. Não tínhamos conseguido enquadrá-la na internação forçada, quando ela estava mil vezes pior do que agora. Por isso, eu sabia que esse caminho não daria em nada. Fiquei com Amy o resto do dia; e, quando ela voltou a ficar sóbria, tivemos uma longa conversa.

Ela me contou parte do que tinha acontecido na noite anterior, mas não era o que eu tinha esperado.

— Quando eu estava no banheiro do pub, uma garota se aproximou de mim — disse ela. — E me perguntou se eu iria com ela para cumprimentar sua amiga que era uma grande fã minha e tudo o mais. Fui à mesa e me sentei, e ela estava numa cadeira de rodas. Conversei um pouco com ela e lhe pedi que fosse franca. Ela achava difícil aguentar sua situação? Eu sabia que ela achava e por isso acabei lhe dando todo o dinheiro que trazia comigo. Eram quase cem libras. Ela não quis aceitar, mas eu lhe disse que ela precisava aceitar. Insisti mesmo. Isso me deixou sem dinheiro para pagar minha conta.

— É uma linda história, Amy, e você foi muito generosa — disse.
— Você se lembra de quando conheceu aquela adolescente inválida no aeroporto de Nice?

— Nice? — Ela pareceu não se lembrar. — Ah, é, a mãe disse que estava apavorada, com medo de que eu me aproximasse e batesse nela. Ha ha ha. Era isso o que eu fazia naquela época, não era?

— Você não estava tão bem assim naquela ocasião. Não mesmo. Mas a mãe depois entrou em contato comigo e disse que você foi maravilhosa com a filha dela. Você passou uma hora conversando, e a garota ficou emocionada. Você é uma boa pessoa, Amy.

Ela deu um suspiro.

— Papai, ver aquela garota ontem à noite fez com que eu percebesse como tenho sorte. Estou saturada de tudo isso, de verdade — acrescentou. — Decidi que a bebida acabou para mim, e desta vez estou falando sério. — Tive minhas dúvidas. Tinha ouvido aquilo tantas vezes antes, primeiro com as drogas e depois com o álcool. Mas não posso negar que parte de mim ainda se agarrava à esperança de que aquele pudesse ser o início do trecho final da recuperação de Amy.

Nos dias seguintes, ela permaneceu longe da bebida. E, quando Raye foi lhe fazer uma visita, ela ainda não tinha bebido nada. Tinha uma decisão importante a tomar. Tony Bennett tinha combinado de cantar com ela em seu segundo álbum de duetos, e ela deveria escolher a música naquela manhã. Tony tinha dado a Raye uma lista de cinco ou seis canções. Amy escolheu *Body And Soul*, dando como seu motivo: "Meu pai adora essa música." Fiquei muito lisonjeado.

— Que maravilha! — disse eu. — Você sabe a letra?

— É claro que sei a letra, papai — disse ela, rindo. — Sou sua filha. Você canta *Body And Soul* para mim há 27 anos.

E era verdade. Eu tinha cantado essa música montes de vezes a plenos pulmões no carro, quando ia apanhá-la na escola.

Fiquei feliz quando Amy me contou que continuava a não beber e falamos do apartamento em Jeffrey's Place. Naomi tinha morado lá por um tempo, mas, agora que ela estava com Amy, o apartamento estava vazio. Estava em péssimo estado e com aspecto de abandonado. Jane e eu ainda estávamos morando em Kent, e

Amy disse que, durante sua recuperação, ela se sentiria melhor se nós morássemos mais por perto. Sugeriu que reformássemos o apartamento e que Jane e eu ficássemos lá, pelo menos uma parte da semana. Achei ótima a ideia; e, quando a apresentei a Jane, ela também gostou.

* * *

Abril começou mal. A bebedeira de Amy durou só um dia, mas foi o que bastou para me deprimir. Pareceu que ela se recuperou com bastante rapidez, mas estava furiosa consigo mesma. Contou-me que sua relação com Reg estava melhorando, mas ela ainda não o via tanto quanto gostaria. O sistema de trabalho de Reg significava que, quando ele se dedicava a um projeto, ficava tão imerso nele que muitas vezes perdia a noção do tempo. Uma noite, ele disse a Amy que ia apanhá-la às 22h para saírem para jantar. Amy estava arrumada e esperando às 22h, segundo seu relato (mas, como a conhecia, era provável que tivesse sido mais para as 23h), quando Reg telefonou para dizer que ainda estava trabalhando e que ia demorar cerca de mais uma hora. De acordo com Amy, ele só chegou às duas.

— Você precisa tentar compreender como Reg encara o trabalho — disse eu a Amy.

— Eu sei, papai — respondeu ela. — Vou experimentar.

Na manhã seguinte, Amy ligou para dizer que não estava se sentindo bem. A dra. Romete estava com ela, recomendando que ela se internasse na London Clinic, já que talvez sua desintoxicação estivesse fazendo com que se sentisse mal. Fui lá cerca de uma hora depois. Amy não estava tão mal assim naquele dia, e eu fiquei com ela, conversando, até as 23h30. No dia seguinte, ela estava irritadiça porque uma crise de abstinência de álcool tinha realmente começado a se manifestar. Eu estava aprendendo que essas eram oscilações temporárias de humor. E no dia 11 de abril já parecia que ela tinha vencido a batalha. Amy estava bem o suficiente para sair da London Clinic por um período curto e foi à sua sala de ginástica na casa de Camden Square. Por ordens médicas, ela estava de volta ao hospital antes das 20h30. No dia seguinte, Amy disse que não poderia ficar na London Clinic para sempre e saiu de lá. Concordei com ela e a levei para casa de carro.

Fui a Camden Square no dia 15 de abril, e Chris, um membro relativamente novo da equipe de segurança, me disse que Amy tinha acordado às 4h da manhã e bebido uma garrafa de vinho. Tinha se levantado novamente às 8h e bebido outra. Quando cheguei, às 10h30, ela estava totalmente apagada; e ao meio-dia ainda dormia. Quando voltei outra vez às 19h, ela estava acordada e agia como se nada tivesse acontecido. Isso resultou numa discussão terrível, e eu fui embora, me sentindo frustrado e com raiva.

O dia seguinte foi pior. Cheguei a Camden Square no meio da manhã e encontrei Amy caída no chão da cozinha. Levei-a para o andar superior e a coloquei na cama. Ela estava pronta para sair para comprar mais bebida, mas não conseguiu nem mesmo ficar em pé. Gritou e xingou muito, e eu agi tão mal quanto ela. Eu não sabia o que fazer. Amy estava decidida a buscar mais bebida, mas, naquele estado, só Deus sabe o que poderia ter acontecido se tivesse conseguido sair. Felizmente, ela não demorou para adormecer, e dormiu direto até a manhã do dia seguinte. Eu disse a Chris que, no futuro, ele deveria diluir as bebidas com água, se pudesse fazê-lo sem que Amy visse. Parecia improvável que esse recurso funcionasse, mas qualquer coisa que a fizesse ingerir menos álcool deveria ajudar.

Na manhã do dia seguinte, quando cheguei a Camden Square, Amy estava sentada no jardim, bebericando um café expresso com leite. Considerando-se a quantidade de álcool que ela havia consumido, sua aparência estava extraordinariamente boa. Nenhum de nós dois mencionou seu comportamento no dia anterior — eu não tinha energia para mais uma discussão. Por isso, tivemos uma conversa de um constrangimento atípico, com nós dois tentando evitar o assunto.

— Eu já lhe disse que eu e Jane vamos a Tenerife de novo, no mês que vem? — perguntei-lhe.

— Ah, que bom, papai — respondeu ela. — Ah, sim, Anthony teve de chamar o pessoal do ar-condicionado. Está com defeito outra vez. Deve ser legal no táxi com o ar-condicionado, quando está quente assim.

— Ah, é. Vou levar o táxi para a oficina na sexta. — Eu me levantei, fui andando até o limite do jardim e olhei de volta para a casa, fazendo retinir as moedas no meu bolso. Ela era esplêndida. Tudo o que Amy tinha mandado fazer a tornava muito especial, a primeira casa de adulto dela. — A casa está maravilhosa vista daqui, não é? Um lar de verdade para você.

— É, eu sei, papai. Gosto tanto dela... Não consigo me imaginar mudando daqui nunca.

Já estava na hora de eu ir embora. Enquanto eu ia saindo, Amy me deteve.

— Papai, desculpe por ontem.

— Tudo bem — disse eu. — Faz parte da recuperação.

— Aaaah, obrigada, papai — disse ela. Levantou-se e veio correndo me dar um abraço apertado, no inimitável estilo de Amy.

No dia 21 de abril, Amy me disse mais uma vez que tinha abandonado a bebida. Eu já tinha ouvido tudo aquilo antes, e estava perfeitamente preparado para que, depois de dois ou três dias, ela voltasse a beber. Mas, pelo menos, ela estava admitindo que tinha um problema. Seis meses ou um ano antes, Amy não teria aceitado esse fato e teria insistido que poderia parar quando bem entendesse. Portanto, na verdade, a afirmação de Amy não significava que ela iria parar de beber: significava, sim, que ela estava começando mais um período de abstinência, que, a cada vez, eu esperava que durasse mais do que o anterior.

Ao longo das semanas seguintes, Amy passou muito bem. A dra. Romete a via com regularidade e não parava de me dizer como estava satisfeita com o progresso de Amy. Ela estava um pouco entristecida e desalentada, mas decidida a se manter sóbria.

E então, no dia 11 de maio, ela foi internada novamente na London Clinic. Não estava se sentindo muito bem, e exames de sangue revelaram que seus níveis de potássio e glicose estavam altos. Disseram-lhe que isso poderia provocar problemas cardíacos, o que a assustou. A dra. Romete achava que isso poderia estar relacionado ao modo pelo qual Amy vinha conduzindo a desintoxicação. Ela foi posta no soro para estabilizar quaisquer problemas imediatos; e já no dia seguinte estava se sentindo muito melhor. Depois de mais um exame de sangue, cujos resultados foram normais, Amy recebeu alta.

Ela continuou sem beber por um tempo, e as coisas pareciam bem. Numa noite de sábado, liguei para Camden Square para saber como ela estava, e Reg atendeu. Antes de me passar para ela, ele disse que queria me contar que os dois tinham acabado de chegar de um dia fabuloso no West End. Eles tinham saído para caminhar depois do almoço e entraram num bar em Kingly Street, onde uma banda contratada da casa estava tocando. Eles dois se sentaram e, quando a banda estava prestes a começar a segunda parte de seu show, Amy, por impulso, perguntou se eles gostariam de tocar com uma vocalista. Eles imediatamente a convidaram ao palco, e ela cantou uma porção de músicas com eles. Aquilo era como nos velhos tempos, quando ela ficava muito feliz de agradar a seus fãs daquele jeito.

Viajei para Los Angeles dois dias depois; mas, assim que cheguei ao hotel, recebi um telefonema com a notícia de que Amy estava bebendo de novo. Fazia mais de três semanas que ela não consumia álcool, e eu não tinha ideia do que teria provocado esse recomeço. Tudo ia bem com Reg; ela estava compondo músicas de novo; tinha recuperado todo o peso perdido e estava com boa aparência. Eu realmente não conseguia compreender, mas considerava provável ter sido esse o período mais longo que ela passou sem beber, e isso me deixou animado. Quanto maior o intervalo entre as recaídas, maior o seu progresso; pelo menos era o que eu pensava.

No dia 17 de maio, Raye ligou. Amy tinha sido levada às pressas para a London Clinic porque, depois de beber a noite inteira, eles não conseguiram despertá-la. Ela agora estava consciente e parecia reagir, mas precisou permanecer no hospital para ser observada durante a noite. No dia seguinte, ela mesma se deu alta e foi para casa.

Alguns dias depois, cheguei de volta a Londres e fui direto ver Amy em Camden Square. Ela estava bêbada. A dra. Romete estava lá e me disse que não podia continuar a ser a médica de Amy porque nada do que lhe dissesse iria fazê-la parar de beber. Ela me entregou uma carta para Amy, que ressaltava todos os seus problemas médicos, junto com os acontecimentos dos dois dias anteriores. A carta dizia que Amy estava correndo risco imediato de morte. Dizia que ela tinha estado em coma no dia 17 de maio; e, menos de 24 horas depois, contra recomendações médicas, tinha saído da London Clinic.

A carta era franca, direta ao ponto e incrivelmente chocante. Todos nós sabíamos que a vida de Amy estava em risco, mas ver aquelas palavras, em preto no branco, no papel, de algum modo tornava a situação mais verdadeira e apavorante. Eu tremia e sentia um gosto de bile no fundo da garganta. Minha sensação era a pior até aquele momento. Não fazia sentido mostrar a carta para Amy enquanto ela estava alcoolizada, por isso não me dei a esse trabalho. No dia seguinte, ela ainda estava bêbada, e todas as minhas esperanças de sua recuperação do alcoolismo foram destroçadas.

E assim continuou. No dia 22 de maio, Andrew me ligou para dizer que Amy tinha se levantado às 10h da manhã, bebido meia garrafa de vinho e voltado para a cama pelo resto do dia.

* * *

Já no dia 24 de maio, Amy estava bebendo o tempo todo. Riva sugeriu que tentássemos convencer Amy a fazer reabilitação no Priory, em Southgate, região norte de Londres. Achei que era uma perda de tempo, mas disse que ia tentar. Riva e eu passamos toda a manhã do dia seguinte empenhados em fazer com que Amy concordasse em procurar uma reabilitação. Chegamos a trazer o dr. Brenner do Priory para vir vê-la em Camden Square. Amy foi muito grosseira com o dr. Brenner, mas ele estava acostumado a esse tipo de comportamento e persistiu. Não foi fácil, mas no fim nós três conseguimos persuadi-la a ir.

Chegamos ao Priory por volta das 14h, mas ela quis ir embora imediatamente. Fiquei com ela por umas duas horas; e aos poucos ela foi se aclimatando ao lugar, e parecendo bem mais calma. Eu soube que as coisas estavam realmente melhorando quando ela me pediu para ir buscar frango frito.

No prazo de uns dois dias, a permanência de Amy no Priory tinha chegado a todas as manchetes. De início, ela estava desesperada para sair, mas aos poucos foi relaxando e concordou em ficar lá até o final do mês. Ela estava com a aparência muito melhor e, mais uma vez, me disse o quanto queria largar a bebida.

— Mas eu sei, papai, que só dizer não vai fazer com que aconteça.

— Ela estava fazendo um esforço enorme para ver seus problemas com clareza. — Não pensei que fosse tão difícil. Achei que, como me livrei das drogas, poderia derrotar qualquer coisa; mas parar de beber é muito, muito mais difícil do que eu pensava.

— Sabe, querida, se existe alguém que tem condições de fazer isso, esse alguém é você — disse. — Já conseguiu uma vez e pode conseguir de novo. Você pode ser forte o suficiente. Você tem como fazer isso. — Eu acreditava no que estava dizendo.

No dia 31 de maio, Amy saiu do Priory. Ela estava maravilhosa e concordou em voltar para atendimento ambulatorial. Quando falei com Andrew mais tarde naquela noite, ele me confirmou que Amy não tinha ingerido nenhuma bebida. Mas, quando eu a vi no dia seguinte, ela estava realmente com raiva de mim por tê-la forçado a ir para a clínica. Eu estava convencido de que ela estava procurando um pretexto para começar a beber. Tivemos uma pequena discussão antes de fazer as pazes e eu sair, mas eu soube posteriormente por Andrew que Amy não bebeu naquele dia. Meus temores tinham sido infundados. Quando lhe perguntei se ela tinha tocado muito violão ou usado o estúdio, ele disse que ela não tinha passado nem perto do estúdio, mas que ele a tinha ouvido tocar violão no quarto.

Encontrei-me com Raye alguns dias depois e lhe disse que, apesar de ela estar tocando novamente, eu achava que não estava compondo muito. Ele não ficou surpreso e disse que o álbum ainda parecia estar meio distante. Ele não sabia ao certo se ela estava bem o suficiente para se apresentar em turnês. Amy tinha dito a nós dois o quanto ela queria voltar a se apresentar ao vivo, e demonstrou confiança para fazer shows. Não havia como negar que o Priory tinha sido de grande ajuda para ela: Raye e eu acreditávamos que ela mostrava sinais de estar derrotando seu alcoolismo. Mesmo assim, concordamos em avançar com cautela antes de por fim confirmar a turnê pela Europa Oriental.

Amy permaneceu sóbria na semana seguinte; e, quando fui vê-la em Camden Square no dia 9 de junho, ela estava esfuziante de empolgação com suas apresentações futuras, e não havia nenhum sinal de crise de abstinência de álcool. Falamos sobre Reg e Blake. Ela me disse que amava Reg, mas não conseguia deixar de sentir pena de Blake e queria ajudá-lo.

— É claro que a escolha é sua, Amy — disse. Ela sabia que eu não aprovava nem mesmo que ela conversasse com Blake, muito menos que o ajudasse.

— É, papai, mas eu não poderia *não* ajudá-lo, não é mesmo?

Eu nunca o teria ajudado, ele não prestava. Mas Amy era assim: encontrava o lado bom em todo mundo, até mesmo em Blake.

Três dias mais tarde, ela fez uma apresentação para amigos e parentes no 100 Club, em Oxford Street, no West End. Foi um "ensaio" para sua turnê pela Europa Oriental, mais tarde naquele mês. Ela ainda não estava bebendo e, fora uma leve dor de garganta, estava em perfeita forma. Sua banda começou tocando algumas músicas sem ela. Então Dionne cantou duas canções, e Amy veio ao palco. Ela conhecia todo mundo na plateia e foi recebida com aplausos calorosos e entusiasmados. Eu sabia como ela estava se sentindo nervosa antes do show e fiquei preocupado com a possibilidade de que ela tivesse tomado um gole para se acalmar, mas ela não tomou. E uma vez que tivesse começado a cantar, o nervosismo desapareceria.

Ela estava incrível. Ria e brincava com a plateia, conversava com um ou outro, zombava um pouco de mim e de outros da família. Havia muita interação com a banda. Em determinado momento, Amy olhou para a lista das músicas programadas e se voltou para Dale.

— Ei, não vamos cantar essa agora, vamos? Não quero essa agora. Só mais tarde. O que vamos tocar no seu lugar?

— Vamos tocar *Valerie* — disse ele, rindo. E Amy foi até onde ele estava e falou de modo que todos ouvíssemos.

— Não, a *Valerie* hoje não. Tem alguma outra?

A banda inteira riu. Amy estava realmente à vontade. Sua garganta ainda doía, porém, e ela perguntou se por acaso alguém tinha mel ali. Cinco minutos depois, um vidro de mel chegou ao palco. Como estava com parentes e amigos, disse simplesmente:

— Vou só até o camarim tomar esse mel rapidinho. Enquanto isso, meu pai vai cantar umas músicas para vocês.

Quase desmaiei. Adoro cantar e me disponho a cantar sem nenhum motivo, mas eu realmente não estava preparado. Aquele era o grande momento de Amy, e eu estava totalmente imerso nele. Mas consegui subir ao palco e disse à plateia que aproveitasse para bater papo enquanto eu falava com o pianista de Amy para ver que músicas do meu repertório ele sabia tocar sem partitura. Nós escolhemos algumas rapidamente e, quando eu estava no meio da primeira música, Amy estava em pé na plateia, aplaudindo e assobiando. Parti do pressuposto de que eu terminaria a música, e ela voltaria para o palco. Mas ela gritou para mim:

— Vai em frente, papai, e canta mais algumas.

Depois, Amy voltou e, para o deleite de todos, disse a Dale:

— Certo, vamos começar com *Valerie* — e prosseguiu de onde tinha parado, entremeando sua música brilhante com risos.

Na hora de *Rehab*, ela apontou para mim na plateia, cantando direto para mim.

— *My daddy says I'm fine* [Meu pai diz que estou bem].

Dei uma boa gargalhada, junto com todo mundo. Nós todos nos divertimos a valer, vendo e escutando Amy naquela noite. Parecia mais uma festa que uma apresentação, e Amy estava decididamente em sua melhor forma.

Mais tarde no camarim, seu lado carinhoso se revelou mais uma vez.

— Como está sua mononucleose? — perguntou ela à filha de meu amigo Paul. Fazia cerca de um ano que ela não via Katie. Não pude acreditar que ainda se lembrasse. Eu tinha visto Katie muitas vezes, mas tinha me esquecido totalmente de que ela estivera doente.

* * *

Amy ficou sem beber mais uns cinco dias. E eu estava muito animado com a turnê pelo Europa Oriental. Contudo, no dia 17 de junho, véspera do seu voo marcado para a Sérvia, eu soube que havia algo de errado no instante em que cheguei a Camden Square.
— Não quero fazer a turnê, papai — disse ela, depois de pouco tempo.
Fiquei surpreso. Tudo estava planejado desde o início de 2011, e aquilo era decididamente algo que Amy queria fazer. Raye e eu tínhamos nossas reservas a respeito, mas tínhamos seguido o desejo de Amy de se apresentar para seus fãs no leste da Europa. Fazia séculos que ela vinha dizendo que estava entediada, e minha resposta tinha sido a seguinte:
— Saia daqui e faça o que sabe fazer melhor: música. Faça uma turnê ou volte para o estúdio.
E durante os últimos meses, quando não estava bebendo, Amy tinha se dedicado muito aos preparativos. Ela sempre tinha um papel crucial em estabelecer o visual de suas apresentações ao vivo, envolvendo-se profundamente na escolha dos trajes da banda, na produção, na iluminação, praticamente em tudo. Desde *Back to Black* ela demonstrava uma ideia muito clara de como queria que fosse a aparência no palco de seus três cantores de apoio. Como gostava tanto do estilo das décadas de 1950/1960, ela uma vez tinha feito Raye ir ao guarda-roupa da BBC para alugar três *smokings* da cor

azul-bebê para eles. Ela chamou o trio de Nights Before; e, em suas últimas apresentações, decidiu que queria que eles usassem ternos cor de pêssego.

Mas agora estava dizendo que queria cancelar a turnê. Eu não podia entender o que tinha mudado, e ela não conseguia me explicar. Tudo o que consegui ouvir dela foi que não queria fazer a turnê. E se era algo relacionado ao medo do público, ou ao medo de voltar a beber, não cheguei a extrair dela essa explicação.

No dia seguinte, Amy tinha mudado de ideia novamente e queria fazer a turnê. Eu ainda estava apreensivo com a possibilidade de ela recuar ou começar a beber, mas falei com ela antes que embarcasse no avião, e ela parecia bem.

Raye concordou em me passar um relatório constante, de modo que nas 48 horas seguintes eu recebi ligações e mensagens de texto o tempo todo: "Ela está no quarto do hotel", "Ela está no carro", "Ela está no local do espetáculo", "Ela está no palco"...

E então, às 2h45 da manhã, no dia 19 de junho, Raye me ligou para dizer que a apresentação tinha sido um fracasso completo.

Amy tinha estado esquisita no carro a caminho da apresentação. Não estava embriagada, mas, como se sentia agitada no quarto do hotel e queria um gole, Raye lhe permitira um copo de vinho para ajudá-la a se acalmar. Amy costumava pedir às pessoas que lhe dessem bebida quando estava no palco. Mas isso não aconteceu em Belgrado. Ela já estava bêbada quando pisou no palco. Nem Raye nem Tyler, que estavam com ela naquele dia, fazem a menor ideia de como ela se embriagou, mas Amy deve ter levado alguma bebida escondida para a apresentação, ou ter conseguido que alguém fizesse isso para ela.

Por isso, naquela noite em Belgrado, Amy subiu ao palco alcoolizada, e isso ficou evidente. Sua apresentação foi desastrosa, e grande parte do público vaiou. Ela não conseguia se lembrar da cidade em que estava, da letra das suas músicas, nem mesmo do nome dos componentes da sua banda. O tempo todo Raye tentou tirá-la do palco, mas ela se recusava a sair. Permaneceu ali 90 minutos. Suas apresentações normalmente duravam 75 minutos. Aquela foi a pior de todas...

Eles saíram direto da apresentação para o aeroporto. No caminho inteiro, Amy pediu por uma bebida no carro, mas Raye não permitiu que bebesse. No avião, ela perguntou a Raye se aquela tinha sido a pior apresentação de sua vida.

— Foi — respondeu Raye. — No mesmo nível da de Birmingham. — Ele lhe deu uma bronca por decepcionar todo mundo. Mas Amy não gostou do que estava ouvindo e retrucou; depois se afastou e foi para os fundos do avião, emburrada.

A apresentação seguinte era em Istambul; e, quando chegaram, Amy pediu desculpas a todos.

— Essa história acabou aqui — disse Raye. — Você não pode sair e se apresentar desse jeito. É ridículo. Se não quiser fazer essas apresentações, nós não as faremos. Mas esta é uma série legal de shows. Vamos a lugares onde nunca estivemos, tocando para pessoas que nunca viram você, pessoas que realmente querem ver você. E você me sobe no palco e faz uma coisa daquelas. Por quê? Qual era o problema? — Amy deu-lhe seu típico encolher de ombros. E disse que não sabia a resposta.

Raye cancelou todas as apresentações seguintes.

Eu me perguntava por que ela não conseguia falar sobre isso com ninguém, nem mesmo comigo. Será que ela imaginava estar decepcionando a todos se admitisse para mim que deixar a bebida era mais difícil do que tinha pensado, mesmo depois de tudo que tínhamos passado juntos? Será que ainda queria tentar lidar com tudo sozinha? Ela não sabia que eu lhe teria dado não importava o que fosse que precisasse de mim?

Amy sabia que não precisava fazer aquelas apresentações se não quisesse. Raye tinha lhe dito isso repetidas vezes. Mas Amy adorava estar com sua banda e tinha desejado muito fazer aquela turnê. E, na opinião de Raye, ir em frente com a ideia talvez ajudasse a fazer fluir sua criatividade. Amy costumava dizer que achava chato cantar as mesmas velhas músicas. "Componha novas, então", nós respondíamos.

Não tenho certeza se ela de fato se sentia chateada. Acho que eram só as músicas de *Back to Black* que ela não queria cantar. *Wake Up Alone*, *Unholy War* e *Back to Black* pareciam ser as mais difíceis para ela. Faziam com que pensasse em Blake e em um período da sua vida que, compreensivelmente, ela queria esquecer. Raye achava que cantar essas músicas instigava lembranças da espiral das drogas em que ela estivera, e que esse era um motivo para ela beber demais, antes de se apresentar.

Não sei se era esse o caso ou não, mas Raye trabalhou junto com Dale Davis, o diretor musical de Amy, para garantir que as músicas de *Back to Black* ficassem entremeadas com *covers* e músicas de *Frank*. Eles não queriam um acúmulo de músicas que lembrassem a Amy aquela época infernal. Dale lhe apresentava a ordem da apresentação; e Amy, como tinha uma confiança implícita nele, jamais questionou a sequência das músicas. Isso parecia funcionar, de modo que sabemos que não se podia culpar as músicas pelo comportamento de Amy naquela noite em Belgrado.

Tudo estava bem com Reg, de modo que sabemos que também não foi por causa dele. E Blake era uma lembrança do passado. Então, o que tinha causado essa recaída? Só mais tarde descobrimos que Amy tinha sofrido a pior crise de medo do palco de toda a sua vida.

Na ocasião, entrei em desespero, pensando que Amy voltaria a beber com regularidade. Não tínhamos nenhuma noção do que estava acontecendo. "Minha filha precisa de ajuda, e nós todos estamos impotentes", escrevi naquela noite.

Mas eu estava absolutamente equivocado. Amy só voltou a beber dois dias antes de seu falecimento.

20
"Me dá um colo, papai"

Nos dias seguintes, recebi um monte de tweets me culpando pelo desempenho de Amy em Belgrado. "Como você pôde deixá-la continuar naquele estado?", seus fãs me perguntavam. "Você deveria saber que aquilo ia acontecer."

Ninguém sabia pelo que Amy tinha passado nos meses anteriores. Ninguém sabia que ela não tinha nem tocado em bebida alcoólica durante semanas antes da apresentação em Belgrado. Também não sabiam o quanto sua música a estava ajudando nessa época. Muitas pessoas puseram a culpa em mim, e muitas pessoas culparam o empresário de Amy, mas eu sabia que Raye não tinha culpa. Amy estava decidida a fazer a turnê, e os comentários foram incrivelmente dolorosos.

No dia 20 de junho, dois dias depois de Belgrado, Reg pegou um avião para Istambul para se encontrar com Amy. Depois que ele chegou, ela pareceu melhorar muito: estava mais calma e capaz de raciocinar novamente sobre o futuro. Ela não queria mais fazer shows ao vivo enquanto não controlasse seu medo do palco, e decidiu que era melhor dedicar seu tempo ao trabalho no estúdio em casa, com seu próximo álbum, ainda um pouco longe de estar pronto. Eu sabia que *Back to Black* tinha surgido quando ela sentiu que tinha um material completo, baseado no som dos conjuntos femininos que ela adorava. Creio que ela não chegou a encontrar a mesma inspiração motriz para reunir as ideias que tinha para um novo álbum.

No dia 22 de junho, Amy voltou para casa. Ela parecia muito melhor, mas eu tinha cuidado com o que lhe dizia, e foi ela quem trouxe à tona a apresentação de Belgrado. Disse-me como tinha ficado decepcionada consigo mesma, depois que ficou sóbria. Ela não estava gostando do que o alcoolismo estava lhe fazendo, ou à sua família e a Reg. Sentia-se péssima por ter decepcionado todo mundo. E aí me contou tudo sobre seu pânico de estar no palco. Ela não tinha se sentido capaz de fazer a turnê; e durante horas antes da primeira apresentação tremia de tão nervosa. Pensou que uns drinques poderiam ajudar, mas não ajudaram, e ela bebeu mais.

— Durante todo o tempo em que eu estava bebendo, papai, pensei o quanto eu detesto isso — disse. — Eu quero parar de verdade, de verdade. Eu não quero, mesmo, passar por essa merda de novo. Sempre acontece alguma coisa. Você acredita em mim, não acredita?

— Claro que acredito — respondi. — Mas não consigo impedir essas coisas. Sempre haverá bebidas alcoólicas por perto, e você sempre estará em situações em que vai querer beber novamente. Você tem de encontrar a vontade de parar por você mesma. — Tudo o que eu podia fazer era encorajá-la. Eu sabia que ela detestava as coisas que aconteciam, mas eu não tinha como saber quanto tempo levaria para ela beber outra vez.

Aquele dia foi um pouco estranho. Amy e eu passamos uma ou duas horas juntos e, depois de termos conversado sobre Belgrado, ela ficou muito pensativa. Falou sobre minha mãe, o que fazíamos com frequência, e então, o que não era comum, ela quis assistir a alguns clipes de suas apresentações ao vivo no YouTube.

— Você acha que eu sou boa, papai? — perguntou-me, depois de ter assistido um pouco.
— Claro que é — respondi. — Você sabe que é.
— Você me acha bonita, papai? — perguntou-me, então.
— Acho você a moça mais bonita do mundo — respondi —, mas você está perguntando à pessoa errada. Eu sou seu pai.

Até aquele momento, ela nunca havia, ao que eu soubesse, assistido às suas apresentações daquele jeito — ela não se interessava muito em olhar para o passado —, e, que eu me lembrasse, foi a primeira vez que ela tirou um tempo para se estudar daquela maneira. Não se tratava tanto da imagem de si mesma — eu sabia que ela tinha tido problemas com isso no passado, mas parecia ter superado. Dessa vez ela estava examinando friamente seu próprio desempenho, e vendo o que a tornava especial.

— Só me dá um colo, papai — pediu, e ficamos sentados juntos por cerca de uma hora, ela aninhada em meus braços. Foi um momento encantador, muito especial, só que na hora eu não dei nenhuma importância a ele. Seria fácil pensar que ela tinha tido alguma espécie de premonição, mas eu realmente não acredito. Acho que foi apenas um momento agradável.

* * *

No dia seguinte, fui ver Amy de novo. Na maior parte do tempo, conversamos sobre o trabalho que ela precisava fazer para o novo álbum. Dei uma busca sorrateira por bebida alcoólica na casa, mas não havia nada. Estive com Amy quase todos os dias nas duas semanas que se seguiram, e, quando não podia vê-la, falávamos ao telefone. Aos poucos, nossas conversas deixaram de incluir a palavra "álcool", e eu estava contente pelo fato de, por enquanto, ela ter parado de beber.

No domingo 10 de julho, Jane e eu passamos um dia delicioso com Amy em Camden Square. Almoçamos e então simplesmente ficamos aproveitando o dia, conversando e ouvindo música. Amy havia feito um número improvisado como DJ num dos pubs locais naquela semana e estava realmente entusiasmada com sua coleção de discos. Foi um típico domingo em família.

No dia seguinte, Amy ligou para dizer que ia a um bar local jogar sinuca. Fiquei preocupado: para Amy, jogar sinuca num bar era sinônimo de beber. Liguei imediatamente para Andrew, o segurança, e lhe disse para me ligar no minuto em que ela pegasse uma bebida. Mas ele não ligou. Não foi necessário. Logo que chegaram, Amy foi ao balcão e disse ao proprietário:

— Não me venda álcool em hipótese alguma.

Naquela noite, escrevi em meu diário: "Estou muito orgulhoso de Amy. Isso é muito positivo."

No dia 14 de julho, passamos o dia juntos, mais uma vez. Amy tinha procurado na Internet e descobriu algumas remixagens de *Please Be Kind*, uma das músicas do meu álbum. Ouvimos juntos — Amy achou que estavam muito boas — e disse de brincadeira:

— Sabe de uma coisa, papai? Vou levar esses comigo na próxima vez que eu for DJ e, antes que você perceba, já será o primeiro lugar nas paradas de música para dançar.

— O quê? Quer dizer que você vai fazer isso regularmente? Espero que estejam lhe pagando — brinquei.

— Ah, para com isso! Eu adoro, papai. Sinto que posso fazer tudo o que quiser aqui em Camden. É como se fosse meu playground. Quando me canso, posso vir para casa, onde é tudo paz e silêncio, e onde me sinto segura.

No dia 22 de julho, eu estava indo a Nova York para algumas apresentações e fui a Camden Square na véspera da viagem para me despedir de Amy — foi quando ela me mostrou as fotos que tinha encontrado. Ela disse que ia assistir a uma apresentação de Dionne no Festival iTunes, no Roundhouse, em Camden, naquela noite. Pedi-lhe para desejar boa sorte a Dionne por mim. Quando nos falamos no dia seguinte, ela disse que foi incrível no Roundhouse: Dione a tinha convidado para subir ao palco, e Amy tinha dançado enquanto Dionne cantava.

Infelizmente, aquela foi a última vez em que Amy apareceu em público.

No sábado, 23 de julho, minha querida filha Amy faleceu.

21

Adeus, Camden Town

NA MANHÃ DO DOMINGO, dia 24 de julho, eu estava de volta, no aeroporto de Heathrow, onde meu amigo Hayden foi me buscar e me levou para sua casa, no norte de Londres. Jane estava lá, esperando por mim. Choramos sem parar, até parecer que nossas lágrimas tinham secado.

Fomos até a casa de Janis, que não ficava muito longe, e todos nós choramos mais. Alex e Riva já estavam lá, e durante todo o dia as pessoas continuavam chegando. Eu estava atordoado, e realmente não me lembro muito do que aconteceu. As coisas iam se desenrolando à minha volta, e eu parecia fora de cena, como se estivesse assistindo a um filme.

Ficava me perguntando o tempo todo como aquilo podia ter acontecido.

Eu tinha estado com Amy no dia anterior à minha viagem para Nova York, e ela estava bem. Janis, Richard e Reg tinham visto Amy no dia seguinte, e ela estava bem. E continuava bem, mais tarde naquela noite — embora, de acordo com Andrew, ela estivesse "um pouco alta". Quando Andrew foi dar uma olhada nela mais tarde, ela estava cantando e tocando bateria em seu quarto. De manhã, ele foi novamente ver como Amy estava, e dormia. Algumas horas depois, foi novamente ao quarto e percebeu que ela não estava dormindo. Na mesma hora, ele deu o alarme.

Muitas pessoas acreditam que a vida de Amy estivesse tumultuada em seus últimos 18 meses. Entretanto, nada poderia estar mais longe da verdade. Sim, ela teve recaídas com o alcoolismo, mas essas recaídas estavam ficando cada vez mais espaçadas. Para aqueles que conviviam com ela, não havia nenhuma dúvida de que sua vida estava na direção certa. Eu sempre fiz um paralelo entre a organização, ou falta de organização, de Amy e seu estado mental em determinados momentos. Durante aqueles 18 últimos meses, as roupas nos armários estavam arrumadas e organizadas, seus livros e CDs estavam dispostos em ordem alfabética, e seus cadernos de anotações, numerados.

Eu sabia que Amy não podia ter morrido de overdose, pois estava livre das drogas desde 2008. Contudo, apesar de ter sido tão corajosa e de ter lutado tanto em sua recuperação do alcoolismo, eu sabia que ela devia ter tido outra recaída. Eu achava que Amy não tinha bebido havia três semanas. Só que na verdade ela começou a beber no show de Dionne no Roundhouse, na quarta-feira anterior. Eu não sabia disso na época.

Na manhã seguinte, Janis, Jane, Richard Collins (noivo de Janis), Ray, Reg e eu fomos ao necrotério de St. Pancras para fazer a identificação oficial do corpo de Amy. Alex não conseguiu ir, o que compreendi perfeitamente. Quando chegamos, havia uma multidão de paparazzi do lado de fora, mas todos foram muito respeitosos. Fomos levados a uma sala e vimos Amy por uma janela. Ela parecia muito, muito tranquila, como se estivesse apenas dormindo, o que, de certa forma, tornou as coisas mais difíceis. Ela estava encantadora. Havia algumas leves manchas vermelhas na sua pele, o que me levou a pensar, naquele momento, que ela poderia ter tido uma convulsão: sua aparência lembrava as vezes em que teve convulsões no passado.

Mais tarde, os outros saíram para que Janis e eu pudéssemos nos despedir de Amy sozinhos. Ficamos com ela por mais ou menos 15 minutos. Colocamos as mãos sobre o vidro da divisória e falamos com ela. Dissemos que mamãe e papai estavam com ela e que sempre a amaríamos.

Não dá para dizer como nos sentimos. Foi a pior sensação neste mundo.

Fomos então para Camden Square, onde Alex e Riva se juntaram a nós. A polícia ainda estava investigando a possibilidade de homicídio, e não tivemos permissão para entrar na casa. Centenas de fãs estavam lá, porém, e transformaram a praça num santuário. Nós nos reunimos e olhamos as homenagens deixadas junto aos cordões de isolamento da polícia. Agradeci aos jornalistas e fãs por terem ido, e apertei a mão de muitos deles, lutando para conter as lágrimas. Havia bebidas e cigarros, algumas mensagens lindas e bonitas peças de arte, bichinhos de pelúcia, flores e velas. Foi muito comovente e reconfortante saber o quanto Amy era amada. Por fim, não aguentei e chorei convulsivamente, sem conseguir parar.

Depois disso, voltamos para a casa de Janis, onde nossos amigos e outras pessoas da família estavam esperando. Eu lhes contei o que tinha passado pela minha cabeça durante as horas desoladas em que meu avião sobrevoava o Atlântico me trazendo para casa.

— Comecei a pensar numa Fundação — disse. — Uma fundação da Amy. Para que jovens carentes que lidam com dependência química, doenças ou falta de um teto possam receber apoio.

Eu não havia pensado muito mais que isso, mas a ideia estava lançada. Aos poucos, outras pessoas começaram a dar sugestões, e ela foi crescendo.

Os exames *post mortem* foram inconclusivos. A polícia metropolitana disse que "não havia estabelecido uma causa formal da morte", e que estava aguardando os resultados de testes toxicológicos adicionais, que não ficariam prontos antes de duas a quatro semanas. Nesse meio-tempo, a polícia informou que a causa da morte de Amy era indeterminada.

Foi iniciada uma investigação, com prazo estendido até 26 de outubro, para que pudéssemos fazer os preparativos para o funeral.

Segundo a tradição judaica, um funeral deve ser realizado tão logo seja possível; e, como o legista tinha liberado o corpo, o funeral pôde ser realizado no dia seguinte, 26 de julho. Certas correntes do judaísmo não permitem a cremação, mas minha mãe tinha sido cremada, e pensamos que seria o que Amy teria desejado para si mesma, quando tivesse de se juntar à sua vovó, Cynthia. Havia tanta coisa a fazer, e meus amigos maravilhosos estiveram sempre por perto para garantir que tudo fosse feito a tempo para o culto e a cremação. Eu comecei a escrever o elogio fúnebre para Amy.

* * *

Amy foi cremada no crematório de Golders Green, na região norte de Londres, no dia 26 de julho de 2011, numa cerimônia apenas para parentes e amigos, no mesmo salão que usamos para o funeral de minha mãe, em maio de 2006. Após a cerimônia, saímos para o jardim, deixando que os seguranças cuidassem de Amy na morte, como tinham feito durante sua vida. Eles apareceram dez minutos depois, e eu soube que estava terminado.

Fomos então ao Schindler Hall, em Southgate, região norte de Londres, para o início do *shiva*, período de luto judaico: todas as noites, pelos três dias seguintes, centenas de pessoas da família e amigos foram prestar condolências e se unir a nós em oração. O período de *shiva* traz apenas um pouco de alívio para a dor. Meus queridos amigos não me deixaram durante os dias que se seguiram, o que foi um grande conforto para mim.

Antes da cremação, tinha sido realizado um culto por Amy na capela do cemitério israelita de Edgwarebury, no norte de Londres. Quando chegamos ao cemitério naquela manhã, eu ainda estava atordoado e achava que aquilo não estava acontecendo. Eu simplesmente não conseguia acreditar. A cerimônia era apenas para convidados, e devia haver umas quinhentas pessoas na capela, e outras quinhentas do lado de fora. Fizemos as orações em inglês e em hebraico, e encerramos o culto com uma gravação da música *So Far Away*, na voz de Carole King — a música predileta de Amy.

Depois disso, li meu discurso fúnebre, a maior parte do qual tinha sido escrita no dia anterior. Deliberadamente, eu tinha deixado lacunas onde não precisava de palavras para saber o que queria dizer:

> Minha família e meus amigos. Estamos aqui para celebrar a vida de nossa querida filha Amy. Eu poderia dizer que Amy foi a cantora mais representativa do século XXI. Eu poderia dizer que Amy vendeu mais de 22 milhões de CDs. Eu poderia dizer que Tony Bennett disse que Amy era a maior cantora desde Ella Fitzgerald. Mas o que vou dizer é que Amy Winehouse foi a filha, parente e amiga mais incrível que qualquer um poderia desejar. Meus amigos e os amigos de Janis eram amigos de Amy.

Contei para a congregação as histórias que mencionei aqui sobre a juventude de Amy, suas brincadeiras e como ela aprontava; contei-lhes sobre os períodos que ela tinha passado em várias escolas, os amigos que tinha feito naquela época e mais tarde na indústria fonográfica.

> Os amigos de Amy eram para toda a vida e eram amizades profundas. Tyler, Naomi, Jevan, Catriona, Chantelle, John e Kelly, Nicky Shymansky, Lucian Grainge, todos da Metropolis e da 19 Management, e, é claro, Raye Cosbert, Selena e Petra. Raye é mais que empresário de Amy: ele é nosso irmão e nosso guia. Os seguranças de Amy — Andrew, Anthony, Neville e Chris — pertencem à nossa família. Eu confiaria minha vida a eles. Seus cuidados e paciência ao longo dos anos foram extraordinários.

Eu queria explicar às pessoas o que sabíamos sobre os últimos dias de Amy, já que havia muitas especulações incorretas nos jornais sobre as quais eu gostaria de falar.

Recentemente Amy encontrou o amor com seu novo namorado Reg, e ele tinha ajudado Amy a lidar com muitos dos problemas dela; ela estava ansiosa pelo futuro dos dois juntos. Ela estava mais feliz do que eu a tinha visto fazia muito tempo... feliz de verdade.

Três anos atrás, ela venceu sua dependência das drogas e estava realmente tentando resolver seus problemas com o álcool. Ela havia acabado de ficar três semanas sem beber e estava realmente muito satisfeita com sua vida.

Ela foi avisada por sua médica, a dra. Christina Romete, de que beber muito e depois ficar em abstinência de álcool talvez fosse pior do que continuar bebendo, porque desorganiza seus eletrólitos podendo causar convulsões, que poderiam resultar em morte.

Infelizmente, Amy tinha tendência a ter essas convulsões.

Mas permitam que eu ressalte que Amy não estava deprimida... Eu a tinha visto na quinta-feira antes de ir a Nova York, e Janis, Richard e Reg estiveram com Amy na sexta-feira. Ela estava melhor do que nunca.

Naquela noite, Amy estava em seu quarto tocando bateria e cantando. Como estava ficando tarde, Andrew lhe disse para parar com aquele barulho. Foi o que ela fez, e mais tarde Andrew ouviu-a andando pela casa por um tempo.

Ele então foi verificar se ela estava bem e pensou que estivesse dormindo na cama. Várias horas depois, ele foi vê-la novamente e percebeu que ela não tinha mudado de posição naquele período. Ela já não estava ali.

E foi assim. Todos nós ficamos aqui, consternados e atônitos. Meu bebê e de Janis se foi. Ela era a luz de nossa vida e, junto com Alex e Riva, continuará a ser a luz da vida de todos nós.

Eu quis dizer algo sobre o talento especial com o qual minha filha foi abençoada. Falei sobre como Amy tinha feito aquilo que tantos anos antes tinha dito a Sylvia Young que gostaria de fazer. Como sua família, queríamos que as pessoas continuassem a encontrar alívio para seus problemas através da voz de Amy.

> O último show de Amy foi no 100 Club. Sua voz estava boa, mas seu humor e sua noção de ritmo do espetáculo estavam ainda melhores. Todo mundo se divertiu naquele show... e Amy, mais que todos. Ela possuía uma generosidade de espírito incrível, que sempre transparecia.
> Seu legado permanecerá.
> Reg e Tyler, Janis e Richard, Alex e Riva, Janey e eu de algum modo teremos de procurar alguma forma de continuar sem Amy. Será difícil. Mas temos vocês do nosso lado... e juntos passaremos por isso.

Contei a todos um pouco sobre minha mãe e Amy, e continuei:

> Recentemente Richard me mostrou um velho caderno escolar de Amy, de 1995, logo depois de Janis e eu nos divorciarmos... Amy desenhou um coração e o dividiu em partes para inserir quem ela mais amava. E escreveu: Alex; sua mãe; e eu, seu pai. Isso foi pouco depois de eu ter saído de casa... ela escreveu que sentia saudades de mim.
> Eu nunca tinha visto aquele desenho.
> Na última linha do caderno, Amy escreveu: "Amo a vida... e vivo para amar." Ela só tinha 12 anos de idade.
> Boa noite, meu anjo, durma bem.
> Mamãe e papai te amam muito.

Epílogo

FOI E É dificílimo aceitar a passagem de Amy. A vida de cada um de nós mudou para sempre e jamais voltará a ser a mesma.

Na sexta-feira, 29 de julho de 2011, Janis e Richard, Alex, Reg, Tyler, Jane e eu tivemos permissão para entrar na casa de Camden Square para retirar alguns pertences pessoais de Amy. Entre eles, levamos seu querido violão para guardá-lo em segurança.

Fomos mais uma vez cumprimentados por fãs que prestavam homenagens. Ao redor da praça, a quantidade de flores, fotografias e mensagens ainda estava aumentando. Tentei mostrar aos fãs minha gratidão por seu apoio e por seu amor por Amy, dando-lhes de presente algumas camisetas dela. Apresentei uma expressão de coragem e até consegui dar um leve sorriso ao ver a reação deles.

No sábado, 30 de julho, os membros da família mais próximos e alguns amigos participamos de um culto matinal do *shabat* na Sinagoga Reformista de Finchley, que incluiu algumas orações especiais para Amy.

Chegava ao fim a pior semana da minha vida.

Durante as semanas e meses seguintes, quatro atividades consumiriam meu tempo: criar a Fundação de Amy; aguardar pelo resultado da investigação sobre a morte de Amy; cuidar do legado musical de Amy; e, uma coisa boa, comparecer ao casamento de meu filho.

Dentre a infinidade de cartões e cartas que nos enviaram, Jane e eu recebemos três álbuns de recortes de uma mocinha chamada Florence, que estava com uns 20 anos e tinha dificuldades de aprendizagem. Os álbuns estavam cheios de recortes de jornais e de fotos de Amy, acompanhados de comentários feitos por Florence. Por exemplo, se fosse uma fotografia de Amy saindo de um pub, vinha escrito: "Não, Amy, pubs não, pubs não." Se fosse uma fotografia de Amy fumando, lá estava: "Não fume, não fume, Amy, não fume." Ficamos tão comovidos por essa jovem ter desejado que ficássemos com sua amada coleção que decidimos conhecê-la. Queríamos devolver-lhe os álbuns para que ela continuasse a colar recortes neles, porque a história de Amy não terminou. Através do trabalho da Fundação de Amy, Florence terá muito mais recortes para acrescentar à sua coleção. Quanto a isso, estou mais que decidido.

Jane e eu fomos visitar Florence mais uma vez, alguns meses depois, levando conosco uma das blusas *bowling* de Amy. Foi estar com Florence que me fez pensar que talvez alguma coisa boa pudesse resultar de nossa tragédia.

* * *

Sei que, em momentos de pesar, nossa mente pode nos enganar. Eu procurava por respostas e sinais, e houve uma série de incidentes inexplicáveis nos dias e semanas após o falecimento de Amy. Eles poderiam ser interpretados como nada mais que coincidências, com explicações lógicas, mas eu os considerei reconfortantes: eles me fizeram sentir que Amy estava por perto.

Tudo começou no culto em memória de Amy, em Edgwarebury Lane. Quando comecei a ler o discurso fúnebre, uma borboleta negra entrou na capela. Eu estava com a cabeça abaixada, porque estava lendo, mas pude ouvir o burburinho das pessoas e pensei que os paparazzi tivessem entrado. A borboleta pousou no ombro de Kelly Osbourne, e então voou ao meu redor. Acredito que era um sinal do alto para revelar aos entes queridos de Amy que ela agora estava em paz. Ela estava conosco em espírito, e acredito que estivesse presente em seu próprio funeral na forma daquela borboleta negra.

A segunda coisa estranha aconteceu na casa de minha irmã, Melody, noites depois. Um pequeno melro, coisa que não é muito comum de se ver à noite, entrou saltitando na casa e pousou no pé de Jane. Ele era muito manso e estava bem feliz ali. Levamos o pássaro para o jardim e o soltamos com delicadeza no ar, onde ele voou em círculos, e voltou. Nós o soltamos repetidamente, mas a cada vez ele voava em círculos e pousava perto da gente. Por fim, demos leite e pão para o melro, e ele passou o resto da noite conosco.

Os incidentes seguintes ocorreram na Jamaica. Cerca de três meses antes do falecimento de Amy, Jane e eu tínhamos combinado de comparecer ao casamento do filho de um amigo. Deveríamos viajar no dia 6 de agosto. Quando estava chegando o dia, perdi a vontade de ir: a imagem de Amy no necrotério não me abandonava. Jane me disse que talvez nos fizesse bem espairecer um pouco — talvez me ajudasse a tirar aquela imagem da mente. No final, concordei com ela. Quando chegamos ao hotel, porém, eu não tinha concentração para nada, e me sentia muito aflito. Não conseguia me dar ao trabalho de desfazer as malas, e saí para a sacada, onde fui saudado por um pássaro e uma borboleta, fazendo piruetas um em volta do outro, como se estivessem esperando por mim.

Todos os dias, bem cedo de manhã, Jane e eu saíamos para uma caminhada tranquila pela praia quase deserta. Todos os dias caminhávamos, conversávamos e chorávamos. E todos os dias éramos seguidos por uma borboleta. Parávamos, e a borboleta parava, continuávamos a caminhar, e a borboleta continuava a nos seguir. Fizemos um teste e começamos a voltar pelo caminho que tínhamos percorrido, e a borboleta voltou conosco. Sentamos numa espreguiçadeira, e a borboleta se juntou a nós. Foi realmente impressionante.

Eu vinha pedindo em preces à minha mãe que Amy me mandasse um sinal, alguma coisa, e realmente senti que aquelas orações estavam sendo respondidas. Perguntei-me quando se vê uma borboleta entrar numa capela cheia de gente. Quando se vê um melro entrar saltitando numa sala cheia de gente e insistir em voltar a cada vez que é solto? Quando se vê um pássaro e uma borboleta dançando juntos no ar? Quando se vê uma borboleta acompanhar a sua caminhada, parando quando você para?

Decidi que daria à empresa que controlaria os negócios da Fundação o nome de "Bird & Butterfly", e que a logomarca da Fundação de Amy teria um pássaro e uma borboleta.

Trabalhar na criação da Fundação ajudou-me a não pensar no meu sofrimento. À medida que o tempo passava, porém, em lugar de ficarem mais fáceis, as coisas se tornaram mais difíceis. Cada vez mais a enormidade do que havia acontecido me chocava. Eu sentia muita saudade de Amy, e não havia nada que eu pudesse fazer quanto a isso. Flagrei-me mandando uma mensagem de texto para ela: "Quando você vai voltar?"

Não consigo evitar: estou inconsolável.

Alguns meses depois da morte de Amy, tive outro daqueles momentos estranhos, em que parecia receber uma mensagem dela. Trenton Harrison-Lewis, meu empresário, disse-me que tinha visto Amy na quarta-feira antes de seu falecimento. Ela estava no Roundhouse para assistir ao show de Dionne Bromfield, e foi até Trenton, deu um tapinha na barriga dele e disse: "Cuida do meu pai."

Aquilo foi esquisito. Será que ela teve uma premonição de que lhe aconteceria algo?

* * *

Foi necessária uma investigação sobre a morte de Amy, e, como parte do processo, Janis, Jane e eu fomos ver o legista, que nos disse que não havia nenhum vestígio de drogas no seu sangue. Eu vinha insistindo que Amy não estava usando drogas havia três anos, mas um monte de gente ainda não acreditava em mim. Os laudos toxicológicos confirmaram depois que não havia drogas ilegais no momento de sua morte no organismo de Amy. Já os níveis de álcool encontrados no sangue dela estavam muito, muito elevados: 416 mg de álcool para 100 ml de sangue. O patologista que conduziu a autópsia disse que 350 mg de álcool para 100 ml de sangue era considerado um nível fatal.

Em 26 de agosto, fomos ao Coroner's Court,* onde a legista de St. Pancras, Suzanne Greenway, disse: "A consequência não intencional de Winehouse ter ingerido tanto álcool foi sua morte repentina e inesperada." A dra. Romete afirmou em seu depoimento que Amy tinha dito que não sabia se ia parar de beber, mas "que ela não queria morrer". O veredicto da legista foi morte acidental.

Tive uma sensação de fechamento de um ciclo depois de ouvir o veredicto. Mas agora essa noção de fechamento desapareceu, porque em fins de janeiro de 2012 a legitimidade do veredicto da investigação foi questionada. O tribunal encarregado da perícia nos disse que Suzanne Greenway pediu demissão em novembro de 2011,

---

*Coroner's Court é um tipo de tribunal britânico que investiga qualquer tipo de morte suspeita. [N. da T.]

em meio a alegações de que não estaria qualificada para a função. Segundo a lei, ela só poderia ser nomeada se tivesse trabalhado por um período de cinco anos como advogada registrada na Inglaterra; ela estava registrada havia apenas dois anos e meio. Era necessário também que ela tivesse experiência de cinco anos como "clínica geral qualificada", mas, segundo alegações, ela era qualificada apenas como enfermeira em sua terra natal, a Austrália. Ela havia sido nomeada para a função de assistente substituta do legista por seu marido, o legista da região norte do centro de Londres, dr. Andrew Scott Reid, que, segundo consta, teria dito: "Em novembro, ficou claro que eu tinha cometido um erro no processo de nomeação. Apesar de estar confiante de que todas as investigações foram efetuadas de forma correta, peço desculpas se esse assunto causar qualquer transtorno."

Suzanne Greenway foi responsável por aproximadamente trinta investigações, e todas elas, incluindo a da morte de Amy, poderiam agora ser declaradas ilegais. Disseram-nos que isso acontecerá apenas se os veredictos forem contestados no Supremo Tribunal. Enquanto escrevo este livro, continuamos aguardando o resultado de uma apuração.

* * *

Body and Soul, dueto gravado por Amy e Tony Bennett, foi lançado no dia 14 de setembro de 2011, dia em que Amy faria 28 anos; toda a renda foi para a Fundação de Amy. A interpretação de Amy naquela gravação foi homenageada no dia 12 de fevereiro de 2012, quando ela recebeu o prêmio póstumo do Grammy pelo Melhor Desempenho Pop de Dueto/Grupo com Tony Bennett. Janis e eu recebemos o prêmio em seu nome.

Nesse meio-tempo, foi lançado o terceiro álbum de Amy, *Lioness: Hidden Treasures*. Não foi a sequência planejada para *Back to Black*, já que apenas duas canções, *Between the Cheats* e *Like Smoke*, tinham sido terminadas antes do falecimento de Amy. O álbum é uma compilação de gravações feitas desde antes do lançamento de *Frank* até canções nas quais Amy estava trabalhando em 2011. Se minha querida filha estivesse viva, ela teria lançado muitos grandes álbuns, eu sei, mas como ela não tinha ideia de que sua vida terminaria tão cedo e de modo tão abrupto, não deixou um número suficiente de gravações terminadas para compor um álbum fechado, como *Back to Black* e *Frank*.

Nós tínhamos dado consentimento aos produtores Salaam Remi e Mark Ronson para fazer a compilação para o álbum, e os dois trabalharam juntos nele.

— Não faz sentido essas canções ficarem num disco rígido, mofando — disse Salaam.

Ficamos muito satisfeitos com o resultado, e esse foi o motivo de nós, a família de Amy, termos endossado seu lançamento.

Após o falecimento de Amy, Jane e eu passamos muito tempo com Reg. Acho que estar com ele fazia com que eu me sentisse perto de Amy. Reg falava sobre o tempo que passou com ela, e nós ríamos muito, porque concentrávamos a atenção no senso de humor e na espirituosidade brilhantes de Amy. Ele também a considerava muito sagaz. Não havia choro. Eu sabia que Reg, como todos nós, sentia muita falta de Amy e estava sofrendo terrivelmente. No Dia dos Namorados de 2012, Reg levou flores para Amy em sua casa, em Camden Square. A gata dela, Katie, agora está com ele.

Recentemente, lembrei-me de uma conversa que eu costumava ter com Amy. Ela adorava brincar comigo a respeito de um filme sobre minha vida, no qual ela seria diretora de elenco. Ela decidiu que Ray Winstone seria perfeito para interpretar meu papel. Eu contestava, dizendo que George Clooney seria uma escolha melhor. Amy dizia que Reg poderia fazer o papel de meu pai quando jovem, porque ele se parecia com meu pai; Jane seria interpretada por Helen Hunt, e minha mãe, por Elizabeth Taylor, que ainda estava viva na época. Nós dois sabíamos que aquilo nunca ia acontecer, mas adorávamos a brincadeira.

Amy nunca disse quem ela escalaria para seu papel.

* * *

Ouvir a música de Amy — ainda que estejamos apenas passando por uma janela aberta e a ouçamos vindo de algum lugar — ainda é difícil para mim. Certa noite, Jane e eu estávamos passando por um bar em que estavam tocando *Rehab*, e eu ouvi o verso: "My daddy thinks I'm fine" [Meu pai acha que estou bem]. Escrevi em meu diário: "Está tão difícil. Não sei até que ponto vou aguentar. Amy está em todos os lugares aonde vou, mas não está aqui. Preciso de consolo, mas não há consolo algum."

Mas Amy e minha mãe, Cynthia, estão juntas agora. Amy acreditava, e eu acredito, que o amor tudo vence. Vence até a morte.

* * *

Obrigado por terem permitido que eu compartilhasse com vocês a história da vida tão curta de Amy. Escrever este livro me trouxe muitas memórias de volta: ler meus diários, lembrar dos bons momentos, dos maus momentos e do pior de todos, a morte de Amy. É fácil esquecer que Amy era apenas uma jovem quando morreu, já que tanta coisa tinha acontecido naqueles anos, e tantas pessoas foram tocadas por sua vida e por sua música. Às vezes, penso que talvez eu devesse ter lidado com algumas situações de maneira diferente, mas eu sou assim. Para meu próprio bem, e para o bem da família de Amy, decidi não olhar para trás com arrependimento, porque isso não traria nada de bom. Sempre dei o melhor de mim por Amy, mas às vezes não consegui acertar, e olhar para o passado pode ser muito cruel.

Amy estará em meu coração e em minha mente para sempre. Tenho tanta saudade dela que às vezes sinto uma dor física. O legado de Amy já está tendo um efeito positivo sobre a vida de muitos jovens e, como disse, passarei o resto de minha vida trabalhando para a Fundação de Amy. Junto com minha família, meus queridos amigos e as muitas, muitas pessoas que estão nos ajudando, garantiremos que Amy não seja esquecida jamais.

Amy era uma grande garota, com um coração imenso. Por favor, lembrem-se dela com carinho.

Nota sobre a Amy Winehouse Foundation

UM FATOR IMPORTANTE que me ajudou a atravessar os meses que se seguiram à morte de Amy foi a criação da Fundação que leva seu nome.

Muitas pessoas contribuíram de todas as formas possíveis para garantir que a Amy Winehouse Foundation fosse criada, que ela receba recursos e seja devidamente administrada, para ser capaz de prestar apoio financeiro àquelas organizações mais afinadas com nossos objetivos. Elas são tantas que não há como mencionar seu nome aqui; mas entre as que trabalharam mais perto de mim estabelecendo as bases da Fundação estavam, além de meus advogados e contadores, a Universal Records, a Outside Organization e a Comic Relief, que, através de sua sucursal nos Estados Unidos, America Gives Back, estão nos ajudando com a arrecadação de doações naquele país.

Muitas pessoas encontraram formas de ajudar a Fundação. Matt Goss convidou-me para fazer o show de abertura para ele no Royal Albert Hall, com meu cachê indo direto para a Fundação: o falecimento de Amy o tinha comovido, pois sua irmã mais nova Carolyn morreu em 1988 num acidente de carro provocado por um motorista alcoolizado. John Taylor, do Duran Duran, quis contribuir com um auxílio mais do que simplesmente financeiro, e propôs que criássemos nossa própria instituição para reabilitação de adolescentes. Pode demorar algum tempo para isso se realizar, mas seu forte interesse pelo trabalho da Fundação foi um verdadeiro estímulo para mim. A mãe de Robbie Williams, Jan, que ajuda a administrar a instituição beneficente de Robbie, a Give It Sum (também administrada pela Comic Relief), reuniu-se conosco para estudarmos um trabalho em parceria.

Entraram também algumas doações individuais impressionantes. Michael Bublé fez uma doação generosa. Quando Tony Bennett e sua gravadora, a Sony, nos disseram que iam doar 100 mil dólares, quase perdi o fôlego — que atitude incrível a deles! Os fãs de Amy, de todos os cantos do mundo, enviaram doações, que, por pequenas que fossem, nos trouxeram a maior de todas as alegrias, com a confirmação, para quem trabalha na Fundação e para quem a apoiou, de que a vida e a obra de Amy serão sempre lembradas com carinho.

Além da renda gerada para a Fundação pela música de Amy, outras organizações arrecadaram dinheiro para nós. Fred Perry decidiu, com nosso apoio, que seguiria adiante com as coleções de moda de Amy para o outono de 2011 e a primavera de 2012, e toda a participação de Amy é paga à Fundação. A maior parte do trabalho nessas coleções tinha sido feita quando Amy ainda morava em Bryanston Square, e eu sempre fiquei pasmo com sua capacidade brilhante de transferir para o papel o que estava na sua cabeça. Creio que essa era simplesmente mais uma das muitas facetas de sua criatividade.

Em outubro de 2011, Fred Perry informou que as vendas da coleção de Amy tinham aumentado em 40% em comparação com o mesmo período no ano anterior.

Em novembro, o vestido que Amy usou para a foto da capa de *Back to Black* foi vendido em leilão por Kerry Taylor Auctions em La Galleria, em Pall Mall, Londres. Criação da estilista Disaya, radicada na Tailândia, o vestido foi emprestado a Amy para as fotos tiradas em 2006, sendo então guardado no acervo do ateliê de Disaya. Após o falecimento de Amy, Disaya decidiu que o vestido deveria ser vendido e o dinheiro da venda seria doado à Fundação de Amy. A Sotheby's tinha estimado o valor do vestido entre 10 mil e 20 mil libras. Ele foi vendido por 43.200 libras ao Museo de la Moda do Chile. Eu não podia acreditar. Que quantia enorme para a Fundação. O som da batida do martelo pode liberar muita emoção, e nós todos sentimos uma sincera gratidão pelo gesto de Disaya, que estava comigo no leilão.

A Fundação já doou centenas de milhares de libras para uma variedade de projetos, tanto no Reino Unido como em outros países, incluindo centros de cuidados paliativos e outras organizações dedicadas ao atendimento de crianças e jovens adultos, pacientes de doenças crônicas e terminais, como, por exemplo, a Chestnut Tree House nas proximidades de Arundel, o Little Havens Children's Hospice, Rayleigh, Essex, a instituição beneficente Hopes and Dreams em Essex, e a LauraLynn House em Dublin, o primeiro centro infantil de cuidados paliativos na Irlanda. Fiquei extremamente orgulhoso e satisfeito por poder ajudar essas crianças em nome de Amy.

Amy tinha me dito que queria fazer alguma coisa por algumas das crianças de St. Lucia — Janis está à frente desse projeto em nome da Fundação e está atualmente negociando um projeto a longo prazo com o governo de St. Lucia.

A Fundação está também apoiando o New Horizons Youth Centre, em Euston, Londres, ajudando a financiar tanto seu trabalho com música, destinado a fornecer capacitação a jovens, como seu serviço de refeições gratuitas para os que infelizmente estão sem teto.

Com a Angelus Foundation, criada pela escritora e radialista Maryon Stewart depois de ter perdido sua filha, Hester, em 2009, após o consumo da droga "lícita" GBL,* a Fundação está apoiando esforços voltados para incentivar o governo a introduzir, nas escolas no Reino Unido, aulas de conscientização sobre os efeitos das drogas.

Eu já vinha falando com parlamentares e com o governo sobre a questão de centros de reabilitação para jovens toxicodependentes que quisessem largar as drogas. Tive reuniões com os parlamentares Keith Vaz, presidente da comissão de investigação do Ministério do Interior, e James Brokenshire, secretário estadual de Segurança. Descobri que metade do orçamento do governo para ajudar pessoas com problemas de dependência — cerca de 200 milhões de libras — era usada para permitir que criminosos dependentes, incluídos no sistema judiciário penal, recebessem tratamento numa unidade de reabilitação com internação. Isso significava que um criminoso condenado tinha cinco vezes mais possibilidade de ter acesso a uma reabilitação com internação do que um não criminoso.

Em outra reunião com funcionários públicos de alto escalão, disseram-me que a reabilitação com internação era considerada "um luxo dispendioso". Sua solução era a de tratar pessoas na comunidade, onde, por exemplo, os dependentes de heroína recebiam metadona. Isso, porém, apenas produz dependentes de metadona; e, em consequência disso, está aumentando o número de mortes causadas por metadona. Não me entendam mal, existe um trabalho muito bom sendo realizado na comunidade, mas há também uma necessidade desesperada de que algumas pessoas sejam internadas para reabilitação, que no momento não está disponível. Depois de nossas reuniões com o governo e outras autoridades do parlamento, tive a impressão de que sem dúvida, a curto prazo, eu não poderia contar com o governo para prestar qualquer tipo de ajuda a pessoas

---

*GBL, droga também chamada de ecstasy líquido, que contém solventes industriais e substâncias removedoras de tintas. [N. da T.]

desesperadamente necessitadas de internação para reabilitação. Fiquei ainda mais determinado a garantir que a Fundação de Amy ajudasse essas pessoas que precisavam do nosso auxílio.

Uma das organizações atuantes nesse campo é a Focus 12, com a qual entrei em contato pela primeira vez em setembro de 2008, quando conheci seu diretor executivo, Chip Somers. A Fundação teve a honra de fornecer à Focus 12 uma doação no valor de 30 mil libras, destinada à obtenção de um local permanente, com atendimento em tempo integral, para jovens em luta contra a dependência.

A Focus 12 foi importante para mim porque, apenas uma semana depois do falecimento de Amy, recebi um telefonema de uma amiga de um amigo, que tinha pouco dinheiro e estava desesperada em busca de ajuda para sua filha. A moça era alcoolista, dependente de cocaína e maconha, e sofria de um transtorno alimentar. Liguei para Chip e combinei com ele que ela iria ao seu encontro em Bury St. Edmunds no dia seguinte. Ela permaneceu seis semanas na Focus 12, e sua família ficou muito grata. Eu estava mais do que disposto a pagar por essa internação, mas Chip disse que não haveria cobrança.

Existem por aí algumas pessoas maravilhosas, que realmente se importam.

Créditos

EMBORA TENHAM SIDO feitos todos os esforços para identificar os detentores dos direitos autorais do material reproduzido neste livro e obter sua autorização, os editores gostariam de pedir desculpas por quaisquer omissões e se comprometem a incorporar a qualquer edição futura deste livro os créditos que estejam faltando.

Letras de músicas

In My Bed — letra e música de Amy Winehouse e Salaam Remi © 2003; reproduzida com autorização da EMI April Music Inc/Salaam Remi Music Inc/EMI Music Publishing Ltd, London W8 5SW

What Is It About Men — letra e música de Amy Winehouse, Felix Howard, Paul Watson, Gordon Williams, Wilburn Cole, Donovan Jackson, Earl Smith, Luke Smith, Delroy Cooper © 2006; reproduzida com autorização da EMI Music Publishing Ltd, London W8 5SW

Take The Box — letra e música de Amy Winehouse e Luke Smith © 2002; reproduzida com autorização da EMI Music Publishing Ltd, London W8 5SW

Back To Black — letra e música de Amy Winehouse e Mark Ronson © 2006; reproduzida com autorização da EMI Music Publishing Ltd, London W8 5SW

Rehab — letra e música de Amy Winehouse © 2006; reproduzida com autorização da EMI Music Publishing Ltd, London W8 5SW

Imagens

Todas as imagens e notas foram fornecidas por Mitch Winehouse, exceto as que tiverem outros créditos indicados no encarte.

Este livro foi composto na tipologia Minion Pro
Regular, em corpo 11,5/16, e impresso em
papel off-white 80g/m² no Sistema Cameron da
Divisão Gráfica da Distribuidora Record.

Acima: O talento precoce de minha filha. Sua maior felicidade era quando estava se apresentando. Em nossa casa, em 1988, Osidge Lane, Southgate.

Na outra página: Amy pensativa, ainda de cor-de-rosa e, naturalmente, com seu símbolo do coração, durante a festa de verão na escola.